Stefan Radakovics, Dietmar Rößl

Das Image von Kreditgenossenschaften in Österreich

Stefan Radakovics, Dietmar Rößl

Das Image von Kreditgenossenschaften in Österreich

Tradition und Regionalität als Wettbewerbsvorteile

facultas

Bibliografische Information Der Deutschen Nationalbibliothek

Die Deutsche Nationalbibliothek verzeichnet diese Publikation in der
Deutschen Nationalbibliografie; detaillierte bibliografische Daten sind im Internet über
http://dnb.d-nb.de abrufbar.

Alle Angaben in diesem Fachbuch erfolgen trotz sorgfältiger Bearbeitung ohne Gewähr,
eine Haftung der Autoren oder des Verlages ist ausgeschlossen.

© 2015 Facultas Verlags- und Buchhandels AG
facultas Universitätsverlag, A-1050 Wien
Alle Rechte, insbesondere das Recht der Vervielfältigung und der Verbreitung sowie
der Übersetzung, sind vorbehalten.
Satz und Druck: Facultas AG
Printed in Austria
ISBN 978-3-7089-1319-3

VORWORT

Liebe Leserin,
lieber Leser,

die gegenwärtig beobachtbare – offensichtlich im Zusammenhang mit der Bankenkrise und einer zunehmenden Globalisierungsskepsis stehende – höhere Wertschätzung von regionalen Banken haben Kreditgenossenschaften in den Blickwinkel der Öffentlichkeit (z.B. das Internationale Jahr der Genossenschaften der UNO 2012) gerückt.

Die besondere Leistungsfähigkeit von Genossenschaften resultiert daraus, dass sie über ihre Mitglieder und deren soziales Umfeld Ressourcen akquirieren können, die renditeorientierten Unternehmen nicht zur Verfügung stehen. Diese Fähigkeit, Sozialkapital mobilisieren zu können, basiert auf dem Commitment der Mitglieder gegenüber ihrer Genossenschaft und auf gemeinsamen Werten, die von Genossenschaftsgründern wie Friedrich-Wilhelm Raiffeisen, Hermann Schulze-Delitzsch und Alphonse Desjardins grundgelegt wurden. Diese Werte werden durch spezifische Genossenschaftsprinzipien (z.B. freiwillige und offene Mitgliedschaft, Selbsthilfe, Selbstverantwortung, Demokratie, Solidarität und Mitgliederförderung) umgesetzt. Und so stiften Kreditgenossenschaften ihren Mitgliedern Nutzen aus den Marktleistungen, die sogenannte „Förderleistung", Nutzen aus der genossenschaftlichen Selbstverwaltung sowie ideellen Nutzen.

Vor dem Hintergrund des Internationalen Jahres der Genossenschaften und angeregt von dem 2011 erschienenen Buch von Theresia Theurl und Caroline Wendler „Was weiß Deutschland über Genossenschaften?"[1], wurde 2012 vom „Research Institute for Co-operation and Co-operatives" (RICC)[2] eine österreichweite Studie zum Thema „Was weiß Österreich über Genossenschaften?" durchgeführt. So interessant die Erhebung zum Thema Genossenschaften allgemein ist,[3] so sehr wurde auch die Notwendigkeit von sektorspezifischen Erhebungen deutlich, ist doch zu vermuten, dass Genossenschaften je nach Erfahrungshintergrund deutlich anders perzipiert werden. Und so hat sich diese Studie (eine parallele Studie zu Wohnbaugenossenschaften ist in Vorbereitung) zum Ziel gesetzt, den Wissensstand über, die Erfahrungen mit sowie die Einstellungen der Österreicherinnen und Österreicher zu Kreditgenossenschaften zu erheben.

Die Verbreitung dieser Studie soll das Bewusstsein bezüglich der Genossenschaften im Allgemeinen und der Kreditgenossenschaften im Besonderen als leistungsfähige und – so die Ergebnisse – positiv perzipierte Organisationsform stärken. Somit trägt unsere Studie zur Erreichung jener Ziele bei, die die Vereinten Nationen mit der Ausrufung des Jahres 2012 als „Internationales Jahr der Genossenschaften" verfolgten, nämlich die weltweite Förderung von Kooperationen und Genossenschaften sowie des Bewusstseins für die sowohl wirtschaftlichen als auch sozialen Beiträge dieser Organisationsformen. Der Generalsekretär der Vereinten Nation, Ban Ki-Moon, beschrieb die Bedeutung von Genossenschaften folgendermaßen: *„Cooperatives are a reminder to the international community that it is possible to pursue both economic viability and social responsibility."*

---

[1] Theurl/Wendeler 2011
[2] RiCC – Research Institute for Co-operation and Co-operatives (Forschungsinstitut für Kooperationen und Genossenschaften), Wirtschaftsuniversität Wien
[3] Rößl/Hatak/Radakovics 2014

Vor dem Hintergrund dieser Zielsetzung wünschen wir uns, dass die Ergebnisse dieser Studie auf ein breites Interesse stoßen, und zwar insbesondere von wirtschaftspolitischen Akteuren, Geschäftsführerinnen und Geschäftsführern von Keditgenossenschaften – und dort besonders von Marketingabteilungen –, von genossenschaftlichen Funktionären und Funktionärinnen, sowie von Journalistinnen und Journalisten.

Wien, Juni 2015

Stefan Radakovics
und Dietmar Rößl

INHALTSÜBERSICHT

VORWORT I
ABBILDUNGSVERZEICHNIS XI
I. EINLEITUNG 1
II. CHARAKTERISTIKA DER STUDIE 3
    A. Der Fragebogen 3
    B. Die Befragung 3
    C. Die Stichprobe 4
III. KRITISCHE BEURTEILUNG DER STUDIE 7
    A. Beurteilung des Fragebogens 7
    B. Beurteilung der gewählten Datenerhebungsmethode 9
    C. Beurteilung der Befragung 10
    D. Beurteilung der Stichprobenziehung 11
    E. Beurteilung der Datenqualität 12
IV. METHODENWAHL 17
V. BESCHREIBUNG DER TEILGRUPPEN 21
VI. DARSTELLUNG DER ERGEBNISSE 25
    A. Gesamtergebnisse 25
    B. Ergebnisse für das Merkmal „Mitgliedschaft" 61
    C. Ergebnisse für das Merkmal „NUTS" 87
    D. Ergebnisse für das Merkmal „Alter" 107
    E. Ergebnisse für das Merkmal „Bildungsniveau" 131
    F. Ergebnisse für das Merkmal „Stadt-Land" 153
VII. RESÜMEE 173
QUELLENVERZEICHNISSE 177
    A. Literaturverzeichnis 177
    B. Verzeichnis der Sekundärliteratur 179
    C. Sonstige Quellen 179
ANHANG 181
    A. Vergleich der gezogenen Stichprobe mit der Quotenvorgabe 181
    B. Fragebogen 185

INHALTSVERZEICHNIS

VORWORT I

ABBILDUNGSVERZEICHNIS XI

I. EINLEITUNG 1

II. CHARAKTERISTIKA DER STUDIE 3
    A. Der Fragebogen 3
    B. Die Befragung 3
    C. Die Stichprobe 4
        1. Die Quotenstichprobe (Quotaverfahren) 4
        2. Stichprobenumfang und Grundgesamtheit 4
        3. Erreichung der Soll-Quoten 5
        4. Datenaufbereitung und nachträgliche Reduktion der Stichprobengröße per Zufallsverfahren 5
        5. Darstellung der Stichprobe und Vergleich mit der Quotenvorgabe 5

III. KRITISCHE BEURTEILUNG DER STUDIE 7
    A. Beurteilung des Fragebogens 7
        1. Erstellung des Fragebogens 7
        2. Länge des Fragebogens 7
        3. Aufbau und Fragestellung 8
    B. Beurteilung der gewählten Datenerhebungsmethode 9
    C. Beurteilung der Befragung 10
    D. Beurteilung der Stichprobenziehung 11
    E. Beurteilung der Datenqualität 12
        1. Stimmigkeit des Antwortverhaltens 12
        2. Antwortverweigerungen und „weiß nicht"-Antworten 13
            a) Analyse der Antwortverweigerungen 13
            b) Analyse der „weiß nicht"-Antworten 14

IV. METHODENWAHL 17

V. BESCHREIBUNG DER TEILGRUPPEN 21

VI. DARSTELLUNG DER ERGEBNISSE 25
    A. Gesamtergebnisse 25
        1. Informationsquellen 25
        2. Allgemeine Kenntnisse und Erfahrungen 27
            a) Kenntnis des Begriffs „Genossenschaft" 27
            b) Genossenschaften im Bereich des Bank-/Kreditwesens 27
            c) Kenntnis des Begriffs „genossenschaftlicher Förderauftrag" 29

	d) Kenntnis der Kürzel „Gen" oder „Gen.mbH" 29
	e) Mitgliederstatus und Genossenschaftsanteile 30
	f) Selbsteinschätzung der Kenntnisse über Kreditgenossenschaften 31
	g) Selbsteinschätzung der bisherigen Erfahrungen mit Kreditgenossenschaften.... 32
	h) Kreditgenossenschaften und die Finanz- und Wirtschaftskrise 33
3. Kenntnisse über typische genossenschaftliche Eigenschaften 34
	a) Zweck 34
	b) Mitgliedschaft 36
	c) Ausrichtung/Orientierung 37
	d) Aktualität und Tradition 40
	e) Sonstige Merkmale 40
	f) Überblick über die genossenschaftlichen Merkmale 42
4. Einstellung gegenüber Kreditgenossenschaften 43
	a) Bewertung der genossenschaftlichen Merkmale 43
	b) Einschätzung des Profils von Kreditgenossenschaften 47
	c) Einstellung zu und Interesse an Kreditgenossenschaften 53
	d) Einstellung zur Mitgliedschaft 56
	e) Einstellung zu Kreditgenossenschaften im Vergleich zu anderen Kreditinstituten 57

B. Ergebnisse für das Merkmal „Mitgliedschaft" 61
    1. Informationsquellen 61
        a) Übersicht über die Informationskanäle und statistische Ergebnisse 61
        b) Nähere Betrachtung einzelner Informationsquellen 63
    2. Allgemeine Kenntnisse und Erfahrungen 66
        a) Kenntnis des Begriffs „Kreditgenossenschaft" 66
        b) Genossenschaften im Bereich des Bank-/Kreditwesens 66
        c) Kenntnis des Begriffs „genossenschaftlicher Förderauftrag" 67
        d) Selbsteinschätzung der Kenntnisse über Kreditgenossenschaften 67
        e) Selbsteinschätzung der bisherigen Erfahrungen mit Kreditgenossenschaften... 68
        f) Kreditgenossenschaften und die Finanz- und Wirtschaftskrise 69
    3. Kenntnisse über typische genossenschaftliche Eigenschaften 69
        a) Zweck 70
        b) Mitgliedschaft 70
        c) Ausrichtung/Orientierung 71
        d) Aktualität und Tradition 72
        e) Sonstige Merkmale 73
        f) Zusammenfassung des Wissensvergleiches zwischen den Mitgliedern und Nichtmitgliedern 74
    4. Einstellung gegenüber Kreditgenossenschaften 75
        a) Bewertung der genossenschaftlichen Merkmale 75
        b) Einschätzung des Profils von Kreditgenossenschaften und das Merkmal „Mitgliedschaft" 76

Inhaltsverzeichnis VII

    c) Einstellung zu und Interesse an Kreditgenossenschaften 80
    d) Einstellung zu Kreditgenossenschaften im Vergleich zu anderen Kreditinstituten 83

C. Ergebnisse für das Merkmal „NUTS" 87
  1. Informationsquellen 87
  2. Allgemeine Kenntnisse und Erfahrungen 90
    a) Kenntnis des Begriffs „genossenschaftlicher Förderauftrag" 90
    b) Mitgliederstatus und Genossenschaftsanteile 90
    c) Selbsteinschätzung der Kenntnisse über Kreditgenossenschaften 91
    d) Selbsteinschätzung der bisherigen Erfahrungen mit Kreditgenossenschaften 92
    e) Kreditgenossenschaften und die Finanz- und Wirtschaftskrise 93
  3. Kenntnisse über typische genossenschaftliche Eigenschaften 93
    a) Zweck 94
    b) Mitgliedschaft 94
    c) Ausrichtung/Orientierung 95
    d) Aktualität und Tradition 96
    e) Sonstige Merkmale 97
    f) Zusammenfassung des Wissensvergleiches – Merkmal „NUTS" 97
  4. Einstellung gegenüber Kreditgenossenschaften 98
    a) Bewertung der genossenschaftlichen Merkmale 99
    b) Einschätzung des Profils von Kreditgenossenschaften und das Merkmal „NUTS" 100
    c) Einstellung zu und Interesse an Kreditgenossenschaften 102
    d) Einstellung zu Kreditgenossenschaften im Vergleich zu anderen Kreditinstituten 104

D. Ergebnisse für das Merkmal „Alter" 107
  1. Informationsquellen 107
  2. Allgemeine Kenntnisse und Erfahrungen 110
    a) Kenntnis des Begriffs „Genossenschaft" 111
    b) Genossenschaften im Bereich des Bank-/Kreditwesens 111
    c) Kenntnis des Begriffs „genossenschaftlicher Förderauftrag" 112
    d) Mitgliederstatus und Genossenschaftsanteile 112
    e) Selbsteinschätzung der Kenntnisse über Kreditgenossenschaften 113
    f) Selbsteinschätzung der bisherigen Erfahrungen mit Kreditgenossenschaften .. 114
    g) Kreditgenossenschaften und die Finanz- und Wirtschaftskrise 115
  3. Kenntnisse über typische genossenschaftliche Eigenschaften 115
    a) Zweck 116
    b) Mitgliedschaft 116
    c) Ausrichtung/Orientierung 117
    d) Aktualität und Tradition 118
    e) Sonstige Merkmale 119
    f) Zusammenfassung des Wissensvergleiches – Merkmal „Alter" 119

4. Einstellung gegenüber Kreditgenossenschaften 120
   a) Bewertung der genossenschaftlichen Merkmale.. 121
   b) Einschätzung des Profils von Kreditgenossenschaften und das Merkmal „Alter".. 122
   c) Einstellung zu und Interesse an Kreditgenossenschaften 125
   d) Einstellung zu Kreditgenossenschaften im Vergleich zu anderen Kreditinstituten 127

E. Ergebnisse für das Merkmal „Bildungsniveau" 131
  1. Informationsquellen 131
  2. Allgemeine Kenntnisse und Erfahrungen 134
     a) Kenntnis des Begriffs „Genossenschaft" 134
     b) Genossenschaften im Bereich des Bank-/Kreditwesens 135
     c) Kenntnis des Begriffs „genossenschaftlicher Förderauftrag" 135
     d) Mitgliederstatus und Genossenschaftsanteile 136
     e) Selbsteinschätzung der Kenntnisse über Kreditgenossenschaften.................. 136
     f) Selbsteinschätzung der bisherigen Erfahrungen mit Kreditgenossenschaften.. 137
     g) Kreditgenossenschaften und die Finanz- und Wirtschaftskrise 138
  3. Kenntnisse über typische genossenschaftliche Eigenschaften 139
     a) Zweck.. 139
     b) Mitgliedschaft 140
     c) Ausrichtung/Orientierung 141
     d) Aktualität und Tradition... 142
     e) Sonstige Merkmale 142
     f) Zusammenfassung des Wissensvergleiches – Merkmal „Bildungsniveau" 143
  4. Einstellung gegenüber Kreditgenossenschaften 144
     a) Bewertung der genossenschaftlichen Merkmale... 144
     b) Einschätzung des Profils von Kreditgenossenschaften und das Merkmal „Bildungsniveau".. 146
     c) Einstellung zu und Interesse an Kreditgenossenschaften 148
     d) Einstellung zu Kreditgenossenschaften im Vergleich zu anderen Kreditinstituten 150

F. Ergebnisse für das Merkmal „Stadt-Land".. 153
  1. Informationsquellen 153
  2. Allgemeine Kenntnisse und Erfahrungen 155
     a) Kenntnis des Begriffs „Genossenschaft" 155
     b) Genossenschaften im Bereich des Bank-/Kreditwesens 156
     c) Kenntnis des Begriffs „genossenschaftlicher Förderauftrag" 156
     d) Mitgliederstatus und Genossenschaftsanteile 156
     e) Selbsteinschätzung der Kenntnisse über Kreditgenossenschaften.................. 157
     f) Selbsteinschätzung der bisherigen Erfahrungen mit Kreditgenossenschaften.. 158
     g) Kreditgenossenschaften und die Finanz- und Wirtschaftskrise 159
  3. Kenntnisse über typische genossenschaftliche Eigenschaften 159

- a) Zweck 160
- b) Mitgliedschaft 160
- c) Ausrichtung/Orientierung 161
- d) Aktualität und Tradition 162
- e) Sonstige Merkmale 162
- f) Zusammenfassung des Wissensvergleiches – Merkmal „Stadt-Land" 163
- 4. Einstellung gegenüber Kreditgenossenschaften 164
  - a) Bewertung der genossenschaftlichen Merkmale 164
  - b) Einschätzung des Profils von Kreditgenossenschaften im Stadt-Land-Vergleich 165
  - c) Einstellung zu und Interesse an Kreditgenossenschaften 168
  - d) Einstellung zu Kreditgenossenschaften im Vergleich zu anderen Kreditinstituten 169

VII. RESÜMEE 173

QUELLENVERZEICHNISSE 177
- A. Literaturverzeichnis 177
- B. Verzeichnis der Sekundärliteratur 179
- C. Sonstige Quellen 179

ANHANG 181
- A. Vergleich der gezogenen Stichprobe mit der Quotenvorgabe 181
  1. Gliederung nach den Quotenmerkmalen Bundesland und Gemeindegröße 181
  2. Gliederung nach den Wiener Gemeindebezirken 182
  3. Gliederung nach den Quotenmerkmalen Bundesland, Geschlecht und Alter 183
  4. Gliederung nach den Quotenmerkmalen Bundesland und Bildungsniveau 184
- B. Fragebogen 185

ABBILDUNGSVERZEICHNIS

Abb. 1: Abweichung zwischen den Frageitems 15 und 16c sowie 16b und 16e 12
Abb. 2: Anteile nicht beantworteter Fragen 13
Abb. 3: Anteile an „weiß nicht"-Antworten der „Nichtmitglieder" 14
Abb. 4: Anteile an „weiß nicht"-Antworten der „Mitglieder" 15
Abb. 5: Mitgliedschaft in der Vergangenheit 22
Abb. 6: Aktuelle Mitgliedschaft 23
Abb. 7: Darstellung der befragten „Mitglieder" und „Nichtmitglieder" 23
Abb. 8: Informationsquellen zum Thema „Kreditgenossenschaft" 25
Abb. 9: Begriff „Genossenschaft" 27
Abb. 10: Tätigkeit im Bank-/Kreditwesen 27
Abb. 11: Kenntnis einzelner Kreditgenossenschaften 29
Abb. 12: Genossenschaftlicher Förderauftrag 29
Abb. 13: Kenntnis der Kürzel „Gen" oder „Gen.mbH" 30
Abb. 14: Besitz von Genossenschaftsanteilen 30
Abb. 15: Kreditgenossenschaftsmitglieder und -anteilsbesitzer 31
Abb. 16: Kenntnisse über Kreditgenossenschaften 32
Abb. 17: Erfahrungen mit Kreditgenossenschaften 32
Abb. 18: Kreditgenossenschaften in der Finanz- und Wirtschaftskrise 33
Abb. 19: Kenntnis der Eigenschaft „Kreditgenossenschaften sind Kooperationen" 35
Abb. 20: Kenntnis der Eigenschaft „Förderauftrag" 35
Abb. 21: Kenntnis der Eigenschaft „Eigentümer = Nutzer" 35
Abb. 22: Kenntnis der Eigenschaft „freiwillige Mitgliedschaft" 36
Abb. 23: Kenntnis der Eigenschaft „Mitgliedschaft durch Geschäftsanteilserwerb" 36
Abb. 24: Kenntnis der Eigenschaft „Mitglieder treffen Entscheidungen" 36
Abb. 25: Kenntnis der Eigenschaft „eine Stimme pro Mitglied" 37
Abb. 26: Kenntnis der Eigenschaft „Mitgliedschaft = Alleinstellungsmerkmal" 37
Abb. 27: Kenntnis der Eigenschaft „langfristige Strategie" 38
Abb. 28: Kenntnis der Eigenschaft „Thesaurierung der Gewinne" 38
Abb. 29: Kenntnis der Eigenschaft „wirtschaftliche Führung" 38
Abb. 30: Kenntnis der Eigenschaft „Kreditgenossenschaften sind mittelständisch" 39
Abb. 31: Kenntnis der Eigenschaft „Kreditgenossenschaften sind regional" 39
Abb. 32: Kenntnis der Eigenschaft „Kreditgenossenschaften sind privatwirtschaftlich" 39

Abb. 33: Kenntnis der Eigenschaft „Kreditgenossenschaften gibt es seit 100 Jahren" 40

Abb. 34: Kenntnis der Eigenschaft „kein Relikt aus Ostblock" 40

Abb. 35: Kenntnis der Eigenschaft „Pflichtrevision" 40

Abb. 36: Kenntnis der Eigenschaft „freie Dividendenpolitik" 41

Abb. 37: Kenntnis der Eigenschaft „Weisungsfreiheit" 41

Abb. 38: Kenntnis der Eigenschaft „geringe Insolvenzrate" 42

Abb. 39: Kenntnis der Eigenschaft „sicher vor feindlichen Übernahmen" 42

Abb. 40: Darstellung der fünf bekanntesten Genossenschaftsmerkmale 43

Abb. 41: Darstellung der drei am wenigsten bekannten Genossenschaftsmerkmale 43

Abb. 42: Einschätzungen der genossenschaftlichen Merkmale 45

Abb. 43: Polaritätsprofile der Ideal- und Realbilder von Kreditgenossenschaften 48

Abb. 44: Abweichungen zwischen dem Ideal- und dem Realbild von Kreditgenossenschaften 49

Abb. 45: Formel zur Berechnung der absoluten Abweichung 50

Abb. 46: Formel zur Berechnung des Imagedeckungsgrades 51

Abb. 47: Imagedeckungsgrade 52

Abb. 48: Einstellung zu Kreditgenossenschaften 53

Abb. 49: Wissen über Kreditgenossenschaften 53

Abb. 50: Berichte über Kreditgenossenschaften 54

Abb. 51: Bedeutung der Kreditgenossenschaften 54

Abb. 52: Bedeutung für den ländlichen Raum 55

Abb. 53: Kundenbeziehungen zu Kreditgenossenschaften 55

Abb. 54: Einstellung der Mitglieder gegenüber einer neuerlichen Mitgliedschaft 56

Abb. 55: Einstellung der Nichtmitglieder gegenüber einer zukünftigen Mitgliedschaft 57

Abb. 56: Kreditgenossenschaften im Vergleich zu anderen Kreditinstituten 58

Abb. 57: Geschäftsbeziehungen mit Kreditgenossenschaften 59

Abb. 58: Genossenschaftsbanken in der Finanzkrise 59

Abb. 59: Informationsquellen zum Thema Kreditgenossenschaften nach dem Merkmal „Mitgliedschaft" 62

Abb. 60: Informationsquelle „Familie/Freunde/Bekannte" und das Merkmal „Mitgliedschaft" 64

Abb. 61: Informationsquelle „Informationen von Genossenschaftsbanken" und das Merkmal „Mitgliedschaft" 64

Abb. 62: Informationsquelle „Informationen von genossenschaftlichen Verbänden" und das Merkmal „Mitgliedschaft" 65

Abb. 63: Begriff „Kreditgenossenschaft" und das Merkmal „Mitgliedschaft" 66

Abbildungsverzeichnis   XIII

Abb. 64: Tätigkeit im Bank-/Kreditwesen und das Merkmal „Mitgliedschaft" 66
Abb. 65: Genossenschaftlicher Förderauftrag und das Merkmal „Mitgliedschaft" 67
Abb. 66: Kenntnisse über Kreditgenossenschaften und das Merkmal „Mitgliedschaft" 67
Abb. 67: Erfahrungen mit Kreditgenossenschaften und das Merkmal „Mitgliedschaft" 68
Abb. 68: Kreditgenossenschaften in der Finanz- und Wirtschaftskrise und das Merkmal „Mitgliedschaft" 69
Abb. 69: Eigenschaften der Kategorie „Zweck" und das Merkmal „Mitgliedschaft" 70
Abb. 70: Eigenschaften der Kategorie „Mitgliedschaft" und das Merkmal „Mitgliedschaft" 71
Abb. 71: Eigenschaften der Kategorie „Ausrichtung/Orientierung" und das Merkmal „Mitgliedschaft" 72
Abb. 72: Eigenschaften der Kategorie „Aktualität/Tradition" und das Merkmal „Mitgliedschaft" 72
Abb. 73: Eigenschaften der Kategorie „sonstige Merkmale" und das Merkmal „Mitgliedschaft" 73
Abb. 74: Übersicht über die korrekten Antworten zu genossenschaftlichen Merkmalen der Mitglieder und Nichtmitglieder 75
Abb. 75: Merkmalseinschätzungen der Mitglieder und Nichtmitglieder 76
Abb. 76: Polaritätsprofile der Ideal- und Realbilder von Kreditgenossenschaften der befragten Mitglieder 77
Abb. 77: Abweichungen zwischen dem Ideal- und dem Realbild für das Merkmal „Mitgliedschaft" 78
Abb. 78: Imagedeckungsgrade für das Merkmal „Mitgliedschaft" 79
Abb. 79: Einstellung zu Kreditgenossenschaften und das Merkmal „Mitgliedschaft" 80
Abb. 80: Wissen über Kreditgenossenschaften und das Merkmal „Mitgliedschaft" 81
Abb. 81: Berichte über Kreditgenossenschaften und das Merkmal „Mitgliedschaft" 81
Abb. 82: Bedeutung von Kreditgenossenschaften und das Merkmal „Mitgliedschaft" 82
Abb. 83: Bedeutung für den ländlichen Raum und das Merkmal „Mitgliedschaft" 82
Abb. 84: Kundenbeziehungen zu Kreditgenossenschaften und das Merkmal „Mitgliedschaft" 83
Abb. 85: Kreditgenossenschaften im Vergleich zu anderen Kreditinstituten und das Merkmal „Mitgliedschaft" 84
Abb. 86: Geschäftsbeziehungen mit Kreditgenossenschaften und das Merkmal „Mitgliedschaft" 85
Abb. 87: Genossenschaftsbanken in der Finanzkrise und das Merkmal „Mitgliedschaft" 85
Abb. 88: Informationsquellen zum Thema Kreditgenossenschaften nach dem Merkmal „NUTS" 88
Abb. 89: Genossenschaftlicher Förderauftrag und das Merkmal „NUTS" 90

Abb. 90: Kreditgenossenschaftsmitglieder und -anteilsbesitzer und das Merkmal „NUTS" 91

Abb. 91: Kenntnisse über Kreditgenossenschaften und das Merkmal „NUTS" 91

Abb. 92: Erfahrungen mit Kreditgenossenschaften und das Merkmal „NUTS" 92

Abb. 93: Kreditgenossenschaften in der Finanz- und Wirtschaftskrise und das Merkmal „NUTS" 93

Abb. 94: Eigenschaften der Kategorie „Zweck" und das Merkmal „NUTS" 94

Abb. 95: Eigenschaften der Kategorie „Mitgliedschaft" und das Merkmal „NUTS" 95

Abb. 96: Eigenschaften der Kategorie „Ausrichtung/Orientierung" und das Merkmal „NUTS" 96

Abb. 97: Eigenschaften der Kategorie „Aktualität/Tradition" und das Merkmal „NUTS"... 96

Abb. 98: Eigenschaften der Kategorie „sonstige Merkmale" und das Merkmal „NUTS" 97

Abb. 99: Übersicht über die korrekten Antworten zu genossenschaftlichen Merkmalen nach NUTS-Regionen 98

Abb. 100: Merkmalseinschätzung im NUTS-Regionen-Vergleich 99

Abb. 101: Abweichungen zwischen dem Ideal- und dem Realbild für das Merkmal „NUTS" 101

Abb. 102: Imagedeckungsgrade für das Merkmal „NUTS" 102

Abb. 103: Einstellung zu Kreditgenossenschaften und das Merkmal „NUTS" 102

Abb. 104: Wissen über Kreditgenossenschaften und das Merkmal „NUTS" 103

Abb. 105: Berichte über Kreditgenossenschaften und das Merkmal „NUTS" 103

Abb. 106: Bedeutung von Kreditgenossenschaften und das Merkmal „NUTS" 104

Abb. 107: Bedeutung für den ländlichen Raum und das Merkmal „NUTS" 104

Abb. 108: Kreditgenossenschaften im Vergleich zu anderen Kreditinstituten und das Merkmal „NUTS" 105

Abb. 109: Geschäftsbeziehungen mit Kreditgenossenschaften und das Merkmal „NUTS" . 106

Abb. 110: Genossenschaftsbanken in der Finanzkrise und das Merkmal „NUTS" 106

Abb. 111: Informationsquellen zum Thema Kreditgenossenschaften nach dem Merkmal „Alter" 108

Abb. 112: Begriff „Genossenschaft" und das Merkmal „Alter" 111

Abb. 113: Tätigkeit im Bank-/Kreditwesen und das Merkmal „Alter" 111

Abb. 114: Genossenschaftlicher Förderauftrag und das Merkmal „Alter" 112

Abb. 115: Kreditgenossenschaftsmitglieder und -anteilsbesitzer und das Merkmal „Alter" 113

Abb. 116: Kenntnisse über Kreditgenossenschaften und das Merkmal „Alter" 113

Abb. 117: Erfahrungen mit Kreditgenossenschaften und das Merkmal „Alter" 114

Abb. 118: Kreditgenossenschaften in der Finanz- und Wirtschaftskrise und das Merkmal „Alter" 115

Abbildungsverzeichnis XV

Abb. 119: Eigenschaften der Kategorie „Zweck" und das Merkmal „Alter" 116

Abb. 120: Eigenschaften der Kategorie „Mitgliedschaft" und das Merkmal „Alter" 117

Abb. 121: Eigenschaften der Kategorie „Ausrichtung/Orientierung" und das Merkmal „Alter" 118

Abb. 122: Eigenschaften der Kategorie „Aktualität/Tradition" und das Merkmal „Alter" ... 118

Abb. 123: Eigenschaften der Kategorie „sonstige Merkmale" und das Merkmal „Alter"..... 119

Abb. 124: Übersicht über die korrekten Antworten zu genossenschaftlichen Merkmalen nach Altersgruppen 120

Abb. 125: Merkmalseinschätzung im Altersgruppenvergleich 121

Abb. 126: Abweichungen zwischen dem Ideal- und dem Realbild für das Merkmal „Alter" 123

Abb. 127: Imagedeckungsgrade für das Merkmal „Alter" 125

Abb. 128: Einstellung zu Kreditgenossenschaften und das Merkmal „Alter" 125

Abb. 129: Wissen über Kreditgenossenschaften und das Merkmal „Alter" 126

Abb. 130: Berichte über Kreditgenossenschaften und das Merkmal „Alter" 126

Abb. 131: Bedeutung von Kreditgenossenschaften und das Merkmal „Alter" 127

Abb. 132: Bedeutung für den ländlichen Raum und das Merkmal „Alter" 127

Abb. 133: Kreditgenossenschaften im Vergleich zu anderen Kreditinstituten und das Merkmal „Alter" 128

Abb. 134: Geschäftsbeziehungen mit Kreditgenossenschaften und das Merkmal „Alter".... 128

Abb. 135: Genossenschaftsbanken in der Finanzkrise und das Merkmal „Alter" 129

Abb. 136: Informationsquellen zum Thema Kreditgenossenschaften nach dem Merkmal „Bildungsniveau" 132

Abb. 137: Begriff „Genossenschaft" und das Merkmal „Bildungsniveau" 134

Abb. 138: Tätigkeit im Bank-/Kreditwesen und das Merkmal „Bildungsniveau" 135

Abb. 139: Genossenschaftlicher Förderauftrag und das Merkmal „Bildungsniveau" 135

Abb. 140: Kreditgenossenschaftsmitglieder und -anteilsbesitzer und das Merkmal „Bildungsniveau" 136

Abb. 141: Kenntnisse über Kreditgenossenschaften und das Merkmal „Bildungsniveau" ... 137

Abb. 142: Erfahrungen mit Kreditgenossenschaften und das Merkmal „Bildungsniveau"... 138

Abb. 143: Kreditgenossenschaften in der Finanz- und Wirtschaftskrise und das Merkmal „Bildungsniveau" 138

Abb. 144: Eigenschaften der Kategorie „Zweck" und das Merkmal „Bildungsniveau" 139

Abb. 145: Eigenschaften der Kategorie „Mitgliedschaft" und das Merkmal „Bildungsniveau" 140

Abb. 146: Eigenschaften der Kategorie „Ausrichtung/Orientierung" und das Merkmal „Bildungsniveau" 141

Abb. 147: Eigenschaften der Kategorie „Aktualität/Tradition" und das Merkmal „Bildungsniveau" 142

Abb. 148: Kenntnis der Eigenschaften der Kategorie „sonstige Merkmale" und das Merkmal „Bildungsniveau"... 143

Abb. 149: Übersicht über die korrekten Antworten zu genossenschaftlichen Merkmalen nach Bildungsschichten.. 144

Abb. 150: Merkmalseinschätzungen im Bildungsniveauvergleich.. 145

Abb. 151: Abweichungen zwischen dem Ideal- und dem Realbild für das Merkmal „Bildungsniveau" 147

Abb. 152: Imagedeckungsgrade für das Merkmal „Bildungsniveau".................................... 148

Abb. 153: Einstellung zu Kreditgenossenschaften und das Merkmal „Bildungsniveau" 148

Abb. 154: Wissen über Kreditgenossenschaften und das Merkmal „Bildungsniveau" 149

Abb. 155: Berichte über Kreditgenossenschaften und das Merkmal „Bildungsniveau" 149

Abb. 156: Bedeutung von Kreditgenossenschaften und das Merkmal „Bildungsniveau"..... 149

Abb. 157: Bedeutung für den ländlichen Raum und das Merkmal „Bildungsniveau" 150

Abb. 158: Kreditgenossenschaften im Vergleich zu anderen Kreditinstituten und das Merkmal „Bildungsniveau"... 151

Abb. 159: Geschäftsbeziehungen mit Kreditgenossenschaften und das Merkmal „Bildungsniveau" 151

Abb. 160: Genossenschaftsbanken in der Finanzkrise und das Merkmal „Bildungsniveau" 152

Abb. 161: Informationsquellen zum Thema Kreditgenossenschaften nach dem Merkmal „Stadt-Land"... 154

Abb. 162: Begriff „Genossenschaft" und das Merkmal „Stadt-Land" 155

Abb. 163: Tätigkeit im Bank-/Kreditwesen und das Merkmal „Stadt-Land" 156

Abb. 164: Genossenschaftlicher Förderauftrag und das Merkmal „Stadt-Land" 156

Abb. 165: Kreditgenossenschaftsmitglieder und -anteilsbesitzer und das Merkmal „Stadt-Land" 157

Abb. 166: Kenntnisse über Kreditgenossenschaften und das Merkmal „Stadt-Land" 157

Abb. 167: Erfahrungen mit Kreditgenossenschaften und das Merkmal „Stadt-Land" 158

Abb. 168: Kreditgenossenschaften in der Finanz- und Wirtschaftskrise und das Merkmal „Stadt-Land"... 159

Abb. 169: Eigenschaften der Kategorie „Zweck" im Stadt-Land-Vergleich......................... 160

Abb. 170: Eigenschaften der Kategorie „Mitgliedschaft" im Stadt-Land-Vergleich 161

Abb. 171: Eigenschaften der Kategorie „Ausrichtung/Orientierung" im Stadt-Land-Vergleich 162

Abb. 172: Eigenschaften der Kategorie „Aktualität/Tradition" im Stadt-Land-Vergleich.... 162

Abb. 173: Eigenschaften der Kategorie „sonstige Merkmale" im Stadt-Land-Vergleich 163

Abb. 174: Übersicht über die korrekten Antworten zu genossenschaftlichen Merkmalen nach Gemeindegrößenklassen 164

Abb. 175: Merkmalseinschätzung im Stadt-Land-Vergleich 165

Abb. 176: Abweichungen zwischen dem Ideal- und dem Realbild für das Merkmal „Stadt-Land" 166

Abb. 177: Imagedeckungsgrade für das Merkmal „Stadt-Land" 167

Abb. 178: Einstellung zu Kreditgenossenschaften und das Merkmal „Stadt-Land" 168

Abb. 179: Wissen über Kreditgenossenschaften und das Merkmal „Stadt-Land" 168

Abb. 180: Berichte über Kreditgenossenschaften und das Merkmal „Stadt-Land" 168

Abb. 181: Bedeutung von Kreditgenossenschaften und das Merkmal „Stadt-Land" 169

Abb. 182: Bedeutung für den ländlichen Raum und das Merkmal „Stadt-Land" 169

Abb. 183: Kreditgenossenschaften im Vergleich zu anderen Kreditinstituten und das Merkmal „Stadt-Land" 170

Abb. 184: Geschäftsbeziehungen mit Kreditgenossenschaften und das Merkmal „Stadt-Land" 170

Abb. 185: Genossenschaftsbanken in der Finanzkrise und das Merkmal „Stadt-Land" 171

I. EINLEITUNG

Eine der historischen Wurzeln der genossenschaftlichen Organisationsform liegt im Bankwesen. Die sogenannten „Darlehenskassen-Vereine", die auf genossenschaftlicher Basis gegründet wurden, verschafften erstmals breiten Gesellschaftsschichten Zugang zu Finanzdienstleistungen in Form von zinsgünstigen Krediten.[4] Dieses Angebot führte zu einer Sicherung von Existenzgrundlagen und leitete wirtschaftliche Wachstumsprozesse ein. Das genossenschaftliche Bankwesen zeichnet sich durch eine *„langfristige Orientierung, ein stabilitätsorientiertes Geschäftsmodell und die Verwurzelung in der regionalen und mittelständischen Wirtschaft"*[5] aus. Wie auch in anderen Wirtschaftsbereichen treten Genossenschaftsbanken häufig als Verbundgruppe auf, um neben den Vorteilen der dezentralen Organisationsstruktur auch Größen-, Kompetenz- und Risikovorteile zu erzielen. Aus diesem Grund werden zur Bündelung der Kompetenzen Spezial- und Spitzeninstitute eingesetzt, die bestimmte Aufgaben und Dienstleistungen für die einzelnen Primärgenossenschaften übernehmen oder koordinieren.[6]

Bei Genossenschaften handelt es sich um eine Organisationsform, die es erlaubt, bei geringem Zentralisationsgrad, starker regionaler Verankerung und gleichzeitiger Aufrechterhaltung betrieblicher Unabhängigkeit einen Nutzen – nicht nur auf wirtschaftlicher Ebene – für die Mitglieder zu stiften. Da die Eigentümer zugleich Leistungsbezieher der Genossenschaft sind, gehen Genossenschaften über eine isolierte Erfüllung der Investoreninteressen hinaus. Dies begründet die Mitgliederorientierung als Maxime der genossenschaftlichen Aktivitäten und fördert nachhaltige Strategien, die soziale und ökologische Aspekte in die ökonomische Zielsetzung integrieren. Folglich geht die Ausrichtung vieler Genossenschaften mit einer verstärkten Übernahme gesellschaftlicher Verantwortung einher. Durch ihre regionale Verankerung fördern Genossenschaften zudem die ländliche Entwicklung. Aufgrund all dieser Besonderheiten hebt sich die genossenschaftliche Kooperationsform nicht nur merklich von anderen Unternehmensformen ab, sondern es wird auch der gesellschaftliche Wert der Genossenschaften deutlich.

Genossenschaften haben in den vergangen Jahren wieder an Bedeutung gewonnen. Mit der weltweiten Finanz- und Wirtschaftskrise ist eine steigende Globalisierungsskepsis verbunden. Die regionale Verankerung der Kreditgenossenschaften schafft psychische Nähe und begründet das hohe Vertrauen, das Mitglieder-Kunden aber auch Nur-Kunden den Kreditgenossenschaften entgegenbringen und das sich während der Bankenkrise deutlich zeigte. Und so hat sich diese Studie zum Ziel gesetzt, folgende Fragen zu beantworten:

- *Welche Einstellungen haben die Österreicherinnen und Österreicher gegenüber Kreditgenossenschaften?*

- *Welche Erfahrungen haben die Österreicherinnen und Österreicher mit Kreditgenossenschaften gemacht?*

- *Welches Wissen haben die Österreicherinnen und Österreicher über Kreditgenossenschaften?*

---

[4] Zerche/Schmale/Blome-Drees 1998: 15
[5] Theurl/Wendler 2011: 69
[6] Theurl/Wendler 2011: 69

Bevor auf die Ergebnisse im Detail eingegangen wird, erfolgt eine allgemeine Beschreibung der Studie sowie eine kritische Betrachtung der gewählten Vorgehensweise. Im Kapitel II werden zunächst die Eigenschaften und die Rahmenbedingungen des durchgeführten Projekts beschrieben. Es wird auf die Fragebogenerstellung, die Durchführung der Befragung und die gezogene Stichprobe eingegangen. Danach folgt im Kapitel III eine kritische Beurteilung des Fragebogens, der Datenerhebungsmethode, der Befragung, der gezogenen Stichprobe sowie der Datenqualität. Anschließend werden im Abschnitt IV „Methodenwahl" die Vorgehensweise der statistischen Auswertungen sowie die Wahl der statistischen Verfahren dargelegt. Darüber hinaus bietet das Kapitel „Methodenwahl" Informationen zur Interpretation der statistischen Ergebnisse. Das Kapitel V widmet sich der Beschreibung der Teilgruppen, die in der Ergebnisanalyse explizit betrachtet werden. Im darauffolgenden Kapitel VI „Darstellung der Ergebnisse" erfolgt schließlich die Präsentation der Befragungsergebnisse, welches sich in fünf Subkapitel gliedert:

- Gesamtergebnisse
- Ergebnisse für das Merkmal „Mitgliedschaft"
- Ergebnisse für das Merkmal „NUTS"
- Ergebnisse für das Merkmal „Alter"
- Ergebnisse für das Merkmal „Bildungsniveau"
- Ergebnisse für das Merkmal „Stadt-Land"

In den beiden Subkapiteln, „Gesamtergebnisse" und „Ergebnisse für das Merkmal ‚Mitgliedschaft'", finden sich ausführliche Erläuterungen zu den Ergebnissen und Vorgehensweisen. Da diese detaillierten Beschreibungen auch für die nachfolgenden vier Kapitel zu den Merkmalen „NUTS", „Alter", „Bildungsniveau" und „Stadt-Land" gelten, wurden sie – um weitreichende Wiederholungen zu vermeiden – in den Folgekapiteln ausgespart.

Die sechs Ergebniskapitel sind parallel aufgebaut: Zunächst wird im Teilabschnitt „Informationsquellen" untersucht, über welche Informationskanäle die Befragten Informationen über Kreditgenossenschaften beziehen bzw. bezogen haben und wie diese Informationen bewertet werden (positiv, neutral oder negativ). Anschließend werden in Abschnitt „Allgemeine Kenntnisse und Erfahrungen" das Wissen über genossenschaftliche Begriffe, die Kenntnisse allgemeiner Aspekte von Kreditgenossenschaften sowie die Selbsteinschätzung der Kenntnisse und Erfahrungen untersucht. Im dritten Teilabschnitt stehen spezifische Wissensfragen über charakteristische Eigenschaften der genossenschaftlichen Organisationsform in Fokus. Im letzten Teilabschnitt – „Einstellung gegenüber Kreditgenossenschaften" – wird präsentiert, wie die Befragten die charakteristischen Eigenschaften und das Image von Kreditgenossenschaften bewerten, welche Einstellungen sie gegenüber Kreditgenossenschaften haben und wie Kreditgenossenschaften im Vergleich zur nicht genossenschaftlichen Konkurrenz perzipiert werden. Abschließend werden im Kapitel VII „Resümee" die bedeutsamsten Ergebnisse aufgegriffen und zusammengefasst.

II. CHARAKTERISTIKA DER STUDIE

Vor dem Hintergrund des Internationalen Jahres der Genossenschaften und angeregt von dem 2011 erschienenen Buch von Theresia Theurl und Caroline Wendler „Was weiß Deutschland über Genossenschaften?"[7], wurde 2012 vom „Research Institute for Co-operation and Cooperatives" (RICC) eine österreichweite Studie zum Thema „Was weiß Österreich über Genossenschaften?" durchgeführt. Die empirischen Ergebnisse dieser Studie wurden in dem Projektbericht „Das Image von Genossenschaften in Österreich: Eine unbekannte, aber sympathische Organisationsform"[8] publiziert.

Da Genossenschaften in sehr unterschiedlichen Wirtschaftsbereichen aktiv sind – wie z.B. Wohnungswirtschaft, Landwirtschaft, Bankwesen, Handel und Gewerbe etc. –, ist zu vermuten, dass Genossenschaften je nach Erfahrungshintergrund anders gesehen werden. Von diesem Gedankengang geleitet, wurde 2014 vom RiCC das Projekt „Was weiß Österreich über Kreditgenossenschaften?" durchgeführt. Ziel dieser deskriptiven österreichweiten Studie war die Erhebung des Wissensstandes über, der Erfahrungen mit sowie der Einstellungen zu Kreditgenossenschaften. Die Erhebung wurde als Querschnittstudie konzipiert, bei der eine Befragung von verschiedenen Personengruppen einmalig zum selben Zeitpunkt durchgeführt wird.

A. DER FRAGEBOGEN

Zur Gewährleistung der Vergleichbarkeit zu den gewonnenen empirischen Ergebnissen des Projekts „Was weiß Österreich über Genossenschaften" wurde der eingesetzte Fragebogen[9] auf Basis des 2012 verwendeten Fragebogens[10] erstellt. Adaptierungen erfolgten, um den Fragenkatalog an die Spezifika von Kreditgenossenschaften anzupassen. Demgemäß wurden Fragestellungen umformuliert, Fragen ohne Bezug zu Kreditgenossenschaften wurden gestrichen und Fragen, die im Kontext der Untersuchung von Kreditgenossenschaften interessant erschienen, wurden ergänzt.

Die Dauer der Befragung, die Verständlichkeit der Fragen und die Struktur des Fragebogens wurden im Rahmen eines Pretests[11] untersucht. Der aufgrund der Ergebnisse des Pretests adaptierte und interviewfreundlich gestaltete Fragebogen umfasste in der Endfassung 21 Fragen. Bei der Fragebogengestaltung wurde außerdem darauf geachtet, dass dieser von den Proband/inn/en auch selbstständig ausgefüllt werden konnte.

B. DIE BEFRAGUNG

Die Befragung wurde vorwiegend an öffentlichen Plätzen, zum Beispiel bei Einkaufszentren, von eingeschulten Interviewer/inne/n über einen Zeitraum von drei Monaten – Mitte April bis

---

[7] Theurl/Wendeler 2011
[8] Rößl/Hatak/Radakovics 2014
[9] Der in der Studie verwendete Fragebogen ist im Anhang B abgebildet.
[10] Dieser Fragebogen ist wiederum eng an den von Wendler im Rahmen ihres Dissertationsprojekts am Institut für Genossenschaftswesen an der Universität Münster konzipierten Fragebogen (Theurl/Wendler 2011: 4, 246ff) angelehnt, der in der deutschen Studie „Was weiß Deutschland über Genossenschaften" zur Anwendung gelangte.
[11] Schnell/Hill/Esser 2011: 340ff

Mitte Juli 2014 – durchgeführt. Bei den Interviewer/inne/n handelte es sich um Studierende der Wirtschaftsuniversität Wien. Grundsätzlich erfolgte die Auswahl der Proband/inn/en nach dem Zufallsprinzip, wobei die Interviewer/innen darauf achten mussten, dass bestimme Quoten hinsichtlich der Verteilung der Befragungen (siehe Quotenstichprobe weiter unten) erreicht werden. Die Fragebögen wurden entweder in Form eines persönlichen Interviews oder von den Befragungsteilnehmer/inne/n selbstständig durchgeführt. Bei autonomer Bearbeitung des Fragebogens stand der/die Interviewer/in unterstützend bei und kontrollierte die Stimmigkeit und Vollständigkeit der Antworten. Die vollständige Beantwortung eines Fragebogens nahm in etwa 20 Minuten in Anspruch.

C. DIE STICHPROBE

1. Die Quotenstichprobe (Quotaverfahren)

Zur Sicherstellungen einer möglichst hohen Repräsentativität wurde die Stichprobe nach dem Quotaverfahren[12] – geschichtet nach Alter, Geschlecht, Bildungsabschluss, Bundesland und Gemeindegröße – gezogen. Diese Schichtungskriterien wurden gewählt, da vermutet werden kann, dass das Wissen über Kreditgenossenschaften bzw. das Image von Kreditgenossenschaften von diesen Kriterien abhängig sein könnte, und da sie – im Unterschied zu psychographischen Kriterien – vergleichsweise gut kontrollierbar sind.

Man spricht von einer repräsentativen Stichprobe, wenn die gezogene Stichprobe genau die reale Struktur der „Grundgesamtheit"[13] widerspiegelt.[14] Der Grundgedanke des Quotaverfahrens ist, eine repräsentative Stichprobe zu ziehen, deren Merkmale wie in der Grundgesamtheit verteilt sind.[15] Sind beispielsweise 45 % der Grundgesamtheit Männer und 55 % Frauen, so werden dementsprechend die zu erhebenden Quoten festgelegt. Der entscheidende Unterschied zur geschichteten Zufallsstichprobe besteht darin, dass die Proband/inn/en beim Quotaverfahren nicht per Zufall ausgewählt werden.[16] Es steht den Interviewer/inne/n vielmehr frei, wie diese die Erfüllung der Quoten sicherstellen. Die dadurch bedingte Problematik wird im Abschnitt III.C „Beurteilung der Befragung" näher beleuchtet. Zur Durchführung dieses Verfahrens muss somit die Verteilung der jeweiligen Merkmale bekannt sein.[17] Diesbezüglich wurde auf Daten der „Statistik Austria"[18] zurückgegriffen, um die zu erhebenden Quoten je Merkmal festzulegen.

2. Stichprobenumfang und Grundgesamtheit

Die Grundgesamtheit beschreibt *„die Menge der Individuen, Fälle oder Ereignisse, auf die sich die Aussagen der Untersuchung beziehen"*[19]. Zur Grundgesamtheit dieser Studie zählen sämtliche Einwohner/innen Österreichs, die zum Zeitpunkt der Befragung das 14. Lebensjahr vollendet hatten. Insgesamt umfasste die Grundgesamtheit 7.293.755 Österreicher/innen. Aus der Grundgesamtheit wurde ein Stichprobenumfang von 768 befragten Personen gezogen.

---

[12] Mayer 2009: 61; Schnell/Hill/Esser 2011: 292ff
[13] Näheres zur Grundgesamtheit siehe Abschnitt II.C.2.
[14] Raab-Steiner/Benesch 2012: 17
[15] Mayer 2009: 63
[16] Mayer 2009: 62ff
[17] Raab-Steiner/Benesch 2012: 19
[18] Statistik Austria 2014a, online
[19] Mayer 2009: 190

3. Erreichung der Soll-Quoten

Die Gegenüberstellung der beobachteten Verteilung des Merkmals „Bildungsniveau" mit den Soll-Quoten förderte bezüglich des Schichtungskriteriums „höchster Bildungsabschluss" deutliche Differenzen zutage. In der Stichprobe sind Personen ohne Maturaabschluss unterrepräsentiert. Diese Abweichung kann teilweise dadurch begründet werden, dass das Bildungsniveau von den Interviewer/inne/n nur schwer abgeschätzt werden konnte, während andere demografische Eigenschaften vergleichsweise einfach zu steuern waren. Zudem kann die wahrgenommene Komplexität der Befragungsthematik zu einer geringeren Teilnahmebereitschaft bei angesprochenen Personen ohne Maturaabschluss geführt haben. Bei den übrigen Schichtungsmerkmalen hielten sich die Abweichungen von den Zielquoten in engen Grenzen.

4. Datenaufbereitung und nachträgliche Reduktion der Stichprobengröße per Zufallsverfahren

Im Rahmen der Aufbereitung des Rohdatensatzes wurden die 768 Fragebögen einer Kontrolle unterzogen, um sicherzustellen, dass die statistischen Auswertungen auf möglichst reliablen Daten aufsetzen. Dabei wurden 99 Fragebögen eliminiert, deren Reliabilität aufgrund unzureichender Vollständigkeit (hierbei wurde auch auf die Häufigkeiten von „weiß nicht"-Antworten bei Einstellungsfragen geachtet), mangelhafter Stimmigkeit oder bestimmter Beantwortungsmuster (z.B. gerader Strich entlang einer Antwortkategorie eines gesamten Frageblocks) angezweifelt werden konnte.

Ausgehend von dem verkleinerten Datensatz wurde in einem weiteren Schritt je Bundesland eine Zufallsauswahl der Fragebögen von Proband/inn/en mit Matura oder höherem Abschluss getroffen, um dem Schichtungskriterium „Bildungsniveau" besser zu entsprechen. Im Zuge dieser Sampleanpassung wurde der Stichprobenumfang auf 450 Befragte reduziert.

5. Darstellung der Stichprobe und Vergleich mit der Quotenvorgabe

Zur Überprüfung der Repräsentativität der Stichprobe wurden die jeweiligen beobachteten Merkmalshäufigkeiten den im Vorfeld festgelegten Quoten je Ausprägungsmerkmal, berechnet anhand der Daten der Statistik Austria, gegenübergestellt. Es ergaben sich folgende Soll- und Istwerte:

Quotenmerkmal	Merkmalsausprägung	Quotenvorgabe	Beobachtete Anzahl	Differenz
Bundesland	Burgenland	16	16	0
	Kärnten	30	30	0
	Niederösterreich	86	86	0
	Oberösterreich	75	75	0
	Salzburg	29	29	0
	Steiermark	66	66	0
	Tirol	37	37	0
	Vorarlberg	19	19	0
	Wien	92	92	0

Gemeindegröße (in Einwohner/innen)	bis 2.500	116	126	10
	2.501-5.000	79	82	3
	5.001-20.000	87	90	3
	20.001-100.000	28	20	-8
	Landeshauptstadt	48	40	-8
	Bundeshauptstadt	92	92	0
Geschlecht	männlich	218	233	15
	weiblich	232	217	-15
Alter (in Jahren)	14-19	36	39	3
	20-39	138	130	-8
	40-59	154	165	11
	60+	122	116	-6
Bildungsniveau	kein Maturaabschluss	335	234	-101
	Maturaabschluss	64	162	98
	akademischer Abschluss	51	54	3

Tab. 1: Darstellung der Stichprobe und Abweichungen zur Quotenvorgabe

Mithilfe des Chi-Quadrat-Tests erfolgte die Überprüfung, ob die Verteilung der in der Stichprobe enthaltenen Fragebögen je Schichtungsvariable (zum Beispiel „Bundesländer") den Zielquoten entspricht. Dazu wurden die Häufigkeiten der in der Stichprobe beobachteten Merkmalsausprägungen den jeweiligen Quoten gegenübergestellt (zum Beispiel die Anzahl der befragten Männer und Frauen im Vergleich zur entsprechenden Quote).

Merkmal	Chi-Quadrat	Freiheitsgrade	Signifikanz
Bundesland	0,074	8	1,000
Gemeindegröße	5,353	5	0,374
Wienerbezirke	4,363	6	0,628
Geschlecht	2,138	1	0,144
Alter	1,220	3	0,748
Bildungsniveau	181,872	2	0,000

Tab. 2: Chi-Quadrat-Test zur Repräsentativität der Stichprobe

Die Tabelle zeigt, dass die Verteilung der Teilgruppen des Schichtungsmerkmals „Bildungsniveau" signifikant von der Verteilung in der Grundgesamtheit abweicht ($p < 0,05$), was aufgrund der absoluten Abweichungen erwartet werden konnte. Bei den übrigen Schichtungsmerkmalen ist den Signifikanzwerten zufolge eine angemessene Repräsentativität gegeben.[20]

---

[20] Im Anhang A finden sich Gegenüberstellungen der Quotenvorgaben der jeweiligen Teilgruppen mit der tatsächlichen Stichprobe. Aufgrund von Rundungsdifferenzen sind geringe Abweichungen möglich.

III. KRITISCHE BEURTEILUNG DER STUDIE

Um die Aussagekraft der generierten Ergebnisse zu bewerten, werden der Fragebogen, das gesamte Forschungsdesign, die gezogene Stichprobe sowie die Befragungsdaten einer kritischen Beurteilung unterzogen.

A. BEURTEILUNG DES FRAGEBOGENS

1. Erstellung des Fragebogens

Bei der Erstellung des Fragebogens wurde darauf geachtet,

- einfache, konkrete und kurze Fragen,
- keine mehrdeutigen oder mehrdimensionalen Formulierungen (die Fragen sollten eindeutig interpretierbar sein und sich nur auf einen bestimmten Sachverhalt beziehen),
- keine unbekannten Fachausdrücke sowie
- wertfreie und keine suggestiven Formulierungen (die Fragestellung sollte nicht zu einem bestimmten Antwortverhalten verleiten)

zu generieren.[21]

Obwohl bei der Erstellung des Fragebogens auf einen Fragebogen zurückgegriffen wurde, der sich bereits im Zuge einer früheren Erhebung[22] bewährt hat, wurde ein Pretest durchgeführt. Dieser förderte keine Probleme bezüglich der Verständlichkeit der Fragen, der Antwortschemata oder der Gliederung zutage. Der Pretest führte daher zu nur geringfügigen sprachlichen Adaptierungen.

2. Länge des Fragebogens

Bei der Gestaltung des Fragebogens wurde darauf geachtet, dass die Beantwortungsdauer keine übermäßige Belastung der Befragten darstellt oder sie vor einer Teilnahme abschreckt. Auch muss mit Fortdauer einer Befragung eine sinkende Qualität der Fragebeantwortung in Kauf genommen werden. Dennoch muss die Länge des Fragebogens geeignet sein, den benötigten Informationsbedarf zu decken.[23] Daher gilt es bei Befragungen, einen ausgewogenen Mittelweg zwischen den konkurrierenden Erfolgsfaktoren, Teilnehmermotivation und Informationsgehalt, zu finden.

Als Richtwerte für eine maximale Befragungsdauer gelten bei Straßeninterviews ca. 10 Minuten, bei Befragungen am Ort des/der Proband/en/in in etwa 45 Minuten und bei Telefonbefragungen rund 20 Minuten.[24] Das Ausfüllen des Fragebogens nahm in etwa 20 Minuten in Anspruch und liegt damit in der Bandbreite dieser Richtwerte.

---

[21] Schumann 2012: 58ff; Schnell/Hill/Esser 2011: 328f
[22] Rößl/Hatak/Radakovics 2014: 266ff
[23] McGivern 2009: 345
[24] McGivern 2009: 345

3. Aufbau und Fragestellung

Der Fragebogen beginnt mit den Fragen, ob den Proband/inn/en der Begriff „Genossenschaft" geläufig ist und ob Genossenschaften im Bereich des Bank-/Kreditwesens existieren. Diese Einführungsfragen können als „Eisbrecherfragen" angesehen werden. Sie führen zum Thema hin, bereiten die Proband/inn/en auf die kommenden Fragen vor.

Anschließend folgt ein kurzer Text, der in einfachen Worten eine (Kredit-)Genossenschaften beschreibt:

> *Eine (Kredit-)Genossenschaft ist eine Kooperation, in der mehrere Unternehmen oder Privatpersonen ein gemeinsames Unternehmen gründen. Sie tun dies, um gemeinsam bessere wirtschaftliche Ergebnisse zu erzielen. Zu Zeiten der Entstehung erster Kreditgenossenschaften schlossen sich vor allem Landwirte und Gewerbetreibende zusammen, um gemeinsam Zugang zu (leistbaren) Krediten zu bekommen. Am österreichischen Finanzmarkt spielen die Genossenschaftsbanken von Raiffeisen und Volksbank eine bedeutende Rolle. Zu beachten gilt jedoch, dass nicht alle Raiffeisen- und Volksbanken in der Rechtsform einer Genossenschaft geführt werden.*

Mit diesem Text wurde beabsichtigt, jenen Proband/inn/en, die keine Kenntnisse zu Genossenschaften bzw. Kreditgenossenschaften hatten, einen kleinen Einblick in die Grundeigenschaften von Kreditgenossenschaften zu gewähren. Die Befragungsteilnehmer/innen sollten dieses erworbene Basiswissen zur weiteren Beantwortung der Fragen heranziehen. Außerdem sollte dieser Text jenen helfen, die zwar grundsätzlich über (Kredit-)Genossenschaften Bescheid wussten, spontan aber den Begriff „Genossenschaft" nicht einordnen konnten. Ein Verzicht auf diese kurze Beschreibung von Kreditgenossenschaften, hätte den Ausschluss sämtlicher Befragungsteilnehmer/innen, welche beide Einführungsfragen mit „nein" beantwortet haben, von den statistischen Auswertungen zur Folge gehabt. Obwohl ein solcher erläuternder Einführungstext deutliche Vorteile bringt, muss angemerkt werden, dass dieser Text eine Beeinflussung der Befragungsteilnehmer/innen darstellen kann. Verändern Proband/inn/en aufgrund der Genossenschaftsbeschreibung ihre Einstellung zu Kreditgenossenschaften, kommt es zu einem Bias, was einen Schluss von den befragten Personen auf die Grundgesamtheit erschweren könnte.

Bereits bei der Erstellung eines Fragebogens muss beachtet werden, dass es bei Befragungen aufgrund verschiedenster Effekte zu verzerrten Ergebnissen kommen kann:[25]

- Die Befragten beantworten die Fragen willkürlich und nehmen die Befragung nicht ernst.
- Die Befragten neigen zu „sozial erwünschten" Antworten.
- Die Befragten tendieren zu einem bestimmten Antwortverhalten (zum Beispiel „Ja-Sage-Tendenz", die Tendenz zur Mitte oder zu Extrempositionen).

Mithilfe von Kontrollfragen können derartige ergebnisverzerrende Effekte aufgedeckt werden.[26] Bei dem verwendeten Fragebogen können die Frage 15 „Wie finden Sie Kreditgenossenschaften grundsätzlich…" sowie „Kreditgenossenschaften bedeuten mir viel" aus dem Fragenblock 16 herangezogen werden, um die Stimmigkeit des Antwortverhaltens einzelner Proband/inn/en zu prüfen. Etwaige Abweichungen bei der Beantwortung dieser Fragen sollten

---

[25] Schumann 2012: 51ff
[26] Schumann 2012: 51ff

sich in engen Grenzen halten, da sich diese Fragen auf einen ähnlichen Sachverhalt beziehen. Größere Abweichungen können ein Indiz für mangelnde Sorgfalt seitens des/der Probanden/in sein. Im Abschnitt III.E „Beurteilung der Datenqualität" werden diese Aspekte analysiert.

Bei den als Antwortformat verwendeten Ratingskalen wurden vorwiegend fünf Abstufungen gewählt. Dieser Skalenart wird häufig – unter der Annahme identer Abstände zwischen den Antwortkategorien – ein Intervallskalenniveau unterstellt.[27] Diese Annahme wird getroffen, um statistische Verfahren einsetzen zu können, die ein hohes Skalenniveau voraussetzen. Streng genommen ist diese Annahme aber nur unter Bestätigung der gleichmäßigen Skalenabstände haltbar.[28] Die Wahl einer geringen Anzahl an Skalenstufen führt einerseits zu einem Informationsverlust,[29] andererseits hat es aber den Vorteil, dass sich gewisse Antworttendenzen, zum Beispiel die Tendenz zum extremen Urteil, weniger bemerkbar machen und die „Qual der Wahl" der Befragten minimiert wird. Um die Differenzierungsfähigkeit der Testpersonen nicht überzustrapazieren, empfiehlt die Lehrmeinung vier bis sieben Abstufungen.[30]

Bei der hier gewählten ungeraden Anzahl an Abstufungen ergibt sich eine Mittelkategorie, die dann aus Unsicherheit, als Alternative zur Antwortverweigerung oder zur Verbergung der tatsächlichen Einstellung gewählt werden kann.[31] Eine gerade Anzahl an Antwortkategorien ist andererseits mit dem Nachteil verbunden, dass eine neutrale Mittelkategorie fehlt. In diesem Fall können Proband/inn/en, deren Meinung der Mittelposition entspricht, ihre Einstellung nicht angemessen kundtun.[32]

Der Fragebogen enthält eine Filterfrage (Frage 6: „Ich bin derzeit Mitglied in einer/mehreren Kreditgenossenschaft/en"), die den weiteren Verlauf der Befragung steuert. Je nachdem wie die Filterfrage beantwortet wurde, sollte entweder die Frage 11 oder die Frage 12 beantwortet werden. In 3 Fällen wurde irrtümlicherweise die durch die Filterfrage ausgeschlossene Frage beantwortet und weitere 32 Proband/inn/en haben beide weiterführende Fragen ausgefüllt. Die fehlerhaften Kombinationspaare machen jedoch nur rund 1 % der Stichprobe aus.

Abschließend bleibt zu erwähnen, dass nicht auszuschließen ist, dass die Fragen zur Einschätzung des Real- und Idealbildes von Genossenschaften – abhängig von der Differenzierungsfähigkeit der Proband/inn/en – missverstanden worden sind. Der Pretest deckte zwar keine Probleme auf, dennoch kann diese Problematik nicht ausgeschlossen werden, da beim Pretest die breite Diversität der Befragungsteilnehmer/innen nicht vollständig abgedeckt werden konnte.

B. BEURTEILUNG DER GEWÄHLTEN DATENERHEBUNGSMETHODE

Durch die gewählte Form der Datenerhebung – schriftliche Befragung mit Unterstützung durch die Interviewer/innen – sollten die Vorteile der schriftlichen Befragung mit jenen der mündlichen Befragung kombiniert und die Nachteile weitgehend ausgeschaltet werden.

---

[27] Backhaus et al. 2011: 11; Berekoven/Eckert/Ellenrieder 2009: 68; Raab-Steiner/Benesch 2012: 58
[28] Backhaus et al. 2011: 11
[29] Götze/Deutschmann/Link 2002: 235f
[30] Berekoven/Eckert/Ellenrieder 2009: 70; Raab-Steiner/Benesch 2012: 57
[31] Rost 2004: 67
[32] Schumann 2012: 70

- Ein Vorteil der Befragung mittels schriftlichem Fragebogen ist, dass es zu einer geringeren Verfälschung durch die das Interview führende Person kommt als bei einer rein mündlichen Befragung. Nicht nur die Gestaltung der Befragungsdurchführung, sondern auch die Anwesenheit eines/r Interviewer/in/s allein kann das Antwortverhalten beeinflussen.[33] Die gewählte Befragungsmethode sollte die Interaktion zwischen den Proband/inn/en und den interviewführenden Personen auf ein akzeptables Maß reduzieren und damit auch die einhergehende Einflussnahme mindern.

- Mit schriftlichen Befragungen ist das Problem verbunden, dass man nicht weiß, ob die Befragten die Fragen verstanden oder die Befragung auch tatsächlich ernst genommen haben. Dies kann zu Ergebnisverzerrungen führen.[34] Die Anwesenheit von Interviewer/inne/n wirkt solchen Verzerrungen entgegen, da sie den Befragten bei Unklarheiten unterstützend zur Seite stehen.

- Bei der schriftlichen Befragung können sich die Proband/inn/en einen Überblick über den gesamten Fragenkatalog verschaffen und so für eine konsistente Fragebeantwortung sorgen.[35] Die Einhaltung einer kontrollierten Beantwortungskonsistenz ist jedoch in der Regel nicht erwünscht, da Fragen spontan beantwortet werden sollen. Durch die Möglichkeit des Zurückblätterns kann ein etwaiger Informationsgewinn aus nachgelagerter Fragestellungen genutzt werden. So wurden z.B. im Fragenblock 20 die Kenntnisse wesentlicher Charakteristika von Genossenschaften erhoben und im darauffolgenden Fragenblock 21 Aussagen zu den Genossenschaftsmerkmalen angeführt. Würden Befragungsteilnehmer/innen den Fragebogen selbstständig ohne Anwesenheit einer interviewführenden Person ausfüllen, könnten die Wissensfragen des Fragenblocks 20 auf Grundlage der Aussagen des Fragenblocks 21 ausgefüllt werden.

C. BEURTEILUNG DER BEFRAGUNG

Ein wesentliches Charakteristikum der Zufallsstichprobe ist, dass sämtliche Personen der Grundgesamtheit mit gleich großer Wahrscheinlichkeit in die Erhebung miteinbezogen werden.[36] Ein Kritikpunkt an der vorliegenden Studie besteht darin, dass den Interviewerinnen und Interviewern die Erfüllung der vorgegebenen Quoten frei überlassen wurde. Durch diese Vorgehensweise wird das Prinzip einer Zufallsstichprobe verletzt, da hier subjektive Kriterien zur Auswahl der Proband/inn/en herangezogen werden.[37]

Da die Interviews ausschließlich von Studierenden durchgeführt wurden, ist anzunehmen, dass ein Teil der Befragten aus dem näheren sozialen Umfeld (Freunde, Verwandte, Bekannte etc.) der Interviewer/innen stammt. Die Befragung an Arbeitstagen und öffentlichen Plätzen könnte außerdem dazu geführt haben, dass erwerbstätige Personen in der Stichprobe unterrepräsentiert sind. Diese beiden Aspekte stellen eine gewisse Einschränkung der Repräsentativität der Stichprobe dar, da z.B. Arbeitstätige und Personen, die geringe Teilnahmebereitschaft signalisiert haben, eine geringere Chance hatten, einen Beitrag zur Befragung zu leisten. In der gezogenen Stichprobe zeigt sich dieses Problem darin, dass Personen ohne Maturaabschluss unterrepräsentiert sind.

---

[33] Schumann 2012: 130f
[34] Schumann 2012: 131
[35] Schnell/Hill/Esser 2011: 352
[36] Hatzinger/Nagel 2009: 31
[37] Schnell/Hill/Esser 2011: 291

Zusätzlich besteht das Risiko der Selbstselektion, sodass nicht jedes Individuum der Grundgesamtheit mit gleich hoher Wahrscheinlichkeit in die Stichprobe einbezogen wird.[38] Die Entscheidung über eine Teilnahme an der Befragung lag letztendlich bei dem/der Probanden/in. Genossenschaften gegenüber besonders positiv oder besonders negativ eingestellte Personen, könnten eher zu einer freiwilligen Teilnahme bewegt worden sein. Da es sich bei „Kreditgenossenschaften" – jedenfalls im Vergleich zu tagespolitischen Schlagzeilen – eher um ein neutrales Thema handelt, wird dieser Problematik keine hohe Bedeutung beigemessen.

D. BEURTEILUNG DER STICHPROBENZIEHUNG

Für die Verwendung des Quotaverfahrens spricht erstens, dass diese Form der Erhebung kostengünstiger ist. Zweitens stellt das Vorliegen einer vollständigen, nach den ausgewählten Merkmalen gegliederten Liste der potenziellen Proband/inn/en einer zu untersuchenden Grundgesamtheit eine Voraussetzung für die Durchführbarkeit einer Zufallsstichprobe dar.[39]

Das Quotaverfahren unterscheidet sich nicht wesentlich von der geschichteten Zufallsstichprobe. Wenn die gebildeten Schichten völlig homogen sind,[40] ist eine Zufallsstichprobe überflüssig. Je homogener die gebildeten Schichten und je stärker nicht kontrollierte Merkmale mit Quotenmerkmalen zusammenhängen, desto genauere Ergebnisse werden bei einer Quotenstichprobe erzielt. Darüber hinaus führt die restriktive Festlegung der Quoten zu einem stark reduzierten Ermessensspielraum der Interviewer/innen, was eine Annäherung an eine Zufallsstichprobe gewährleisten sollte,[41] wenn sich die Interviewer/innen an ihre Anweisungen halten. Zusätzlich wird vorausgesetzt, dass Personen, die im Zuge der Befragung nicht angetroffen wurden, bzw. die eine Befragung verweigerten, sich nicht wesentlich in den zu untersuchenden Merkmalen von den befragten Proband/inn/en unterscheiden.

Da es sich beim Quotaverfahren um keine Zufallsauswahl handelt, wird vielfach postuliert, die Anwendung von inferenzstatistischen Verfahren sei nicht zulässig. Ein Schluss von der Stichprobe auf die Grundgesamtheit ist nur unter der Annahme möglich, dass die Quotenstichprobe approximativ einer Zufallsstichprobe entspricht.[42]

Diesen Einschränkungen der Repräsentativität wurde zum einen durch die Wahl eines sehr großen Stichprobenumfangs, zum anderen durch die Vorgabe von Quoten betreffend Geschlecht, Bundesland, Gemeindegröße, Alter und Bildungsniveau entgegengewirkt. Durch die Quotenvorgabe der Gemeindegrößen innerhalb der Bundesländer wurde zudem sichergestellt, dass auch innerhalb der Bundesländer eine entsprechende regionale Verteilung erzielt wird. Insgesamt kann davon ausgegangen werden, dass aufgrund der gewählten Vorgehensweise die gezogene Stichprobe die Struktur der Grundgesamtheit im Wesentlichen wiedergibt und somit eine angemessene Repräsentativität gegeben ist. Einzig beim Schichtungsmerkmal Bildungsniveau spiegelt die Verteilung der Merkmalsausprägungen nicht die realen Verhältnisse wider. Durch eine gezielte Reduktion der Stichprobengröße per Zufallsverfahren[43] konnte dieses Defizit etwas gelindert werden.

---

[38] Gerdes 2005: 10
[39] Moser/Kalton 1971: 134f zit. nach Schnell/Hill/Esser 2011: 296
[40] Schnell/Hill/Esser 2011: 296
[41] Koolwijk 1974: 85f
[42] Schumann 2012: 98; Denz 1989: 62 zit. nach Mayer 2009: 64
[43] Siehe Abschnitt II.C.4

Zur gewählten Stichprobengröße ist anzumerken, dass die erhobene Stichprobe von 450 befragten Österreicher/inne/n das Kriterium einer kritischen Stichprobengröße, das häufig bei einem Stichprobenumfang von 30 Elementen festgelegt wird,[44] deutlich erfüllt. Aufgrund der besonders großen Stichprobe ist auch für sämtliche Untergruppen – sei es für die verschiedenen Altersgruppen, die unterschiedlichen Bildungsschichten usw. – die Erfüllung dieser Bedingung gewährleistet.

E. BEURTEILUNG DER DATENQUALITÄT

Die Qualität der erhobenen Daten hängt in hohem Maße von dem Antwortverhalten der Proband/inn/en ab. Wie bereits zuvor erläutert, wird das Antwortverhalten von vielen Faktoren beeinflusst. Um sich einen Überblick über die Datenqualität zu verschaffen, wurde das Antwortverhalten einer Analyse unterzogen.

1. Stimmigkeit des Antwortverhaltens

Anhand von Fragen, die sich auf einen ähnlichen Sachverhalt beziehen, kann die Stimmigkeit des Antwortverhaltens untersucht werden. Der Fragebogen enthält beispielsweise zwei Fragen zur Einstellung gegenüber Kreditgenossenschaften und zwei Fragen, welche auf das subjektive Interesse an einer stärkeren Thematisierung kreditgenossenschaftlicher Themen abzielen. Für eine nähere Analyse wurden folgende Fragenpaare ausgewählt: Frage 15 „Wie finden Sie Kreditgenossenschaften grundsätzlich?" und Frage 16c „Kreditgenossenschaften bedeuten mir viel" sowie Frage 16b „Es sollte mehr über Kreditgenossenschaften bekannt sein" und Frage 16e „Über Kreditgenossenschaften sollte mehr gesprochen/berichtet werden".

Aufgrund der Ähnlichkeit dieser Fragen sollten die Antworten nur unwesentlich voneinander abweichen. Ersetzt man die Antwortkategorien mit Zahlen auf Basis des Schulnotensystems, können Abweichungen der Fragebeantwortungen berechnet werden. Da bei diesen Fragen fünf Antwortkategorien zur Verfügung standen, ist eine maximale Abweichung von vier Kategorienstufen zwischen den Fragen möglich. In der folgenden Abbildung sind die relativen Häufigkeiten der absoluten Abweichungen der zuvor genannten Items ersichtlich:

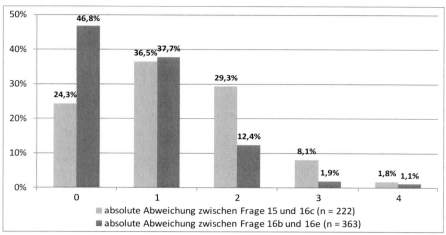

Abb. 1: Abweichung zwischen den Frageitems 15 und 16c sowie 16b und 16e

---

[44] Dürr/Mayer 2008: 146; Raab-Steiner/Benesch 2012: 22

In die Berechnung der prozentuellen Anteile wurden jeweils jene Befragungsteilnehmer/innen einbezogen, die beide Fragen inhaltlich beantwortet haben. Aus diesem Grund ist n^{45} deutlich niedriger als der Gesamtstichprobenumfang von 450 Befragten. Wie an den relativen Häufigkeiten der Abweichungen ersichtlich ist, bestehen nur geringe Differenzen zwischen der Beantwortung der gegenübergestellen Frageitems. Während die maximale Abweichung nur in rd. 1 % bzw. 2 % der Fälle festgestellt wurde, machten die Fragebögen mit einer Abweichung von keiner oder nur einer Kategorienstufe stets deutlich über 50 % aus.

2. Antwortverweigerungen und „weiß nicht"-Antworten

Die Beantwortung der Fragen und somit die Qualität der Daten wird in einem hohen Grade durch die Motivation und Sorgfalt der Befragungsteilnehmer/innen determiniert. Eine geringe Motivation der Proband/inn/en kann sich unter anderem in einer großen Anzahl an nicht beantworteten Fragen oder einem großen Anteil an „weiß nicht"-Antworten niederschlagen. Im Hinblick auf diese mögliche Beeinträchtigung der Datenqualität wird die gezogene Stichprobe im Folgenden einer Analyse unterzogen.

a) Analyse der Antwortverweigerungen

Um sich einen Überblick über fehlende Daten zu verschaffen, wurden die Fragebögen auf nicht beantwortete Fragen untersucht:

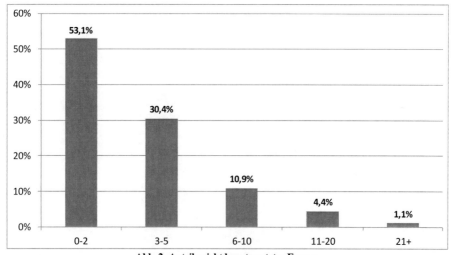

Abb. 2: Anteile nicht beantworteter Fragen

In ca. 53 % der Fragebögen fehlten maximal zwei Antworten; ca. ein Drittel der Fragebögen wurden komplett ausgefüllt. Da der Fragenkatalog aus 126 Frageitems besteht, können auch Fragebögen mit bis zu zehn fehlenden Antworten, das sind 95 %, als sorgfältig ausgefüllt gelten. Darüber hinaus können fehlende Antworten nicht ausschließlich auf eine mangelnde Motivation zurückgeführt werden. Vielmehr kann zwischen der Ursache für das Fehlen und der Fragestellung ein systematischer Zusammenhang bestehen. Denkbare Gründe hierfür wären beispielsweise das Fehlen der Wunschantwortkategorie oder eine sensible Thematik.

---

[45] n gibt den jeweiligen Datenumfang einer Auswertung an.

b) Analyse der „weiß nicht"-Antworten

Neben der Erfassung der Unwissenheit oder „Einstellungslosigkeit" der Befragungsteilnehmer/innen, erfüllt die Antwortkategorie „weiß nicht" den Zweck, dass Proband/inn/en nicht zu einer Antwort gezwungen werden.[46] Diese Antwortkategorie kann von Befragungsteilnehmer/inne/n als „Fluchtkategorie" genutzt werden, wenn sich der/die Proband/in zwischen den vorhandenen Antwortkategorien nicht entscheiden kann, oder um eine Antwortverweigerung zu umgehen. Aus diesem Grund erfolgt analog zur vorherigen Betrachtung der fehlenden Antworten eine Analyse der „weiß nicht"-Antworten. Dazu wurde je Fragebogen ein relativer Anteil an „weiß nicht"-Antworten bezogen auf jene 64 Fragen, für deren Beantwortung eine „weiß nicht"-Kategorie zur Verfügung stand, berechnet. Da ein Zusammenhang zwischen dem Wissensstand der Proband/inn/en und der Wahl der Antwortkategorie „weiß nicht" erwartet wird, wurde die Analyse bezüglich der beiden Gruppen „Mitglieder" und „Nichtmitglieder" durchgeführt, wobei der Gruppe „Mitglieder" jene Personen zugerechnet werden, die in der Vergangenheit Mitglied einer Genosenschaft waren oder aktuell Mitglied sind. Diese Trennung wird vor dem Hintergrund getroffen, dass die „Mitglieder" über einen größeren Erfahrungsschatz in Bezug auf Kreditgenossenschaften verfügen sollten. Aufgrund dieser Unterscheidung werden 85 Befragte der Gruppe „Mitglieder" und 365 Befragte den „Nichtmitgliedern" zugerechnet. Die Einteilung in die beiden Segmente wird im Abschnitt V noch näher behandelt (siehe dazu auch Abbildung 7).

Abbildung 3 illustriert die relative Häufigkeit der Fragebögen gegliedert nach dem prozentualen Anteil an „weiß nicht"-Antworten der „Nichtmitglieder":

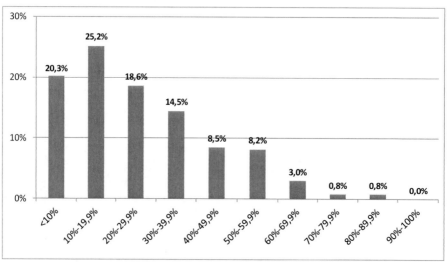

Abb. 3: Anteile an „weiß nicht"-Antworten der „Nichtmitglieder"

Die graphische Auswertung ergab eine rechtsschiefe Verteilung. In über 60 % der Fragebögen wurden weniger als 30 % der angebotenen „weiß nicht"-Antwortkategorien von den befragten Nichtmitgliedern genutzt und nur 5 % haben über 60 % der Fragen mit „weiß nicht" beantwortet.

---

[46] Schnell/Hill/Esser 2011: 331

Beurteilung der Datenqualität 15

Analog zur Gruppe der „Nichtmitglieder" zeigt das anschließende Diagramm den relativen Anteil an „weiß nicht"-Antworten der Gruppe „Mitglieder":

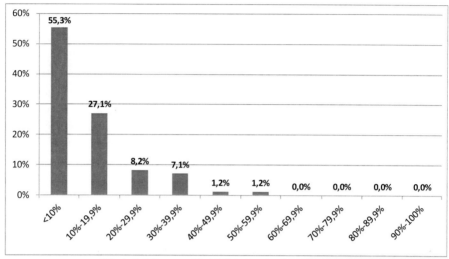

Abb. 4: Anteile an „weiß nicht"-Antworten der „Mitglieder"

Im Vergleich zu Abbildung 3 ist in Abbildung 4 eine deutliche Verlagerung erkennbar. In ca. 90 % der Fragebögen der Mitglieder sind maximal 30 % der Fragen, die eine entsprechende Antwortmöglichkeit enthalten, mit „weiß nicht" beantwortet worden. Diese Verschiebung der Verteilung spiegelt sich auch in den prozentualen Mittelwerten wider. Der Mittelwert der Gruppe „Mitglieder" liegt mit rund 11,4 % deutlich unter jenem der Gruppe „Nichtmitglieder" in Höhe von rund 26,2 %. Unter Verwendung des T-Tests[47] wurden die prozentualen Mittelwerte einem statistischen Vergleich unterzogen. Dieses statistische Verfahren lieferte für die Mittelwertdifferenz von rd. 15 % ein höchst signifikantes Ergebnis ($p < 0{,}001$). Das bedeutet, dass ein tatsächlicher Unterschied zwischen den beiden Gruppen besteht und sich die aufgestellte Vermutung – „Nichtmitglieder" neigen eher zur „weiß nicht"-Antwort – bestätigt.

Ungeachtet der Gruppenunterteilung haben in Summe nur rd. 10 % der Proband/inn/en über 50 % der möglichen „weiß nicht"-Antworten gewählt. Werden die „weiß nicht"-Antworten in Relation zur Gesamtanzahl an Frageitems gesetzt, zeigt sich, dass es keinen Fragebogen gibt, der über 50 % „weiß nicht"-Antworten enthält.

---

[47] Näheres zum T-Test siehe Abschnitt IV „Methodenwahl".

IV. METHODENWAHL

Zur Darstellung und Auswertung der erhobenen Daten wurden Methoden der Deskriptivstatistik[48] verwendet, um die Eigenschaften der Stichprobe darzustellen und zu beschreiben. Darüber hinaus wurden inferenzstatistische Prüfprozeduren[49] in Form von Signifikanztests durchgeführt, um von der Stichprobe auf die Grundgesamtheit schließen zu können.

Die Beschreibung der Charakteristika der gezogenen Stichprobe erfolgt teils durch Grafiken (Balkendiagramme, Kreisdiagramme etc.), Maßzahlen (Mittelwert, Median etc.) und Tabellen (Häufigkeitstabellen und Kreuztabellen). Die Anwendbarkeit von Rechenoperationen, Kennwerten und statistischen Tests wird hauptsächlich vom Skalenniveau der vorliegenden Daten bestimmt.[50] Je höher das Skalenniveau, desto anspruchsvollere Rechenoperationen können zur Anwendung gelangen:

Skalenart	Informationswert	mögliche Eigenschaften
Nominalskala	Zuordnung zu Gruppen ohne Rangfolge	$= / \neq$
Ordinalskala	Ordnung der Werte	$= / \neq \,;\, < / >$
Intervallskala	Differenz der Zahlen	$= / \neq \,;\, < / > \,;\, + / -$
Verhältnisskala	Verhältnisse der Zahlen	$= / \neq \,;\, < / > \,;\, + / - \,;\, * / \div$

Tab. 3: Skalenarten[51]

Unter Verwendung verschiedener Testverfahren der Inferenzstatistik wurden auf Basis der Stichprobe allgemeingültige Aussagen zur Grundgesamtheit getätigt. Wie bereits zuvor erwähnt, hängt die Wahl eines geeigneten Tests zum Teil vom Skalenniveau der Daten ab. Der Chi-Quadrat-Test (χ^2-Test) eignet sich bereits bei nominalskalierten Daten für eine analytische Auswertung.[52] Bei Frage 11 des Fragebogens „Würden sie wieder Mitglied in einer Kreditgenossenschaft werden?" standen beispielsweise die Antwortkategorien „ja", „nein" und „weiß nicht" zur Auswahl. Mit dem Chi-Quadrat-Test kann getestet werden, ob das Antwortverhalten unabhängig von den jeweiligen Teilgruppen (z.B. Altersgruppen) ist und abweichende Ergebnisse lediglich auf Zufall beruhen oder ob Unterschiede mit einer gewissen Wahrscheinlichkeit einen Rückschluss auf die Grundgesamtheit zulassen.[53] Ergibt sich aufgrund der Teststatistik ein signifikantes Ergebnis, kann ein Zusammenhang zwischen den beiden Variablen angenommen werden.[54]

Der χ^2-Test liefert allerdings nur bei einer angemessen großen Stichprobe verlässliche Ergebnisse. Grundsätzlich wird die Teststärke als ausreichend angesehen, wenn die erwartete Häufigkeit jeder Zelle der Kontingenztabelle größer als 1 ist und nicht mehr als 20 % der erwarteten Häufigkeiten kleiner als 5 sind. Sind diese Voraussetzung nicht erfüllt, schafft der exakte

---

[48] Raab-Steiner/Benesch 2012: 13ff
[49] Raab-Steiner/Benesch 2012: 15ff
[50] Kähler 2008: 48
[51] Raab-Steiner/Benesch 2012: 31
[52] Field 2009: 687ff
[53] Backhaus et al. 2011: 312ff
[54] Field 2009: 687ff

Test von Fisher Abhilfe, da dessen Resultate selbst bei geringen Stichprobengrößen reliabel sind, allerdings steigt der Berechnungsaufwand bei großen Kontingenztabellen exorbitant.[55]

Andere Fragen weisen ein höheres Skalenniveau auf. Bei der Frage 16 des Fragebogens „Inwieweit stimmen Sie den folgenden Aussagen zu?" standen den Befragten zum Beispiel auf einer fünf-stufigen Skala Antwortmöglichkeiten von „trifft voll zu" bis „trifft gar nicht zu" zur Verfügung. Da zwischen den jeweiligen Antwortkategorien Beziehungen in der Form „größer-kleiner" bzw. „besser-schlechter" bestehen, handelt es sich um eine Ordinalskala.[56] Allerdings kann diesem Antwortformat – unter der Annahme, dass die Abstände zwischen den aufeinanderfolgenden Antwortkategorien ident sind – auch ein Intervallskalenniveau zugesprochen werden.[57] Neben einem angemessenen Skalenniveau stellen auch normalverteilte Daten eine wesentliche Voraussetzung für die Anwendbarkeit von diversen statistischen Testverfahren dar. Obwohl im Zusammenhang mit dem „zentralen Grenzwerttheorem" ab einer Stichprobengröße von über 30 grundsätzlich eine Normalverteilung angenommen werden kann,[58] wurde bei den rangskalierten Daten mithilfe des Kolmogorov-Smirnov-Tests eine Prüfung auf Normalverteilung durchgeführt. Die Testergebnisse ergaben, dass für einen überwiegenden Teil der Daten an der Hypothese einer Normalverteilung nicht festgehalten werden kann. Grundsätzlich setzt der T-Test intervallskalierte sowie normalverteilte Daten voraus.[59] Da der T-Test auf Verletzungen seiner Voraussetzungen – unter gewissen Bedingungen[60] – robust reagiert[61] und andere Testverfahren, wie beispielsweise der Mann-Whitney-U-Test (U-Test), eine geringe Teststärke besitzen und darüber hinaus in den allermeisten Fällen – wie im Zuge der Auswertungen festgestellt werden konnte – zu identen Schlussfolgerungen führen, wurden Unterschiede zweier unabhängigen Teilgruppen stets unter Zuhilfenahme des T-Tests geprüft. Aus denselben Gründen wurde bei Fragestellungen, die sich auf idente Beobachtungseinheiten beziehen (z.B. der Vergleich des Ideal- und Realbilds von Kreditgenossenschaften), der T-Test für verbundene Stichproben herangezogen, während auf dessen nichtparametrisches Gegenstück, den Wilcoxon-Vorzeichen-Rang-Test (W-Test)[62], verzichtet wurde.

Ein Nachteil des T-Tests ist, dass sich dieser nur für paarweise Gegenüberstellungen eignet. Daher wurde zur Testung, ob eine unabhängige Variable mit mehr als zwei Ausprägungskategorien (beispielsweise das Alter) eine ordinal- oder höher höherskalierte Variable beeinflusst, die einfaktorielle Varianzanalyse (ANOVA) angewandt.[63] Mit dieser Prüfprozedur wurde beispielsweise die Abhängigkeit der mittleren Einschätzungen des Frageblocks 17 „Wie schätzen Sie Kreditgenossenschaften im Vergleich zu anderen Finanzinstituten ein" vom Alter geprüft. Bezüglich der ANOVA-Teststatistik sei angemerkt, dass bei diesem Testverfahren zwischen der Variabilität „zwischen den Gruppen" und „innerhalb der Gruppen" unterschieden wird. In den nachfolgenden Ergebniskapiteln beschreibt der Wert „df(a)" die Freiheitsgrade „zwischen den Gruppen" und „df(b)" die Freiheitsgrade „innerhalb der Gruppen".

---

[55] Field 2009: 690f
[56] Hatzinger/Nagel 2009: 33
[57] Backhaus et al. 2011: 11; Berekoven 2009: 68; Raab-Steiner/Benesch 2012: 58
[58] Dürr/Mayer 2008: 146; Bortz/Schuster 2010: 86f
[59] Field 2009: 326
[60] Der T-Test liefert – selbst bei einem Verstoß gegen die Voraussetzung der Normalverteilung – verlässliche Ergebnisse, wenn die beiden zu testenden Gruppen annähernd dieselbe Größe und einen Stichprobenumfang von über 30 aufweisen (Rasch et al. 2010: 59).
[61] Bortz/Schuster 2010: 113f; 122
[62] Hatzinger/Nagel 2009: 167
[63] Field 2009: 348ff

Umfasste ein statistischer Test mehrere Teilgruppen (zum Beispiel mehrere Altersgruppen), so kann auf Basis des Chi-Quadrat-Tests oder der einfaktoriellen Varianzanalyse – im Falle eines signifikanten Ergebnisses – nicht explizit angegeben werden, welche Teilgruppen sich hinsichtlich ihres Antwortverhaltens signifikant voneinander unterscheiden. Aus diesem Grund wurden in einem nächsten Schritt jene Gruppen, die von besonderem Interesse waren, gesondert auf signifikante Unterschiede getestet; die ANOVA wurde stets von Post-hoc-Tests begleitet – bei homogenen Varianzen kam der Tukey-Test, ansonsten der Games-Howell-Test zur Anwendung.[64] Mithilfe einer Dummykodierung[65] – eine Kodierung nur mit „0" oder „1" – wurden außerdem auch nominalskalierte Daten bivariaten Tests (zum Beispiel einem T-Test) unterzogen. Dadurch konnte geprüft werden, ob sich Prozentwerte zweier Teilgruppen signifikant voneinander unterscheiden.

Für die Berechnung bzw. Interpretation der statistischen Signifikanztests wurde das gängige Signifikanzniveau, auch Irrtumswahrscheinlichkeit genannt, von 0,05 festgelegt.[66] Dieses Signifikanzniveau legt fest, ab welcher Wahrscheinlichkeit ein Testergebnis als signifikant angesehen und die aufgestellte Nullhypothese verworfen wird. Ergibt sich bei den unterschiedlichen Testverfahren ein nicht signifikantes Ergebnis, bedeutet dies, dass mit einer Wahrscheinlichkeit von 95 % in der Grundgesamtheit kein Unterschied zwischen den Testgruppen besteht.[67]

Aber auch im Falle von nicht signifikanten Testergebnissen können anhand der jeweiligen Verteilungen der Antwortkategorien Tendenzaussagen getätigt werden. Die jeweiligen Prozentwerte schwanken aber bezogen auf die tatsächlichen Werte der Grundgesamtheit. Dem „Gesetz der großen Zahl" folgend, nähern sich mit wachsendem Stichprobenumfang die Eigenschaften einer Stichprobe den Eigenschaften der Grundgesamtheit an.[68] Folglich hängt die Schwankungsbreite von der Stichprobengröße der jeweiligen Teilgruppe (zum Beispiel Männer oder Frauen) ab.

Bei statistischen Ergebnissen, die in den folgenden Abschnitten angeführt aber nicht explizit kommentiert werden, signalisieren „Signifikanzsterne", ob ein signifikantes Testergebnis vorliegt. Diese Signifikanzsterne werden im Falle eines signifikanten Ergebnisses hinter dem Signifikanzwert „p" dargestellt. Dabei beschreibt „*" ein signifikantes ($p < 0{,}050$), „**" ein hoch signifikantes ($p < 0{,}010$) und „***" ein höchst signifikantes Ergebnis ($p < 0{,}001$).

Die Auswertungen wurden mit dem Statistikprogramm SPSS (Version 20) durchgeführt.

---

[64] Roberts/Russo: 93f
[65] Field 2009: 253ff
[66] Kähler 2008: 252
[67] Hatzinger/Nagel 2009: 112
[68] Raab-Steiner/Benesch 2012: 21f

V. BESCHREIBUNG DER TEILGRUPPEN

Zur Ermittlung von Teilgruppen wurden jene demografischen Merkmale, die für die Ziehung der Stichprobe nach dem Quotenverfahren maßgebend waren, herangezogen: das Bundesland, die Gemeindegröße, das Alter, das Geschlecht und das Bildungsniveau. Die Ergebnisse zum Merkmal „Geschlecht" werden jedoch nicht näher ausgeführt, da kaum geschlechtsspezifische Unterschiede festgestellt wurden. Aus Gründen der Übersichtlichkeit wurde die Anzahl der Ausprägungskategorien reduziert. Die folgende Tabelle zeigt die Zusammensetzung der aggregierten Teilgruppen sowie den jeweiligen Stichprobenumfang:

Quotenmerkmal	Merkmalsausprägung	Aggregierte Teilgruppe	Stichproben umfang
Bundesland	Burgenland Niederösterreich Wien	Ostösterreich	194
	Kärnten Steiermark	Südösterreich	96
	Oberösterreich Salzburg Tirol Vorarlberg	Westösterreich	160
Gemeindegröße	bis 2.500 Einwohner/innen 2.501-5.000 Einwohner/innen	Land	208
	5.001-20.000 Einwohner/innen 20.001-100.000 Einwohner/innen Landeshauptstadt Bundeshauptstadt	Stadt	242
Alter	14-19 Jahre	14-19 Jahre	39
	20-29 Jahre 30-39 Jahre 40-49 Jahre 50-59 Jahre	20-59 Jahre	295
	60-69 Jahre 70+ Jahre	60+ Jahre	116
höchster Bildungsabschluss (Bildungsniveau)	Pflichtschule Lehre Berufsbildende mittlere Schule	kein Maturaabschluss	234
	Allgemeinbildende mittlere Schule Berufsbildende höhere Schule Kolleg	Maturaabschluss	162
	hochschulverwandte Lehranstalt Hochschule	akademischer Abschluss	54

Tab. 4: Darstellung der aggregierten Teilgruppen

Hinsichtlich des Unterscheidungskriteriums „Bundesland" wurde auf Basis der Ebene „NUTS 1" (Nomenclature des unités territoriales statistiques[69]) eine Aggregation der Merkmalsausprägungen vorgenommen. Dadurch ergaben sich die drei Gruppen Ostösterreich, Südösterreich und Westösterreich. Die Ausprägungen des Merkmals „Alter" wurden auf drei Teilgruppen reduziert. Österreichs Jugend wird von der Gruppe der 14- bis 19-Jährigen repräsentiert, gefolgt von den Erwachsenen zwischen 25 und 59 Jahren bzw. dem Großteil der Erwerbsbevölkerung und der Gruppe der Pensionist/inn/en bzw. Personen der älteren Generation. Die sechs Gemeindegrößenklassen wurden zu zwei Teilgruppen – „Land" und „Stadt" – zusammengefasst, wobei die Grenze zur Trennung der ländlichen und urbanen Regionen bei 5.000 Einwohner/inne/n gezogen wurde. Darüber hinaus wird bei den nach dem Merkmal „Bildungsniveau" differenzierten Auswertungen nur noch zwischen den drei aggregierten Bildungskategorien „keine Matura", „Maturaabschluss" und „akademischer Abschluss" unterschieden.

Des Weiteren wurde das Kriterium „Mitgliedschaft" zur Bildung von zwei Teilgruppen herangezogen. Diesbezüglich wurde abgefragt, ob aktuell Mitgliedschaften bei Kreditgenossenschaften bestehen (Frage 6) oder in der Vergangenheit bestanden haben (Frage 7).

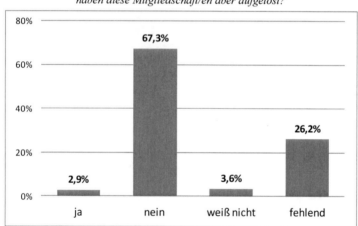

Abb. 5: Mitgliedschaft in der Vergangenheit

Von den gesamten 450 Befragten führen 13 Personen an, zwar in der Vergangenheit, aber nicht mehr zum Zeitpunkt der Befragung eingetragene Genossenschaftsmitglieder gewesen zu sein.

Abbildung 6 illustriert das Ergebnis der Frage nach einer gegenwärtigen Mitgliedschaft. Insgesamt geben 76 Personen an, derzeit bei einer Kreditgenossenschaft Mitglied zu sein. Als Nichtmitglieder deklarieren sich 334 Befragte. Der Anteil der aktuellen Kreditgenossenschaftsmitglieder weicht von dem von Österreichs Kreditgenossenschaften ausgewiesenen Anteil an Genossenschaftsmitgliedern ab. Die Raiffeisen-Bankengruppe bzw. der Volks-

---

[69] Darunter ist die „Systematik der Gebietseinheiten für die Statistik" zu verstehen. Es handelt sich dabei um eine systematische Gliederung der Gebietseinheiten für statistische Zwecke, die von den EU-Mitgliedsstaaten in Zusammenarbeit mit „Eurostat" etabliert wurde (Statistik Austria 2014b, online; Eurostat 2012, online).

banken-Verbund zählen österreichweit 1,7 Million bzw. 710.000 Mitglieder.[70] Im Verhältnis zur Bevölkerungszahl Österreichs würde dies rund 28,5 % aktuelle Mitglieder bedeuten, was deutlich über hier festgestellten Anteil von rd. 17 % liegt. Diese Abweichung erklärt sich jedenfalls zu einem Gutteil über zahlreiche Mehrfachmitgliedschaften. Darüber hinaus sind sich möglicherweise manche Befragte ihrer Mitgliedschaft nicht bewusst.[71]

Sind Sie aktuell Mitglied in einer oder mehreren Kreditgenossenschaften?

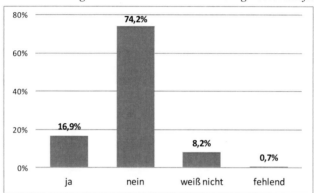

Abb. 6: Aktuelle Mitgliedschaft

In weiterer Folge werden die aktuellen Mitglieder und die ehemaligen Mitglieder zu einer gemeinsamen Gruppe „Mitglieder" zusammengeführt. Das ergibt 85 Personen, in etwa 20 % der Gesamtstichprobe, die Mitglied einer Kreditgenossenschaft sind und/oder in der Vergangenheit waren. Von diesen 85 Personen haben 4 eine frühere Mitgliedschaft aufgelöst, sind aber gleichzeitig aktuell Mitglied einer anderen Kreditgenossenschaft.

Das Gegenstück zur Gruppe der „Mitglieder" bilden die „Nichtmitglieder". Unter dieser Gruppe werden jene Proband/inn/en subsumiert, die nicht der Gruppe „Mitglieder" zuzuordnen sind. Dieser Teilgruppe werden somit neben den Befragten, die keine Mitgliedschaft anführen, auch jene, die sich unsicher sind, ob sie sich jemals in einem Mitgliedschaftsverhältnis befunden haben, oder die Beantwortung dieser Frage verweigern, zugerechnet. In Summe beläuft sich die Anzahl der befragten Nichtmitglieder auf 365 Personen:

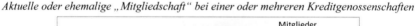

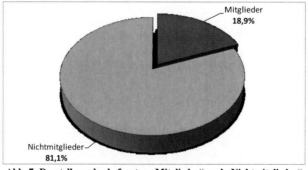

Abb. 7: Darstellung der befragten „Mitglieder" und „Nichtmitglieder"

---

[70] ÖGV 2014, online; Raiffeisenverband 2013, online
[71] Theurl/Wendler 2011: 10

VI. DARSTELLUNG DER ERGEBNISSE

In den folgenden Subkapiteln werden die Ergebnisse der Studie dargelegt. Zunächst erfolgt eine ausführliche Diskussion der Gesamtergebnisse. Anschließend werden die Ergebnisse je Teilgruppe dargestellt.

A. GESAMTERGEBNISSE

Bevor auf das allgemeine und spezielle Wissen über Kreditgenossenschaften sowie die Einstellungen gegenüber Kreditgenossenschaften näher eingegangen wird, widmet sich der Abschnitt VI.A.1 der Frage, über welche Informationskanäle den Österreicher/inne/n Wissen über Kreditgenossenschaften vermittelt wird.

1. Informationsquellen

Die folgende Abbildung bietet eine Übersicht zu den Antworten auf die Frage, über welche Informationskanäle relevante Informationen zu Kreditgenossenschaften verbreitet werden. Darüber hinaus zeigt die schwarze Linie, wie die über die jeweiligen Informationsquellen vermittelten Informationen im Mittel bewertet wurden:

Wo bzw. in welchem Zusammenhang haben Sie schon etwas über Kreditgenossenschaften gehört? Wenn ja, wie beurteilen Sie die Informationen?

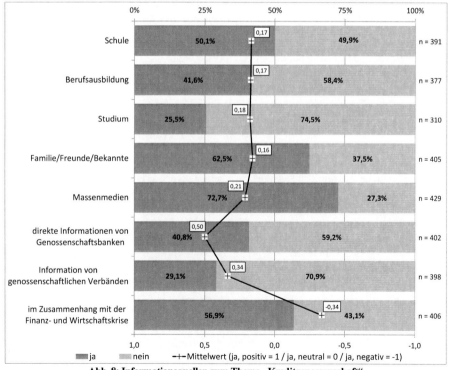

Abb. 8: Informationsquellen zum Thema „Kreditgenossenschaft"

Ein kurzer Blick auf das Balkendiagramm zeigt, dass die Informationsquelle „Massenmedien" mit fast 75 % den größten Beitrag zur Verbreitung kreditgenossenschaftlicher Informationen leistet. Mit einem „ja"-Anteil von etwas unter 65 % hat in dieser Hinsicht der Familien-, Freundes- und Bekanntenkreis die zweithöchste Bedeutung; der Unterschied von rd. 10 % zu dem relativen Anteil der Massenmedien ist höchst signifikant und kann somit auf die Grundgesamtheit übertragen werden (T-Test: $t = 3,32$; $df = 394$; $p < 0,001$). Beachtenswert ist auch, dass deutlich über die Hälfte der Befragten im Zusammenhang mit der Finanz- und Wirtschaftskrise von Kreditgenossenschaften gehört haben, was in dieser Analyse den dritten Rang bedeutet. Im Hinblick auf Beruf und Ausbildung wird im Rahmen der schulischen Ausbildung am häufigsten Wissen mit Kreditgenossenschaftsbezug vermittelt.

Mit einem Prozentanteil von ca. 25 % haben die mit Abstand wenigsten Befragungsteilnehmer/innen Informationen im Rahmen eines Studiums bezogen. Der hohe Anteil an fehlenden Antworten – diese Frage haben nur 310 Befragte beantwortet – lässt außerdem vermuten, dass der tatsächliche relative „ja"-Anteil in Bezug auf die Gesamtstichprobe von 450 Befragten noch niedriger liegt. Auch die Informationsquelle „Informationsveranstaltungen/Vortragsreihen/Internetseiten von genossenschaftlichen Verbänden" ist mit rd. 30 % vergleichsweise weit abgeschlagen.

Haben Befragungsteilnehmer/innen durch die angeführten Informationsquellen Informationen über genossenschaftlich organisierte Banken bezogen, sollten die erhaltenen Informationen von den Befragten bewertet werden. Neben der Evaluierung der jeweiligen Informationsquelle in „ja, und zwar im positiven Sinn", „ja, neutral" und „ja, aber in negativer Darstellung" sind in Abbildung 8 auch die Mittelwerte dargestellt. Diese als Lagemaß ausgedrückten Informationsbewertungen sind in den schwarz umrandeten Kästchen abzulesen. Zur Berechnung wurden positive Bewertungen mit „1", neutrale mit „0" und negative mit „-1" kodiert.

Wie aus der obenstehenden Abbildung hervorgeht, werden vor allem Informationen von Genossenschaftsbanken und genossenschaftlichen Verbänden von den Befragten als positiv wahrgenommen. Von sämtlichen Proband/inn/en, die anführen bereits Informationen von Genossenschaftsbanken erhalten zu haben, stufen rd. 55 % diese Informationen als positiv ein. Dementsprechend berechnet sich für Genossenschaftsbanken mit 0,5 der höchste und damit positivste Mittelwert, gefolgt von genossenschaftlichen Verbänden mit 0,34. Im Gegensatz dazu werden Informationen über Kreditgenossenschaften im Zusammenhang mit der Finanz- und Wirtschaftskrise von rd. 45 % negativ und von nur rd. 12 % positiv bewertet. Diese Informationsquelle ist somit die einzige, in der negative Einschätzungen überwiegen, was aber vermutlich auch darin begründet liegt, dass sich negative Assoziationen mit Krisen auf die Beurteilung niederschlagen.[72] Anhand der Mittelwerte ist ersichtlich, dass die im Zuge der Finanz- und Wirtschaftskrise vermittelten Inhalte mit einem Mittelwert in Höhe von -0,34 mit Abstand am negativsten eingestuft werden. Dass Informationen im Zusammenhang mit Krisen am negativsten behaftet sind, belegt das höchst signifikante Ergebnis des statistischen Vergleichs mit der nächstgereihten Informationsquelle „Familie/Freunde/Bekannte" (T-Test: $t = 6,14$; $df = 149$; $p < 0,001$).

---

[72] Im Abschnitt VI.A.2.h) wird die Performance von Kreditgenossenschaften in der Finanz- und Wirtschaftskrise näher thematisiert.

2. Allgemeine Kenntnisse und Erfahrungen

a) Kenntnis des Begriffs „Genossenschaft"

Abbildung 9 gibt Aufschluss über die Bekanntheit des Begriffs „Genossenschaft":

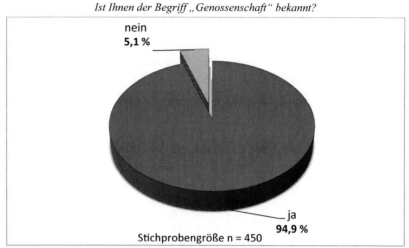

Abb. 9: Begriff „Genossenschaft"

Rd. 95 % kennen den Begriff „Genossenschaft". Das zeugt – ungeachtet des Wissensstandes betreffend die Besonderheiten von Genossenschaften – von einer hohen Bekanntheit dieser Rechtsform.

b) Genossenschaften im Bereich des Bank-/Kreditwesens

Die nachstehende Abbildung verbildlicht die Kenntnisse über Aktivitäten von Genossenschaften im Bereich des Bank- bzw. Kreditwesens.

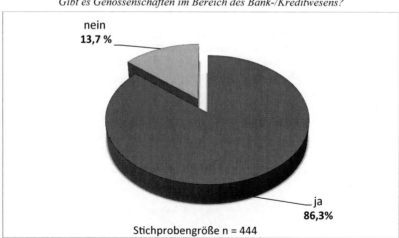

Abb. 10: Tätigkeit im Bank-/Kreditwesen

Nahezu 90 % wissen, dass sich Genossenschaften im Bereich des Bank- und Kreditwesens engagieren. Nur ca. 10 % der Befragten, denen „Genossenschaft" ein Begriff ist, haben keine Kenntnisse über genossenschaftliche Aktivitäten im Bankbereich. Allerdings ist nicht auszuschließen, dass durch die gezielte Frage nach Genossenschaften im Bankwesen (andere Wirtschaftssektoren standen nicht zur Auswahl) der erhobene Kenntnisstand verzerrt sein könnte. Im Vergleich dazu lag das Wissen um genossenschaftliche Aktivitäten im Bankenbereich in der 2012 durchgeführten Studie bei 70 %.[73]

In einem weiteren Schritt wurden die 383 Befragungsteilnehmer/innen, die die obige Frage mit „ja" beantwortet haben, ersucht ihnen bekannte Kreditgenossenschaften namentlich zu nennen. 308 befragte Personen gaben insgesamt 507 Antworten, welche in nachfolgender Tabelle zusammengefasst sind.

Unternehmen	Anzahl an Nennungen
Raiffeisen	290
Volksbank	155
Sparda-Bank	7
Bawag	7
Erste Bank	7
Sparkasse	6
Bank Austria	5
Hypo Bank	4
Unicredit	4
Wüstenrot	3
Lagerhaus	2
Volkskreditbank	2
Posojilnica-Bank	1
sonstige Antworten	14

Tab. 5: Häufigkeiten genannter Kreditgenossenschaften

Aus obiger Tabelle ist zu entnehmen, dass Raiffeisen mit 290 Nennungen vor der Volksbank mit 155 Nennungen die bekannteste Kreditgenossenschaft Österreichs ist, was aufgrund der Kunden- und Mitgliederzahlen nicht überraschend ist. Hierzu ist allerdings anzumerken, dass teilweise Spitzeninstitute des Raiffeisen- und Volksbanken-Verbundes genannt wurden, die im Rechtskleid der Aktiengesellschaft organisiert sind. So wurden siebenmal die Raiffeisenzentralbank (RZB) – oder deren Vorgängerin die Genossenschaftliche Zentralbank (GZB) – und fünfmal die Österreichische Volksbanken AG (ÖVAG) angeführt. Darüber hinaus finden sich mit der Sparda-Bank (7 Nennungen) und der Posojilnica-Bank (1 Nennung) noch zwei weitere Kreditgenossenschaften unter den Antworten. Die falschen Antworten umfassen Banken anderer Rechtsform (z.B. Bawag, Erste Bank, Sparkasse etc.) sowie Genossenschaften, die nicht dem Bankensekor zuzurechnen sind (z.B. Konsum, Wohnbau- und Landwirtschaftsgenossenschaften).

Die relative Verteilung der genannten Kreditgenossenschaften ist in dem nachfolgenden Diagramm nochmals dargestellt.

---

[73] Rößl/Hatak/Radakovics 2014: 40

Allgemeine Kenntnisse und Erfahrungen 29

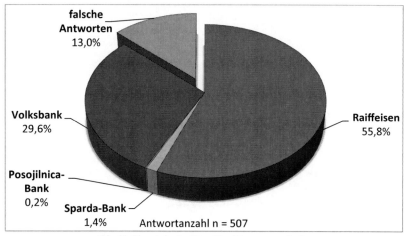

Abb. 11: Kenntnis einzelner Kreditgenossenschaften

c) Kenntnis des Begriffs „genossenschaftlicher Förderauftrag"

Das nachfolgende Diagramm stellt das Ergebnis der Analyse der Bekanntheit des Begriffs „genossenschaftlicher Förderauftrag" dar:

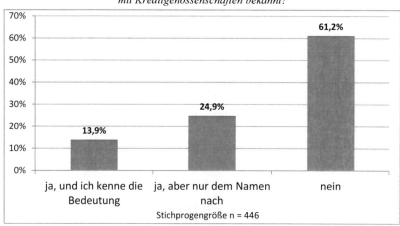

Abb. 12: Genossenschaftlicher Förderauftrag

Rund ein Viertel der Befragten kennt den „genossenschaftlichen Förderauftrag" zwar dem Namen nach, nicht aber dessen Bedeutung. Rd. 15 % der Befragten geben an, auch die Bedeutung zu kennen.

d) Kenntnis der Kürzel „Gen" oder „Gen.mbH"

Die Kürzel „Gen" bzw. „Gen.mbH" stehen für den Begriff „Genossenschaft" bzw. die Rechtsform „Genossenschaft mit beschränkter Haftung". In der Abbildung 13 wird der Wissensstand bezüglich der beiden Kürzel präsentiert:

Bringen Sie die Kürzel „Gen" oder „Gen.mbH" mit Kreditgenossenschaften in Verbindung?

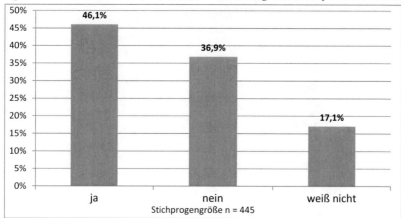

Abb. 13: Kenntnis der Kürzel „Gen" oder „Gen.mbH"

Die Betrachtung der Gesamtstichprobe zeigt, dass rund die Hälfte der Befragten die Kürzel „Gen" bzw. „Gen.mbH" mit Kreditgenossenschaften in Verbindung bringt. Da der Fragebogen ausschließlich Genossenschaften thematisiert, kann eine Verzerrung in Richtung der „ja"-Antworten vermutet werden.

Genossenschaften können grundsätzlich als „Genossenschaft mit beschränkter Haftung" (Gen.mbH) und als „Genossenschaften mit unbeschränkter Haftung" gegründet werden können. Letztere haber aber faktisch keine Bedeutung.[74]

e) Mitgliederstatus und Genossenschaftsanteile

Im Rahmen der Erhebung wurden die Proband/inn/en gefragt, ob sie zum Zeitpunkt der Befragung Geschäftsanteile an einer oder mehreren Genossenschaften bessen haben.

Aktuelle Geschäftsanteile an einer oder mehreren Kreditgenossenschaften:

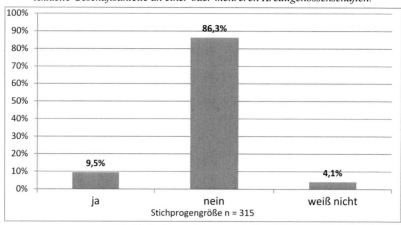

Abb. 14: Besitz von Genossenschaftsanteilen

---

[74] Rieder/Huemer 2009: 358

Es ist anzunehmen, dass unter den Befragten eine hohe Unsicherheit hinsichtlich der Mitgliedschaft bei Genossenschaften gegeben ist. Nur 9,5 % der Proband/inn/en geben an, Anteile an zumindest einer Genossenschaft zu besitzen. Da eine Mitgliedschaft mit dem Erwerb von Genossenschaftsanteilen verbunden ist, müsste sich der Anteil an „ja"-Antworten mit den rd. 17 % der Befragten decken, die angeben, aktuell Genossenschaftsmitglied zu sein (siehe Abbildung 6). Der Anteil jener, die angeben, Genossenschaftsanteile zu besitzen, macht jedoch nur ca. die Hälfte aus. In der folgenden Abbildung werden die absoluten Häufigkeiten der aktuellen Mitglieder und der aktuellen Besitzer von Genossenschaftsanteilen verglichen:

Stimmen die Anteile an Genossenschaftsmitgliedern und -anteilsinhabern überein?

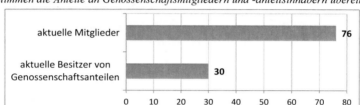

Abb. 15: Kreditgenossenschaftsmitglieder und -anteilsbesitzer

Auch haben zwei von den 30 Befragten, die behaupten Genossenschaftsanteile zu besitzen, die Frage nach einer aktuellen Mitgliedschaft verneint. Diese Umstände bekräftigen die These, dass es an grundlegendem Wissen zur Genossenschaftsmitgliedschaft fehlt. Die Vorstudie aus dem Jahr 2012 kam – wie auch die in Deutschland durchgeführte Studie – zum selben Ergebnis. Somit sind die festgestellten Abweichungen nicht auf ein konzeptionelles Problem der Studie zurückzuführen. Vielmehr scheint ein strukturelles Wissensdefizit in Bezug auf die Begründung einer Genossenschaftsmitgliedschaft zu bestehen.[75]

f) Selbsteinschätzung der Kenntnisse über Kreditgenossenschaften

Im Rahmen der Befragung wurden die Kenntnisse über Kreditgenossenschaften erhoben. Wenn die Befragten angaben, Kenntnisse über Kreditgenossenschaften zu besitzen (Abbildung 16, linker Teil), wurden sie ersucht, ihre vorhandenen Kenntnisse einzuschätzen (Abbildung 16, rechter Teil).

Wie nachfolgend stehende Abbildung zeigt, verfügen rd. drei Viertel über Kenntnisse zu Kreditgenossenschaften. Davon schätzt nur knapp mehr als ein Zehntel die Kenntnisse als „sehr gut" oder „gut" ein, während ca. 50 % der Personen mit Kenntnissen ihr Wissen als „schlecht" oder „sehr schlecht" einstufen. Um zu zeigen, wie es um das kreditgenossenschaftliche Wissen in Österreich bestellt ist, müssen auch jene einbezogen werden, die über gar kein diesbezügliches Wissen verfügen. Aus diesem Grund wurden die Antwortkategorien der rechten Diagrammhälfte um die Antwort „habe keine (Kenntnisse)" erweitert und mit dem Wert 6 kodiert, was den Mittelwert auf 4,00 erhöht.[76] Der mittlere Wissensstand ist somit im Mittel als „schlecht" zu beurteilen.

---

[75] Theurl/Wender 2011: 37; Rößl/Hatak/Radakovics 2014: 34f
[76] Die absoluten Häufigkeiten der Antwortkategorien „ja" bzw. „nein" decken sich mit der kumulierten Anzahl an Antworten der Kategorien von „sehr gut" bis „sehr schlecht" bzw. der Anzahl an „habe keine (Kenntnisse)"-Antworten. Da sich der Anteil an „weiß nicht" in der rechten Diagrammhälfte nicht wiederfindet, liegen die jeweiligen relativen Häufigkeiten in der rechten Hälfte etwas höher.

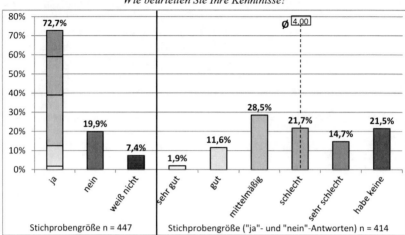

Abb. 16: Kenntnisse über Kreditgenossenschaften

g) Selbsteinschätzung der bisherigen Erfahrungen mit Kreditgenossenschaften

Des Weiteren wurden die Befragten gebeten, Auskunft über ihre bisherigen Erfahrungen mit Kreditgenossenschaften zu geben. Analog zur Untersuchung der Kenntnisse wurde zunächst erhoben, ob Erfahrungen mit Kreditgenossenschaften vorhanden sind (Abbildung 17, linker Teil). Sofern die Befragten bereits Erfahrung gesammelt hatten, sollten sie diese bewerten (Abbildung 17, rechter Teil):

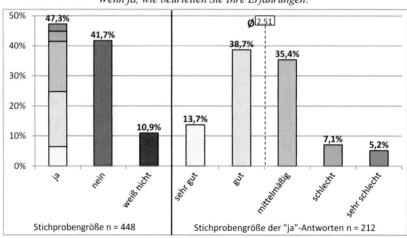

Abb. 17: Erfahrungen mit Kreditgenossenschaften

An dem linken Abschnitt des Diagramms ist ersichtlich, dass etwas weniger als die Hälfte Erfahrungen mit Kreditgenossenschaften hat.

Eine nähere Betrachtung der „genossenschaftserfahrenen" Befragten ergibt, dass rd. die Hälfte ihre Erfahrungen als „sehr gut" oder „gut" bewerten. Nur rd. jede/r Zehnte hat schlechte Erfahrungen mit Kreditgenossenschaften gemacht. Die insgesamt eher positiven Erfahrungseinschätzungen spiegeln sich in einem Mittelwert von 2,5 wider.[77]

h) Kreditgenossenschaften und die Finanz- und Wirtschaftskrise

Kooperative Organisationsformen konnten ihre wirtschaftliche Stabilität sowohl in der Finanzkrise als auch der andauernden Euroschuldenkrise unter Beweis stellen. Empirischen Befunden zufolge blieben genossenschaftliche Unternehmen weitgehend von den Auswirkungen der Krisen verschont.[78] Gemessen nach Insolvenzfällen ist die genossenschaftliche Organisationsform die sicherste aller Rechtsformen.[79] Allerdings führten die Nachwirkungen der Finanz- und Wirtschaftskrise in der Volksbankengruppe zu weitreichenden Restrukturierungsmaßnahmen.[80]

Um zu prüfen, wie die Österreicher/innen die Krisenresistenz von Kreditgenossenschaften einschätzen, sollten die Befragten ihre Meinung zu der Aussage „Kreditgenossenschaften haben sich in der Finanz- und Wirtschaftskrise bewährt" abgeben.

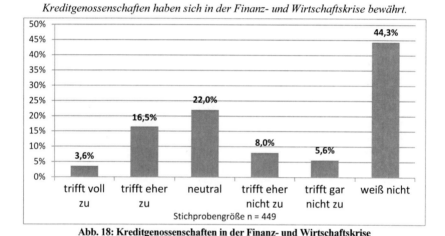

Abb. 18: Kreditgenossenschaften in der Finanz- und Wirtschaftskrise

Fast die Hälfte der Befragten ist sich nicht, wie erfolgreich genossenschaftlich organisierte Banken die Finanz- und Wirtschaftskrise überstanden haben. Rund ein Fünftel der Befragungsteilnehmer/innen stellen Kreditgenossenschaften in der Bewältigung der Finanz- und Wirtschaftskrise ein gutes bis sehr gutes Zeugnis aus. Die Einschätzung der Bewährung von Kreditenossenschaften in Krisenzeiten ergibt einen leicht positiven Mittelwert von 2,92.

---

[77] Zur Berechnung der Mittelwerte wurden die Kategorienstufen mit Werten von 1 bis 5 versehen, wobei 1 die Kategorie „sehr gut" und 5 die Kategorie „sehr schlecht" umschrieb.
[78] ORF 2012a, online; DGRV 2010, online
[79] VOeR o.J., online
[80] Hofinger/Pokorny 2012: 24; OTS 2014, online

3. Kenntnisse über typische genossenschaftliche Eigenschaften

Neben allgmeinen Kenntnissen über Kreditgegenossenschaften und der subjektiven Selbsteinschätzung der Kenntnisse wurde im Rahmen der Befragung auch das Wissen über wesentliche Eigenschaften von Kreditgenossenschaften erhoben. Hierzu wurden die Befragten gebeten, Aussagen zu Eigenschaften von Kreditgenossenschaften[81] anhand vordefinierter Antwortmöglichkeiten – „stimmt", „stimmt nicht" und „weiß nicht" – zu beantworten. Je nach Formulierung des Statements ist entweder die Antwortkategorie „stimmt" oder „stimmt nicht" als richtig und die jeweils andere Antwortmöglichkeit als fehlerhaft zu werten. Mithilfe der Variation der jeweils korrekten Antwortkategorie kann bestimmten unerwünschten Antworttendenzen (beispielsweise der Ja-Sage-Tendenz[82]) entgegengewirkt werden. Aus diesem Grund wurden für 5 der 21 abgefragten Genossenschaftsmerkmale bewusst falsch formulierte Aussagen gewählt. Somit erfassen die Antwortkategorien „stimmt" und „stimmt nicht" abhängig von der Formulierung des Statements die korrekten und fehlerhaften Kenntnisse in Bezug auf genossenschaftliche Merkmale. In den Abbildungen dieses Abschnitts ist die jeweils richtige Antwortkategorie durch einen dunkelgrauen Balken erkennbar. Die Kategorie „weiß nicht" ist Ausdruck des fehlenden Wissens der Befragten.

Um die Übersichtlichkeit zu wahren, werden die genossenschaftlichen Merkmale in die Bereiche „Zweck", „Mitgliedschaft", „Ausrichtung/Orientierung", „Aktualität/Tradition" und „sonstige Merkmale" untergliedert.

Gleich zu Befragungsbeginn wurde Befragten, denen der Begriff „Genossenschaft" und genossenschaftliche Aktivitäten im Bank-/Kreditwesen unbekannt waren, ein Einführungstext zu Kreditgenossenschaften bereitgestellt. Die in diesem Text enthaltenen Informationen könnten den Schluss auf die korrekten Antworten einzelner Wissensfragen begünstigt haben. Besonders betroffen sind davon die drei Statements: „Kreditgenossenschaften sind Kooperationen", „Eigentümer = Nutzer" und „Kreditgenossenschaften sind privatwirtschaftlich", weshalb die Ergebnisse zu diesen Merkmalen mit Vorsicht zu interpretieren sind.

a) Zweck

Der Zweck von Genossenschaften ist im österreichischen Genossenschaftsgesetz bereits im § 1 verankert: *„Dieses Gesetz gilt für Personenvereinigungen mit Rechtspersönlichkeit von nicht geschlossener Mitgliederzahl, die im wesentlichen der Förderung des Erwerbes oder der Wirtschaft ihrer Mitglieder dienen (Genossenschaften) [...]"*[83]. Im Fragebogen sind drei Statements zu genossenschaftlichen Merkmalen enthalten, die sich auf den grundlegenden Zweck von Genossenschaften beziehen.

---

[81] Die verwendeten Frageitems wurden zu einem Gutteil nach geringfügiger Adaption von Theurl/Wendler, die die Frageitems anhand von Expertengesprächen und einer ausführlichen Literaturrecherche generiert haben (Theurl/Wendler 2011: 87), und Rößl/Hatak/Radakovics 2014 übernommen.
[82] Schumann 2012: 51ff
[83] Genossenschaftsgesetz 1873: § 1(1)

In Kreditgenossenschaften tun sich mehrere Personen oder Unternehmen zusammen, um gemeinsam wirtschaftlich etwas zu erreichen, was sie alleine nicht so gut schaffen.

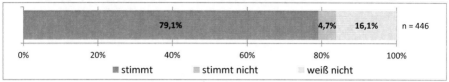

Abb. 19: Kenntnis der Eigenschaft „Kreditgenossenschaften sind Kooperationen"

Eine deutliche Mehrheit weiß, dass es sich bei Kreditgenossenschaften um einen Zusammenschluss von mehreren Personen oder Unternehmen handelt, mit dem Zweck, auf solidarischem Wege einen Mehrwert für die kooperierenden Personen oder Unternehmen zu schaffen.

Kreditgenossenschaften müssen zum Wohle ihrer Mitglieder handeln.

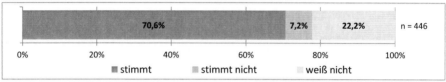

Abb. 20: Kenntnis der Eigenschaft „Förderauftrag"

Genossenschaftliche Tätigkeiten haben sich an der *„Förderung des Erwerbes oder der Wirtschaft ihrer Mitglieder"*[84] zu orientieren. Die Besonderheit gegenüber anderen Unternehmenstypen ist, dass den Mitgliedern aus dem Geschäftsbetrieb und nicht durch Dividendenausschüttungen ein Vorteil entstehen soll.[85] Der Abbildung 20 zufolge kennen ca. 70 % der Befragten den sogenannten genossenschaftlichen „Förderauftrag".

Wer an einer Kreditgenossenschaft beteiligt ist, kann an den Leistungen der Kreditgenossenschaft teilhaben.

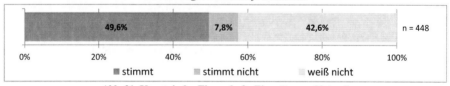

Abb. 21: Kenntnis der Eigenschaft „Eigentümer = Nutzer"

Dem Identitätsprinzip zufolge sind Genossenschaftsmitglieder zugleich Eigentümer sowie – je nach Genossenschaftstyp, also Konsumgenossenschaft, Einkaufsgenossenschaft, Absatzgenossenschaft, Produktivgenossenschaft – Kunde, Lieferant oder Mitarbeiter.[86] Grundsätzlich ist der Bezug genossenschaftlicher Leistungen nur Mitgliedern vorbehalten. Gemäß dem Genossenschaftsgesetz bedarf eine Ausdehnung des Zweckgeschäfts auf Nichtmitglieder einer entsprechenden Regelung in der Satzung.[87] Selbiges gilt für die Aufnahme von Mitgliedern, die für die Nutzung der Leistungen nicht infrage kommen (sogenannte investierende Mitglieder).[88] Heute haben sich Kreditgenossenschaften weitgehend dem Nichtmitglieder-

---

[84] Genossenschaftsgesetz 1873: § 1(1)
[85] Dellinger 2003, online
[86] Zerche/Schmale/Blome-Drees 1998: 11f
[87] Genossenschaftsgesetz 1873: § 5a. Abs 1 Z 1
[88] Genossenschaftsgesetz 1873: § 5a. Abs 2 Z 1

geschäft geöffnet.[89] Dass sich die Leistungen von Kreditgenossenschaften an die Mitglieder richten – wenngleich auch das Nichtmitgliedergeschäft erlaubt und praktiziert wird – weiß die Hälfte der Befragten.

b) Mitgliedschaft

Die Möglichkeit sowie die besondere Ausgestaltung der Mitgliedschaft sind zentrale Merkmale von Genossenschaften. Das Wissen um diese Aspekte wird im Folgenden dargestellt.

Die Mitgliedschaft in einer Kreditgenossenschaft ist freiwillig.

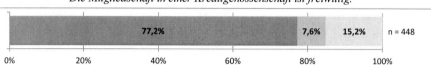

Abb. 22: Kenntnis der Eigenschaft „freiwillige Mitgliedschaft"

Es kann jede natürliche oder juristische Person Genossenschaftsmitglied werden. Eine Beschränkung auf einen bestimmten Personenkreis durch entsprechende Regelungen im Genossenschaftsvertrag ist möglich.[90] Etwa drei Viertel der Befragten wissen, dass die Beitrittsentscheidung grundsätzlich auf freiwilliger Basis erfolgt.

In Kreditgenossenschaften wird man Mitglied, indem man Geld einzahlt und dafür einen Geschäftsanteil bekommt.

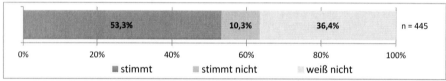

Abb. 23: Kenntnis der Eigenschaft „Mitgliedschaft durch Geschäftsanteilserwerb"

Die Bedingungen, die an den Erwerb einer Mitgliedschaft geknüpft sind, sind im Genossenschaftsvertrag festzulegen.[91] Demgemäß beinhaltet die genossenschaftliche Satzung unter anderem Bestimmungen zur Höhe der Geschäftsanteile sowie zur Anzahl der Anteile, die ein Mitglied erwerben kann. Über die Hälfte der Befragten wissen, dass für den Erwerb eines Geschäftsanteiles einer Kreditgenossenschaft eine entgeltliche Gegenleistung zu erbringen ist. Rund ein Zehntel verneint dies und ca. ein Drittel ist sich diesbezüglich unsicher. Hier zeigt sich wieder deutlich das generelle Wissensdefizit zum Modus der Mitgliedschaftsbegründung.

Die Mitglieder treffen die Entscheidungen in Kreditgenossenschaften selbst.

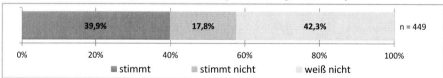

Abb. 24: Kenntnis der Eigenschaft „Mitglieder treffen Entscheidungen"

---

[89] Beuthien/Hanrath/Weber 2008: 4
[90] Rieder/Huemer 2009: 356
[91] Genossenschaftsgesetz 1873: § 5 Z 4

Das höchste willensbildende Organ in Genossenschaften ist die Generalversammlung.[92] Die Generalversammlung entscheidet in der Regel mit absoluter Mehrheit[93] und ist grundsätzlich ab einer Anwesenheit eines Zehntels der Gesamtmitglieder beschlussfähig.[94] Dass Kreditgenossenschaften demokratisch organisiert sind und wesentliche Entscheidungen im Rahmen der Generalversammlung getroffen werden, die sich aus sämtlichen Mitgliedern zusammensetzt,[95] wissen rd. 40 % der Befragungsteilnehmer/innen.

Alle Mitglieder sind, unabhängig davon, wie viel Geld sie eingezahlt haben, bei Entscheidungen gleichberechtigt, da jeder grundsätzlich eine Stimme hat.

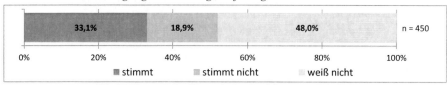

Abb. 25: Kenntnis der Eigenschaft „eine Stimme pro Mitglied"

Ein Drittel der Befragten weiß, dass die Mitglieder einer Genossenschaft im Entscheidungsprozess, ungeachtet des Ausmaßes der jeweiligen finanziellen Beteiligung, grundsätzlich eine Stimme führen, sofern der jeweilige Genossenschaftsvertrag keine abweichenden Bestimmungen enthält.[96] In der Praxis vorkommende Stimmrechtsausgestaltungen, die vom „Eine-Stimme-pro-Kopf"-Prinzip abweichen, könnten die Verunsicherung der Befragten erklären.

Kreditgenossenschaften heben sich durch das Angebot einer Mitgliedschaft von den meisten anderen Kreditinstituten ab.

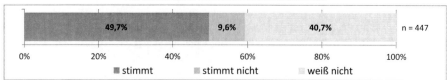

Abb. 26: Kenntnis der Eigenschaft „Mitgliedschaft = Alleinstellungsmerkmal"

Durch das Angebot der Mitgliedschaft heben sich Kreditgenossenschaften von anderen Organisationformen deutlich ab[97] - das weiß auch jede/r zweite Befragte.

c) Ausrichtung/Orientierung

Neben der besonderen Zweckgebundenheit – die Förderung der Mitglieder – sowie der spezifischen Charakteristika der Genossenschaftsmitgliedschaft unterscheiden sich Genossenschaften auch hinsichtlich ihrer wirtschaftlichen Ausrichtung und Zielsetzung von anderen Unternehmensformen. So ist ein bilanzieller Gewinn lediglich Mittel zum Zweck, um die Genossenschaft in die Lage zu versetzen, den Förderauftrag nachhaltig einlösen zu können.[98]

---

[92] OGH 2007, Entscheidung
[93] Genossenschaftsgesetz 1873: § 33
[94] Genossenschaftsgesetz 1873: § 31
[95] § 27 Abs 3 des Genossenschaftsgesetzes legt fest, dass Genossenschaften, die über 500 Mitglieder zählen, die Funktionen der Generalversammlung einer Delegiertenversammlung übertragen können. Viele Kreditgenossenschaften machen auch von dieser Bestimmung Gebrauch.
[96] Genossenschaftsgesetz 1873: § 27(2)
[97] Hammerschmidt 2000
[98] Draheim 1967: 34

Kreditgenossenschaften verfolgen eher langfristige Strategien.

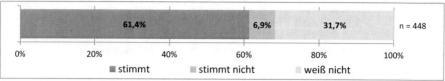

Abb. 27: Kenntnis der Eigenschaft „langfristige Strategie"

„*Die genossenschaftliche Governance erzwingt eine langfristige Orientierung, da keine externen Investoreneinflüsse die Entscheidungen treiben und die Eigentümerkontrolle auf die langfristige Existenz der Genossenschaft abstellt.*"[99] Die Langfristigkeit der genossenschaftlichen Ausrichtung zeigt sich auch an der Dauer der Mitgliedschaftsbeziehung, die üblicherweise auf unbestimmte Zeit geschlossen wird. Ca. 60 % teilen die Ansicht, dass Kreditgenossenschaften eher langfristige Strategien verfolgen.

Ein Großteil der Gewinne einer Kreditgenossenschaft wird wieder in der Genossenschaft verwendet.

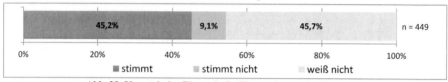

Abb. 28: Kenntnis der Eigenschaft „Thesaurierung der Gewinne"

Genossenschaften haben nur beschränkten Zugang zum Kapitalmarkt. Daher stellen erwirtschaftete Gewinne einen wesentlichen Bestandteil der Eigenkapitalbasis dar. Des Weiteren soll durch Investitionen die Förderung der Mitglieder auch in Zukunft gesichert werden.[100] Ursprünglich hatte das Raiffeisenkassenmodell gar eine Mitgliederförderung unter Verzicht auf jegliche Gewinnverteilung zum Ziel.[101] Abbildung 28 zeigt, dass ca. 45 % der Befragten von der Thesaurierung der erzielten Gewinne wissen.

Kreditgenossenschaften sollten wirtschaftlich geführt werden.

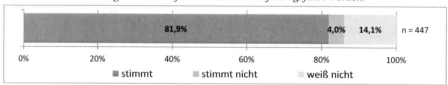

Abb. 29: Kenntnis der Eigenschaft „wirtschaftliche Führung"

Zu diesem Frageitem muss angemerkt werden, dass dieses Statement aufgrund der Formulierung auch eine Einstellungskomponente beinhaltet. Die Beantwortung des Frageitems könnte Ausdruck einer allgemeinen Einstellung zur wirtschaftlichen Tätigkeit sein. Nichtsdestotrotz enthält diese Frage auch eine sachlogische Komponente. Um die restriktiven gesetzlichen Bestimmung der Bankenbranche sowie die Liquiditäts- und Eigenkapitalanforderungen einzuhalten, dem ökonomischen Konkurrenzdruck standzuhalten sowie dem genossenschaftlichen Förderauftrag nachzukommen, ist wirtschaftliches Agieren unbedingt erforderlich, was auch von der klaren Mehrheit (rund 80 %) bejaht wird.

---

[99] Theurl/Wendler 2011: 118
[100] Theurl/Wendler 2011: 121
[101] Werner 1998: 44

Kreditgenossenschaften sind eher mittelständisch orientiert.

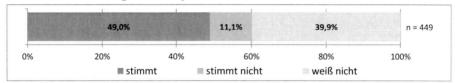

Abb. 30: Kenntnis der Eigenschaft „Kreditgenossenschaften sind mittelständisch"

Eines der bedeutendsten Kooperationsmotive ist die Erzielung von Größenvorteilen, was besonders mittelständische Unternehmen anspricht. Gerade in der Entstehungsphase erster Volks- und Raiffeisenbanken waren es vor allem Landwirte und mittelständische Gewerbetreibende, die sich den Kreditgenossenschaften angeschlossen haben, um ihre wirtschaftliche Konkurrenzfähigkeit zu steigern.

Kreditgenossenschaften haben eher einen regionalen Bezug.

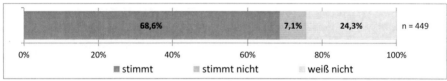

Abb. 31: Kenntnis der Eigenschaft „Kreditgenossenschaften sind regional"

Kreditgenossenschaften heben sich durch einen hohen Grad an lokaler und regionaler Verankerung von anderen Unternehmensformen ab, was sich auch in der überproportional hohen Anzahl an Bankfilialen der Kreditgenossenschaften – auch in ländlichen Gebieten – widerspiegelt. Von der hohen regionalen Verankerung und der damit verbundenen Kundennähe wissen ca. zwei Drittel der Befragten.

Kreditgenossenschaften sind staatliche Einrichtungen.

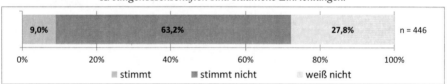

Abb. 32: Kenntnis der Eigenschaft „Kreditgenossenschaften sind privatwirtschaftlich"

Die Gründungsentscheidung von Genossenschaften basiert auf dem Gedanken der Selbsthilfe, um gemeinsam erfolgreicher zu wirtschaften, bzw. – im Falle von Kreditgenossenschaften – Zugang zu günstigen Krediten zu bekommen. Anzumerken ist jedoch, dass finanzielle Unterstützungen, auch von staatlicher Seite, in der Anfangsphase des Genossenschaftswesens durchaus üblich waren.[102] Von Schulze-Delitzsch wurden Staatshilfen jedoch abgelehnt. Ca. 60 % der Befragten wissen, dass Genossenschaften keine staatlichen Einrichtungen sind.

---

[102] Zerche/Schmale/Blome-Drees 1998: 11, 15

d) Aktualität und Tradition

Kreditgenossenschaften gibt es seit über 100 Jahren.

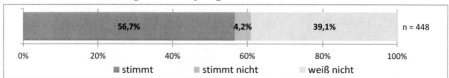

Abb. 33: Kenntnis der Eigenschaft „Kreditgenossenschaften gibt es seit 100 Jahren"

Genossenschaftsähnliche Verbindungen gab es bereits im Mittelalter. Die genossenschaftliche Idee, in der heutigen Ausprägung, begann sich aber erst im 19. Jahrhundert durchzusetzen.[103] Die erste Raiffeisenbank innerhalb der heutigen österreichischen Grenzen konstituierte sich 1886 in Mühldorf bei Spitz.[104] Noch früher etablierte sich das Volksbankensystem nach Schulze-Delitzsch. So wurde bereits 1850/51 der erste Vorschussverein, der einer Schulze-Delitzsch-Kasse bereits sehr ähnlich war, in Klagenfurt gegründet. 1858 kamen schließlich die Schulzeschen Prinzipien nach Österreich, was zur Gründung der ersten österreichischen Vorschusskasse in Österreich im Jahre 1862 führte und eine Gründungswelle von gewerblichen Kreditgenossenschaften auslöste.[105]

Kreditgenossenschaften sind ein Überbleibsel aus den ehemaligen „Ostblockstaaten".

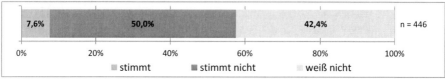

Abb. 34: Kenntnis der Eigenschaft „kein Relikt aus Ostblock"

In Osteuropa waren Genossenschaften zu Zeiten der zentralwirtschaftlich organisierten Systeme in die staatlich gelenkte Wirtschaft integriert.[106] Diese Genossenschaften unterscheiden sich in ihrer Zielsetzung sowie ihren Aufgaben deutlich von den nach dem österreichischen Genossenschaftsgesetz gegründeten Genossenschaften. Und so ist es bemerkenswert, dass jede/r 13. Befragte der falschen Auffassung ist, Kreditgenossenschaften seien ein Überbleibsel aus den ehemaligen „Ostblockstaaten".

e) Sonstige Merkmale

Kreditgenossenschaften sind gesetzlich dazu verpflichtet, ihre Aktivitäten neben den regulären Bankaufsichtsbehörden auch von unabhängigen Genossenschaftsprüfern prüfen zu lassen.

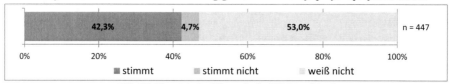

Abb. 35: Kenntnis der Eigenschaft „Pflichtrevision"

---

[103] Zerche/Schmale/Blome-Drees 1998: 15ff; ORF 2012b, online
[104] Werner 1998: 48f
[105] Brazda 2001: 2; Hofinger 1998: 229
[106] Zerche/Schmale/Blome-Drees 1998: 28

Die zwingend vorgeschriebene Firmenbucheintragung einer Genossenschaft kann erst nach Zusicherung ihrer Aufnahme in einen Revisionsverband erfolgen.[107] Genossenschaften sind grundsätzlich von einem unabhängigen und weisungsfreien Revisor mindestens in jedem zweiten Geschäftsjahr zu prüfen.[108] Wie in Abbildung 35 ersichtlich, wissen rd. 40 % der Befragten von der gesetzlich vorgesehenen Pflichtrevision durch unabhängige Prüfungsverbände.

Kreditgenossenschaften dürfen keine Gewinne an die Mitglieder ausschütten.

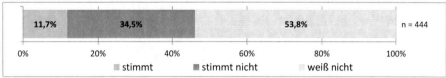

Abb. 36: Kenntnis der Eigenschaft „freie Dividendenpolitik"

In den Genossenschaftsvertrag sind Bestimmungen über die Gewinnverteilung aufzunehmen.[109] Der Beschluss über die Ergebnisverwendung wird von den Mitgliedern in der Generalversammlung gefasst.[110] Genossenschaften sind in der Gestaltung ihrer Dividendenpolitik weitgehend uneingeschränkt.

Obwohl bei Kreditgenossenschaften aufgrund des Förderungauftrags die Erzielung von Gewinnen sowie die Dividendenausschüttung nur von nachrangiger Bedeutung sind, können sehr wohl Gewinnanteile an Mitglieder ausgeschüttet werden. Diese werden aber häufig als „Anteilsverzinsung" und nur selten als „Dividende" bezeichnet. Aus diesen Gründen sowie der verneinenden Frageformulierung sollten die Antworten breit interpretiert werden.

Regionale Genossenschaftsbanken unterliegen den Weisungen ihrer Spitzeninstitute (Landesbanken, Zentralbanken etc.).

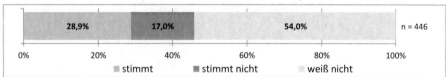

Abb. 37: Kenntnis der Eigenschaft „Weisungsfreiheit"

Ein wesentliches Unterscheidungsmerkmal von Kreditgenossenschaften zu Bankkonzernen ist die genossenschaftliche Verbundstruktur. Verbundstrukturen entstehen durch die gezielte Ausgliederung von Unternehmensbereichen in gemeinsame Verbundeinheiten durch die Primärgenossenschaften. Folglich stehen die Spitzeninstitute der genossenschaftlichen Kreditsektoren (Landes- und Zentralbanken) im Eigentum der Primärkassen.[111] Aber nur jede/r Sechste weiß, dass Primärbanken grundsätzlich nicht den Weisungen der Spitzeninstitute unterliegen.

---

[107] Genossenschaftsrevisionsgesetz 1997: § 24(1)
[108] Genossenschaftsrevisionsgesetz 1997: § 1(1)
[109] Genossenschaftsgesetz 1873: § 5 Z 6
[110] Genossenschaftsgesetz 1873: § 27a
[111] Hofinger (1998): 243ff; Borns/Hofinger 2000: 20

Kreditgenossenschaften gehen sehr selten „pleite".

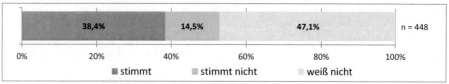

Abb. 38: Kenntnis der Eigenschaft „geringe Insolvenzrate"

Da Unternehmen in der Rechtsform Genossenschaft am seltensten insolvent werden,[112] beantworten ca. 40 % der Befragten die Aussage richtig.

Kreditgenossenschaften können gegen den Willen der Genossenschaftsmitglieder von anderen Unternehmen übernommen werden.

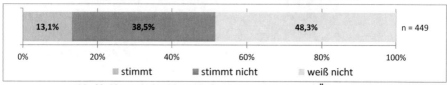

Abb. 39: Kenntnis der Eigenschaft „sicher vor feindlichen Übernahmen"

Übernahmen von Genossenschaften sind grundsätzlich möglich. Aufgrund der demokratischen Struktur sind jedoch „feindliche" Übernahmen – gegen den Willen der Generalversammlung – nicht möglich.[113] Grundsätzlich bedürfen strukturelle Änderungen – sofern der Genossenschaftsvertrag nichts Abweichendes bestimmt – einer Zweidrittelmehrheit der Generalversammlung.[114] Demnach sind die „stimmt nicht"-Antworten als richtig zu werten.

f) Überblick über die genossenschaftlichen Merkmale

Zusammenfassend werden nochmals die bekanntesten sowie die am wenigsten bekannten Eigenschaften von Kreditgenossenschaften dargestellt. Dazu werden die Anteile richtiger Antworten je Genossenschaftsmerkmal gegenübergestellt.

Abbildung 40 zeigt die fünf allgemeinen Wesenszüge genossenschaftlicher Banken, die am häufigsten bekannt waren. Die drei bekanntesten Wesenszüge von Kreditgenossneschaften mit jeweils über 75 % an korrekten Antworten sind: die wirtschaftliche Führung, der kooperationscharakter genossenschaftlicher Zusammenschlüsse sowie die Freiwilligkeit der Genossenschaftsmitgliedschaft. An sechster Stelle der bekanntesten Genossenschaftsmerkmale liegt das unwahre Statement „Kreditgenossenschaften sind staatliche Einrichtungen" mit 63 % richtigen Antworten. Der Bekanntheitsgrad dieser Eigenschaft ist signifikant geringer als jener der Aussage, dass Kreditgenossenschaften einen regionalen Bezug haben (T-Test: t = 2,07; df = 449; p = 0,039).

---

[112] Für eine nähere Ausführung zur Stabilität bzw. Insolvenzanfälligkeit von Kreditgenossenschaften wird auf den Abschnitt VI.A.2.h) verwiesen.
[113] Ringle 2009: 16
[114] Genossenschaftsgesetz 1873: § 33(2)

Einstellung gegenüber Kreditgenossenschaften 43

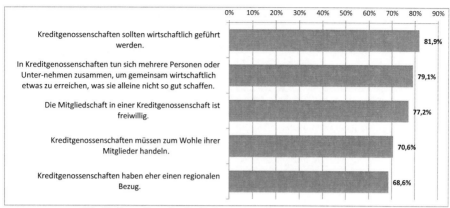

Abb. 40: Darstellung der fünf bekanntesten Genossenschaftsmerkmale

In Abbildung 41 sind die genossenschaftlichen Grundeigenschaften mit dem geringsten Bekanntheitsgrad dargestellt. Der Bekanntheitsgrad der Tatsache, dass regionale Primärkassen nicht an die Weisungen der Spitzeninstitute gebunden sind, ist mit Abstand am niedrigsten.

Abb. 41: Darstellung der drei am wenigsten bekannten Genossenschaftsmerkmale

4. Einstellung gegenüber Kreditgenossenschaften

Im vorhergehenden Abschnitt wurden die Kenntnisse zu spezifischen Merkmalen der genossenschaftlichen Organisationsformen eruiert. Darauf aufbauend wird in diesem Abschnitt zunächst untersucht, wie die Befragten die Wesenszüge von Kreditgenossenschaften bewerten. Anschließend erfolgt eine Darstellung der Beurteilung der Soll- sowie Ist-Situation von genossenschaftlichen Unternehmungen des Bankensektors. Auf diese Gegenüberstellung folgt eine Analyse der persönlichen Einstellung der Befragten gegenüber Kreditgenossenschaften sowie gegenüber einer Genossenschaftsmitgliedschaft. Der Abschnitt VI.A.4.e) untersucht abschließend die Wahrnehmung von Kreditgenossenschaften im Vergleich zu anderen Finanzinstituten.

a) Bewertung der genossenschaftlichen Merkmale

Ziel dieses Abschnitts ist die Untersuchung, wie die Befragten zu den Wesenszügen von Kreditgenossenschaften stehen, und zu erfassen, welche Aspekte kreditgenossenschaftlicher Unternehmen positiv bzw. negativ bewertet werden. Da in der Abbildung 42 aus Gründen der Übersichtlichkeit nur Kürzel auf die jeweiligen Aussagen zu den genossenschaftlichen Merkmalen hinweisen, sind die Eigenheiten von Kreditgenossenschaften, die von den Befragten beurteilt werden sollten, und die entsprechenden Merkmalskürzel in der Tabelle 6 aufgelistet. Im Fragebogen wurden manche Items bewusst falsch formuliert, nun sind sämtliche Statements so formuliert, dass sie Zutreffendes angeben. Die jeweiligen „M1" bis „M21" der Abbildung 42 beziehen sich auf die entsprechenden Aussagen in der folgenden Tabelle:

Merkmal	Aussagen zu den genossenschaftlichen Merkmalen
M1	In Kreditgenossenschaften tun sich mehrere Personen oder Unternehmen zusammen, um gemeinsam wirtschaftlich etwas zu erreichen, was sie alleine nicht so gut schaffen.
M2	Kreditgenossenschaften müssen zum Wohle ihrer Mitglieder handeln.
M3	Wer an einer Kreditgenossenschaft beteiligt ist, kann an den Leistungen der Kreditgenossenschaft teilhaben.
M4	Die Mitgliedschaft in einer Kreditgenossenschaft ist freiwillig.
M5	In Kreditgenossenschaften wird man Mitglied, indem man Geld einzahlt und dafür einen Geschäftsanteil bekommt.
M6	Die Mitglieder treffen die Entscheidungen in Kreditgenossenschaften selbst.
M7	Alle Mitglieder sind, unabhängig davon, wie viel Geld sie eingezahlt haben, bei Entscheidungen gleichberechtigt, da jeder grundsätzlich eine Stimme hat.
M8	Kreditgenossenschaften heben sich durch das Angebot einer Mitgliedschaft von den meisten anderen Kreditinstituten ab.
M9	Kreditgenossenschaften verfolgen eher langfristige Strategien.
M10	Ein Großteil der Gewinne einer Kreditgenossenschaft wird wieder in der Genossenschaft verwendet.
M11	Kreditgenossenschaften sollten wirtschaftlich geführt werden.
M12	Kreditgenossenschaften sind eher mittelständisch orientiert.
M13	Kreditgenossenschaften haben eher einen regionalen Bezug.
M14	Kreditgenossenschaften sind privatwirtschaftliche Unternehmen.
M15	Kreditgenossenschaften gibt es seit über 100 Jahren.
M16	Heutige Kreditgenossenschaften entsprechen nicht den Genossenschaften der ehemaligen „Ostblockstaaten".
M17	Kreditgenossenschaften sind gesetzlich dazu verpflichtet, ihre Aktivitäten neben den regulären Bankaufsichtsbehörden auch von unabhängigen Genossenschaftsprüfern prüfen zu lassen.
M18	Viele Kreditgenossenschaften schütten einen Teil des Gewinns an die Mitglieder aus.
M19	Regionale Genossenschaftsbanken unterliegen nicht den Weisungen ihrer Spitzeninstitute (Landesbanken, Zentralbanken etc.).
M20	Kreditgenossenschaften gehen sehr selten „pleite".
M21	Ohne Zustimmung der Mitglieder kann eine Kreditgenossenschaft nicht von anderen Unternehmen übernommen werden.

Tab. 6: Übersicht über die Kürzel der Aussagen zu den genossenschaftlichen Merkmalen

Die folgende Abbildung zeigt die Bewertung der genossenschaftlichen Aspekte durch die Befragten. Ergänzend zur Darstellung der relativen Antwortverteilungen sind die Mittelwerte – die Antwortkategorien von „finde ich sehr gut" bis „finde ich sehr schlecht" wurden mit Werten von „1" bis „5" erfasst – in der Abbildung dargestellt (siehe die schwarze Linie und die entsprechenden Werte in den Kästchen). Während sich die Prozentwerte der Balken auf die Skalenachse über dem Diagramm beziehen, befindet sich die entsprechende Achse der Mittelwerte am unteren Ende des Diagramms.

Einstellung gegenüber Kreditgenossenschaften

Wie beurteilen Sie persönlich die Merkmale von Kreditgenossenschaften?

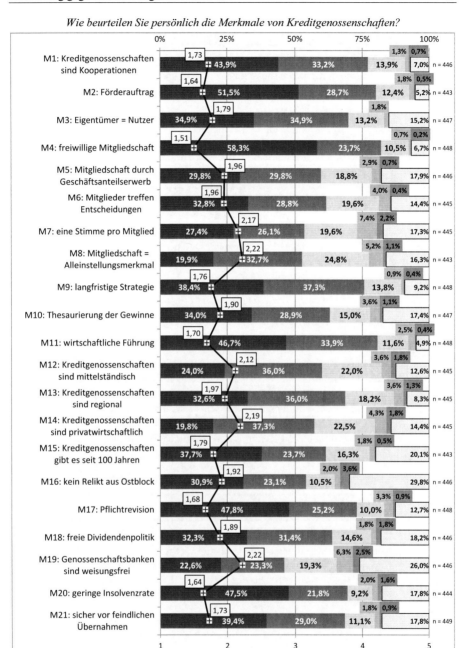

Abb. 42: Einschätzungen der genossenschaftlichen Merkmale

Wie sich an den Mittelwerten der Abbildung 42 ablesen lässt, wurden folgende fünf Genossenschaftsmerkmale von den Befragten am positivsten bewertet:

Merkmal	Aussagen zu den genossenschaftlichen Merkmalen	Mittelwert
M4	Die Mitgliedschaft in einer Kreditgenossenschaft ist freiwillig.	1,51
M2	Kreditgenossenschaften müssen zum Wohle ihrer Mitglieder handeln.	1,64
M20	Kreditgenossenschaften gehen sehr selten „pleite".	1,64
M17	Kreditgenossenschaften sind gesetzlich dazu verpflichtet, ihre Aktivitäten neben den regulären Bankaufsichtsbehörden auch von unabhängigen Genossenschaftsprüfern prüfen zu lassen.	1,68
M11	Kreditgenossenschaften sollten wirtschaftlich geführt werden.	1,70

Tab. 7: Genossenschaftliche Eigenschaften mit der positivsten Bewertung

Die Eigenschaft der freiwilligen Mitgliedschaft bewerteten fast 60 % der Befragungsteilnehmer/innen mit „finde ich sehr gut", was in einem sehr positiven Mittelwert von 1,51 resultiert. Ein Vergleich dieser fünf Genossenschaftsmerkmale der Tabelle 7, welche die positivste Beurteilung bekommen haben, mit den fünf bekanntesten Genossenschaftsmerkmalen der Abbildung 40 zeigt, dass die Aussagen:

- Die Mitgliedschaft in einer Kreditgenossenschaft ist freiwillig,
- Kreditgenossenschaften müssen zum Wohle ihrer Mitglieder handeln,
- Kreditgenossenschaften sollten wirtschatlich geführt werden,

in beiden Darstellungen zu finden sind. Offenbar besteht ein Zusammenhang zwischen der Kenntnis eines genossenschaftlichen Merkmals und der ihm beigemessenen Bedeutung, da besonders positiv aufgefasste Merkmale gleichzeitig auch einen höheren Bekanntheitsgrad aufweisen. Ein Vergleich der mittleren Merkmalseinschätzung der Befragten, die je Merkmalsitem die korrekte Antwort wussten, mit dem entsprechenden Mittelwert der übrigen Befragten ergab, dass die Befragten mit Kenntnis des jeweiligen Merkmals stets eine positivere Bewertung abgaben. Bei 18 der 21 Aussagen ist die Differenz signifikant.

In Tabelle 8 werden die Merkmale mit den am wenigsten positiven Bewertungen angeführt:

Merkmal	Genossenschaftliche Eigenschaften	Mittelwert
M12	Kreditgenossenschaften sind eher mittelständisch orientiert.	2,12
M7	Alle Mitglieder sind, unabhängig davon, wie viel Geld sie eingezahlt haben, bei Entscheidungen gleichberechtigt, da jeder grundsätzlich eine Stimme hat.	2,17
M14	Kreditgenossenschaften sind privatwirtschaftliche Unternehmen.	2,19
M8	Kreditgenossenschaften heben sich durch das Angebot einer Mitgliedschaft von den meisten anderen Kreditinstituten ab.	2,22
M19	Regionale Genossenschaftsbanken unterliegen nicht den Weisungen ihrer Spitzeninstitute (Landesbanken, Zentralbanken etc.).	2,22

Tab. 8: Genossenschaftliche Eigenschaften mit den am wenigsten positiven Bewertungen

Von allen abgefragten Eigenschaften erhielten die Merkmale „Weisungsfreiheit von Primärgenossenschaften" und „Alleinstellungsmerkmal der Mitgliedschaft" die schwächsten Bewertungen von 2,22. In Summe kann aber resümiert werden, dass die Genossenschaftscharakteristika als sehr positiv perzipiert werden, da selbst ein Mittelwert von 2,22 noch deutlich im positiven Bereich liegt; erst ab einem Wert von 3 würden negative Beurteilungen überwiegen.

b) Einschätzung des Profils von Kreditgenossenschaften

Im Rahmen der Befragung wurden die Befragten ersucht, einerseits die Soll-Ausprägungen und andererseits die Ist-Ausprägungen bestimmter Eigenschaften von Kreditgenossenschaften einzuschätzen. Mit dieser Fragestellung wurde das Ziel verfolgt, eine Gegenüberstellung der Imagewahrnehmung mit den subjektiv als ideal empfundenen Ausprägungen zu ermöglichen. Zur Erhebung des Images von Kreditgenossenschaften wurde ein Imagedifferenzial verwendet. Bei dem Imagedifferenzial handelt es sich um ein komponierendes Verfahren, dass der Verdichtung von Einzeleindrücken zu einem Gesamteindruck dient.[115] Die mehrdimensionale Einstellungsmessung erfolgte anhand von 20 Ratingskalen, an deren linke und rechte Skalenenden gegensätzliche Adjektive gesetzt wurden.[116] Auf Basis der erhobenen subjektiven Einschätzung zu den 20 Eigenschaftspaaren lassen sich jeweils für das Real- und Idealbild Polaritätsprofile[117] erstellen. Fasst man die Profillinien zu einem Diagramm zusammen, ist anhand der Differenzen je Gegensatzpaar ersichtlich, wie sehr die wahrgenommene genossenschaftliche Realität von der Idealvorstellung der Befragten abweicht.

Die schwarze Linie in nachfolgender Abbilung stellt das Idealbild von Kreditgenossenschaften dar. Insgesamt ist eine Grundtendenz zu den auf der linken Seite angeführten Adjektiven erkennbar. Sie zeigt, dass besonders polarisierende Gegensatzpaare – zum Beispiel „zuverlässig / unzuverlässig", „kompetent / inkompetent", usw. – auch eine entsprechende Tendenz zum linken Skalenende (die Mittelwerte liegen nahe bei -2) aufweisen. Eher neutrale Gegensatzpaare – zum Beispiel „traditionell / nicht traditionell", „gewinnorientiert / nicht gewinnorientiert" – zeigen eine weniger deutliche Tendenz. An der Profillinie des Realbilds ist ersichtlich, dass die Wahrnehmung der realen Ausprägung im Spannungsfeld der gegensätzlichen Adjektive im Vergleich zum Idealbild weniger eindeutig ist. Ein Vergleich mit dem Idealbild zeigt, dass die Mittelwerte des Realbildes durchwegs über der idealtypischen Ausprägung der Eigenschaften liegen. Mittels T-Test wurden die Abweichungen zwischen dem Ideal- und Realbild ausgewertet. Die Testergebnisse sind am rechten Rand des Diagramms abzulesen. Abgesehen von der Einschätzung der traditionellen Ausrichtung ist der Unterschied zwischen Real- und Idealbild bei allen Adjektivpaaren höchst signifikant (siehe die Signifikanzsterne).

---

[115] Trommsdorff/Teichert 2011: 147
[116] Berndt 1996: 64
[117] Berndt 1996: 64f, Trommsdorff/Teichert 2011: 69; 147ff

Wie schätzen Sie das Ideal- und Realbild von Kreditgenossenschaften ein?

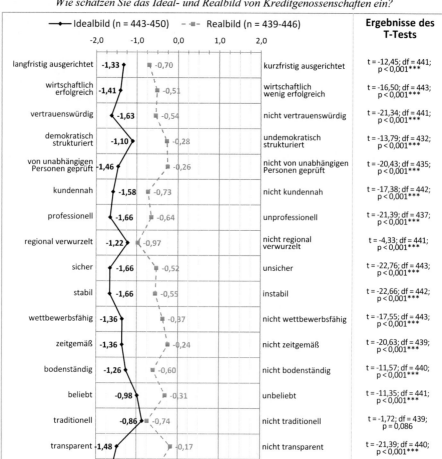

Abb. 43: Polaritätsprofile der Ideal- und Realbilder von Kreditgenossenschaften

Der Nachteil von Mittelwertvergleichen ist, dass sich gegensätzliche Abweichungen über die Befragten ausgleichen. Schätzen z.B. zwei Proband/inn/en bei einem Item Real- und Idealbild genau umgekehrt ein, so beträgt die mittlere Differenz zwischen Ideal- und Realbild Null. Das würde zum Schluss führen, das Realbild entspräche genau den Idealvorstellungen. Durch die Gegenüberstellung der Mittelwerte aus der Abbildung 43 können somit keine Aussagen zu den konkreten Abweichungen zwischen dem Ideal- und Realbild getroffen werden. Aus diesem Grund werden in der Abbildung 44 die Abweichungen zwischen dem Soll- und Ist-Bild je Eigenschaftspaar dargestellt. Dazu wurden zunächst je Eigenschaftspaar die Differenzen zwischen den Bewertungen des Real- und des Idealbildes berechnet und anschließend die Mittelwerte der Differenzen je Gegensatzpaar für die Gesamtstichprobe ermittelt.[118] Die auf diese Weise berechneten Abweichungsmittelwerte sollten in der Regel größer als die Differenzen der Mittelwerte des Real- und Idealbilds der Abbildung 43 sein. Die maximale Abweichung zwischen dem Ideal- und Realbild beträgt 4, da bei der Erhebung eine fünfstufige Antwortskala verwendet wurde und die Differenz zwischen der höchsten und niedrigsten Ausprägung (+2 und -2) folglich 4 ist. Decken sich die Einschätzungen hinsichtlich des Real- und Idealbildes sämtlicher Befragten, ergibt sich eine Abweichung von 0. Aus diesem Grund reicht die Skala der folgenden Abbildung im Unterschied zur Abbildung 43 von 0 bis 4.

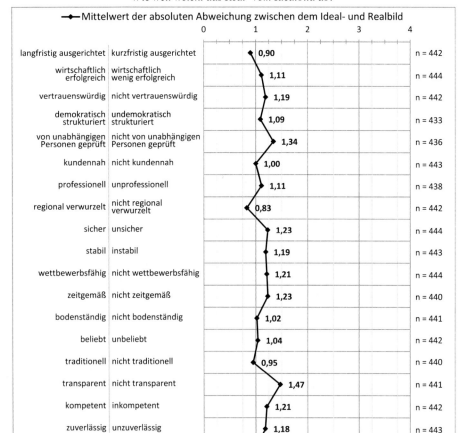

Abb. 44: Abweichungen zwischen dem Ideal- und dem Realbild von Kreditgenossenschaften

---

[118] Zur ähnlichen Vorgehensweise siehe Nufer 2002: 272f

Anhand der mittleren absoluten Abweichungen in voriger Abbildung zeigt sich nun, dass nicht bei der Bewertung der genossenschaftlichen Tradition, sondern hinsichtlich der regionalen Verankerung der Kreditgenossenschaften die höchste Übereinstimmung mit der Idealvorstellung gegeben ist. Am höchsten schätzen die Befragungsteilnehmer/innen die Diskrepanz zwischen der realen und der als ideal erachteten Transparenz von Kreditgenossenschaften ein.

Die Einstellung der Befragten gegenüber Kreditgenossenschaften kann auf Basis eines Einstellungswertes gemessen werden, der sich auf die Summe der absoluten Abweichungen zwischen der subjektiven Einschätzung des Realbilds und der Idealvorstellung von Kreditgenossenschaften bezieht:

$$E_i = \sum_{k=1}^{n} |B_{ik} - I_{ik}|$$

wobei:
E_i = Einstellungswert von Person i zum Objekt.
B_{ik} = Person i hält die Ausprägung B von Merkmal k für real.
I_{ik} = Person i hält die Ausprägung I von Merkmal k für ideal.

Abb. 45: Formel zur Berechnung der absoluten Abweichung[119]

Für die Interpretation dieses Einstellungswertes gilt: *„Je kleiner der errechnete Zahlenwert ist, desto besser ist der Einstellungswert."*[120] Da der Fragebogen 20 Frageitems zur Beurteilung bereithält und die maximale Abweichung je Gegensatzpaar – wie zuvor erläutert – 4 beträgt, kann der Einstellungswert bei völliger Divergenz maximal einen Wert von 80 annehmen. Kleine Werte bedeuten, dass ein/e Befragte/r Kreditgenossenschaften so wahrnimmt (Realbild), wie sie aus ihrer/seiner Sicht sein sollen (Idealbild).

Diese Berechnung ist aber mit dem Problem verbunden, dass eine Berücksichtigung nicht beantworteter Fragen nicht möglich ist. Hat jemand nicht sämtliche Items des Realbilds sowie des Idealbilds beantwortet, gibt es zwei Alternativen. Entweder dieser Fragebogen wird von der Untersuchung der Abweichungen ausgeschlossen oder es werden für die fehlenden Items Werte angenommen. Bliebe die fehlende Itembeantwortung unberücksichtigt und würde die Abweichung dieses Items mit 0 in die Berechnung des Einstellungswertes einfließen, würde dies den Einstellungswert positiv verzerren. Dieses Problem kann umgangen werden, indem der Einstellungswert gemäß der obigen Formel in Relation zur Summe der maximalen Abweichung aller vollständig beantworteten Items gesetzt wird. Wie bereits weiter oben erläutert, beträgt die Abweichung zwischen dem Real- und Idealbild je Item maximal 4. Hat ein/e Proband/in beispielsweise alle 20 Items vollständig beantwortet, so wird der Einstellungswert durch 80 (4 mal 20) dividiert. Dadurch wird der (absolute) Einstellungswert in einen relativen Einstellungswert umgewandelt, dessen Ergebnis verzerrungsfrei von nicht ausgefüllten Items ist. Dieser relative Einstellungswert kann einen Wert zwischen 0 % und 100 % annehmen und als Abweichungsgrad interpretiert werden, der das Ausmaß der Abweichung zwischen Real- und Idealbild ausdrückt. Dieser Wert wird aus Gründen der leichteren Verständlichkeit in einen Imagedeckungsgrad umgerechnet (= 100 % - relativer Einstellungswert). Dieser gibt Aufschluss, inwieweit sich das Realbild von Genossenschaften mit dem Idealbild deckt. Der Imagedeckungsgrad kann Werte zwischen 0 % bis 100 % annehmen, wobei 100 % eine vollständige Übereinstimmung des Real- und Idealbilds bedeuten.

---

[119] Theurl/Wendler 2011: 221 auf Trommsdorff 1975: 73 und Trommsdorff/Teichert 2011: 129, 149 verweisend
[120] Trommsdorff/Teichert 2011: 149

Betrug der Einstellungswert nach der ursprünglichen Berechnungsmethode z.B. 20, bedeutet dies – sofern sämtliche Items vollständig beantwortet wurden – einen relativen Einstellungswert von 25 % und einen Imagedeckungsgrad von 75 % (100 % - 25 %). Hätte derselbe/dieselbe Befragungsteilnehmer/in nur 16 der 20 Items vollständig ausgefüllt, würde sich der relative Einstellungswert auf 31,3 % erhöhen, während der Imagedeckungsgrad auf 68,8 % sinken würde. Diese Berechnung wurde für sämtliche Befragungsteilnehmer/innen durchgeführt:

$$D_i = 1 - \frac{\sum_{k=1}^{n}|B_{ik} - I_{ik}|}{Y * N(k)_i}$$

wobei:
D_i = Imagedeckungsgrad von Person i zum Objekt.
Y = Die maximal mögliche Differenz zwischen B_{ik} und I_{ik}. (Sie beträgt konstant 4.)
B_{ik} = Person i hält die Ausprägung B von Merkmal k für real.
I_{ik} = Person i hält die Ausprägung I von Merkmal k für ideal.
$N(k)_i$ = Person i hat eine Anzahl von N Frageitems der Merkmale k beantwortet.

Abb. 46: Formel zur Berechnung des Imagedeckungsgrades

Um einen Überblick über die Verteilung der Imagedeckungsgrade zu gewinnen, werden in Abbildung 47 die absoluten Häufigkeiten der Befragten je Imagedeckungsgrad (gerundet auf ganze Zahlen) für die Befragten mit bzw. ohne Kenntnis des Begriffs „Genossenschaft" dargestellt. Die Trennung in Befragte mit Kenntnissen und Befragte ohne Kenntnisse über Kreditgenossenschaften erfolgt vor dem Hintergrund, dass eine Einschätzung des Realbilds durch Personen der zweiten Teilgruppe aufgrund einer mangelhaften Informationsbasis nur beschränkt möglich ist.[121].

Um eine allgemeine Aussage zur Einstellung gegenüber Kreditgenossenschaften treffen zu können, ist es zweckmäßig, die Einstellungsmessungen der Abbildung 47 zu aggregieren und durch einen mittleren Imagedeckungsgrad auszudrücken.[122] Der Mittelwert der Imagedeckungsgrad der Befragten mit Kenntnis über Kreditgenossenschaften beträgt 71,8 %. Im Vergleich dazu liegt der mittlere Imagedeckungsgrad der Befragten ohne Kenntnis über Kreditgenossenschaften bei 74,8 %. Ein statistischer Vergleich der Imagedeckungsgrade beider Gruppen ergibt kein signifikantes Ergebnis. Somit wird an der Nullhypothese festgehalten, wonach sich die Imageeinschätzungen der Befragten mit und ohne Kenntnisse über Kreditgenossenschaften nicht unterscheiden.

Für die gesamte Stichprobe ergibt sich ein Mittelwert der Imagedeckungsgrade von ca. 72 %. Daraus kann geschlossen werden, dass das Realbild insgesamt wenig vom Idealbild abweicht und Genossenschaften daher ein positives Image haben. Das zeigt sich auch an dem sehr geringen Anteil von 2,3 % der Befragten, deren Imagedeckungsgrad weniger als 50 % beträgt.

---

[121] Unter die Gruppe der Befragten ohne Kenntnisse wurden sämtliche Befragte subsumiert, die den Begriff „Genossenschaft" nicht kennen sowie keine Kenntnisse über und Erfahrungen mit Kreditgenossenschaften haben. Für die übrigen Befragten wurde angenommen, dass ausreichendes Wissen vorhanden ist.
[122] Berndt 1996: 67; zur ähnlichen Vorgehensweise siehe Nufer 2002: 272ff

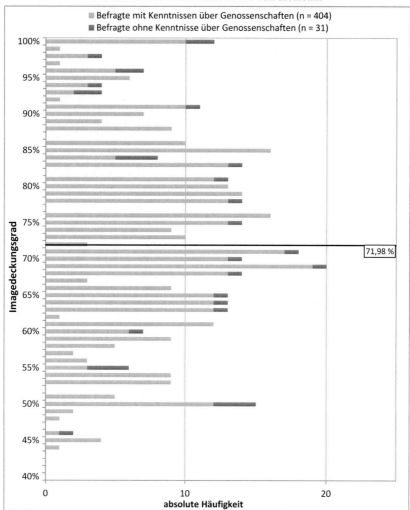

Abb. 47: Imagedeckungsgrade

c) Einstellung zu und Interesse an Kreditgenossenschaften

Den Befragten wurden auch gesamthafte Fragen zu ihren Einstellungen gegenüber genossenschaftlich organisierte Banken gestellt.

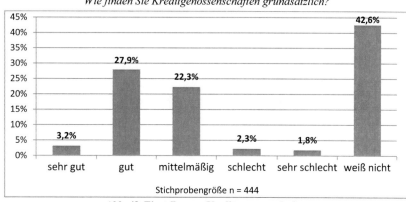

Wie finden Sie Kreditgenossenschaften grundsätzlich?

Abb. 48: Einstellung zu Kreditgenossenschaften

Abbildung 48 zeigt, dass ein sehr großer Anteil der Befragten sich ihrer generellen Einstellung zu Kreditgenossenschaften nicht sicher ist oder diese nicht preisgeben will. Über 40 % flüchtet in die „weiß nicht"-Kategorie. Im Schnitt lässt sich behaupten, dass Kreditgenossenschaften eher als positiv erachtet werden. Nur ca. 4 % finden Genossenschaften „schlecht" oder „sehr schlecht". Werden für die evaluativen Kategorien Werte von 1 bis 5 vergeben, ergibt sich ein tendenziell positiver Mittelwert von 2,51.

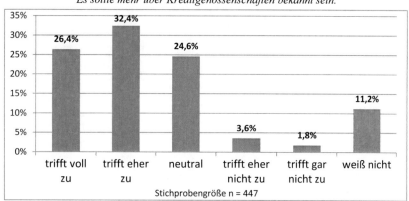

Es sollte mehr über Kreditgenossenschaften bekannt sein.

Abb. 49: Wissen über Kreditgenossenschaften

Rd. 60 % der Befragten sind der Ansicht, dass mehr über Genossenschaftsbanken bekannt sein sollte. Dieser hohe Anteil der Befragten, die mehr über Kreditgenossenschaften wissen möchten, korrespondiert mit dem Anteil von ca. 90 %, die keine Kenntnisse über Kreditgenossenschaften haben oder diese Kenntnisse als mangelhaft bewerten.

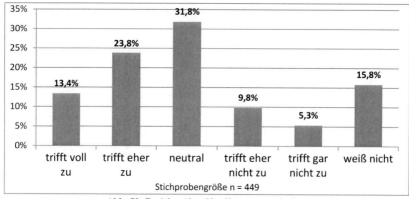

Abb. 50: Berichte über Kreditgenossenschaften

Auch diese Frage prüft, ob eine Steigerung des Bekanntheitsgrades bzw. des Wissens über Genossenschaftsbanken als wünschenswert erachtet wird.

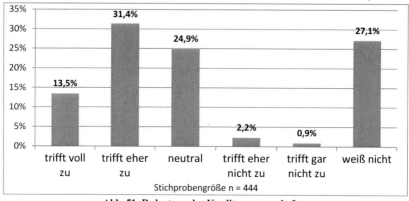

Abb. 51: Bedeutung der Kreditgenossenschaften

Aus diesem Befragungsergebnis lässt sich ableiten, dass die Österreicher/innen der Auffassung sind, dass Kreditgenossenschaften eine wichtige Bereicherung des österreichischen Kreditmarkts sind. Rd. 45 % der Befragten stimmen der Aussage zu, während nur eine Minderheit von rd. 3 % den genossenschaftlichen Beitrag zum Kreditmarkt als unwesentlich erachtet.

Einstellung gegenüber Kreditgenossenschaften 55

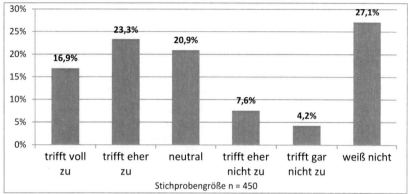

Abb. 52: Bedeutung für den ländlichen Raum

Auch die Aussage zur Bedeutung für die ländliche Entwicklung und Nahversorgung findet eine relativ hohe Zustimmung. Ca. 40 % der Befragten stimmen hier zu.

Da eine aufrechte Kundenbeziehung impliziert, dass das Leistungsangebot dieser Kreditgenossenschaft jenem der Konkurrenzunternehmen vorgezogen wird, wird auch diese Frage als Einstellungskomponente interpretiert.

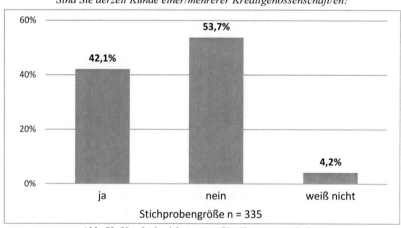

Abb. 53: Kundenbeziehungen zu Kreditgenossenschaften

Gemäß der Abbildung 53 geben rund 40 % der Gesamtstichprobe an, Kunde zumindest einer Kreditgenossenschaft zu sein. Ca. 4 % sind sich unsicher, ob ihre Bank eine Genossenschaftsbank ist.

Im Abschnitt V wurde festgestellt, dass der Anteil der Befragten, die angeben, aktuell Mitglied einer Genossenschaftsbank zu sein, merklich unter dem tatsächlichen Anteil Österreichs liegt. Auch der Anteil an Kreditgenossenschaftskunden liegt unter der Erwartung. Alleine die österreichische Raiffeisengruppe betreut fast jede/n zweite/n Österreicher/in[123] und die Volks-

---

[123] Raiffeisenverband 2013, online

bank-Gruppe rund 1 Million Privatkunden[124]. Zu beachten ist aber, dass nicht alle Institute der österreichischen Raiffeisen- und Volksbankengruppe als Genossenschaft organisiert sind. Dennoch erscheint der erhobene Anteil von ca. 40 % als zu niedrig. Diese Abweichung kann durch Kundenbeziehungen einzelner Personen mit mehreren Banken und zusätzlich dadurch erklärt werden, dass nicht alle Befragte, die Kunden einer Kreditgenossenschaft sind, wissen, dass es sich um Genossenschaften handelt.

d) Einstellung zur Mitgliedschaft

Im Zuge der Befragung sollten die Befragten ihre Einstellung hinsichtlich einer zukünftigen Mitgliedschaft in einer Kreditgenossenschaft angeben. Anhand einer Filterfrage wurden die Befragungsteilnehmer/innen in die Gruppe der Mitglieder (sind aktuell Mitglieder einer oder mehrerer Kreditgenossenschaften) und in die Gruppe der Nichtmitglieder (unterhalten aktuell keine Mitgliedschaft zu einer Kreditgenossenschaft) untergliedert. Während die „aktuellen Mitglieder" ersucht wurden anzugeben, ob für sie eine erneute Mitgliedschaft in einer Kreditgenossenschaft infrage kommt, sollten die befragten „aktuellen Nichtmitglieder" das zutreffende Statement hinsichtlich einer möglichen zukünftigen Mitgliedschaft wählen.

Die Antworten auf die Frage nach einer erneuten Mitgliedschaft der „aktuellen Mitglieder" zeigen folgende Verteilung:

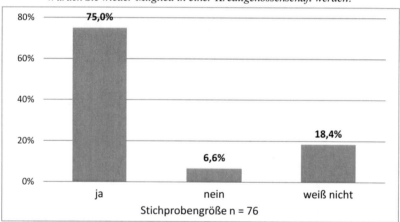

Abb. 54: Einstellung der Mitglieder gegenüber einer neuerlichen Mitgliedschaft

Drei Viertel der Mitglieder stehen einer erneuten Mitgliedschaft in einer Kreditgenossenschaft positiv gegenüber und könnten sich wieder eine Mitgliedschaft vorstellen.

Die Abbildung 55 stellt die relative Verteilung der von den „aktuellen Nichtmitgliedern" gewählten Antworten hinsichtlich einer etwaigen zukünftigen Mitgliedschaft dar:

---

[124] Volksbank-Gruppe 2013, online; ÖGV 2014, online

Können Sie sich in Zukunft eine Mitgliedschaft bei einer Kreditgenossenschaft vorstellen?

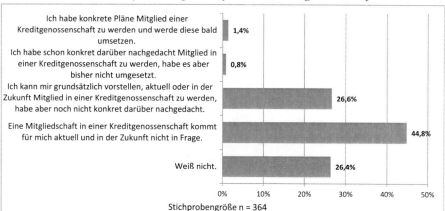

Abb. 55: Einstellung der Nichtmitglieder gegenüber einer zukünftigen Mitgliedschaft

Während aktuelle Kreditgenossenschaftsmitglieder gegenüber der Mitgliedschaft durchwegs positiv eingestellt sind, zeigt die Antwortverteilung der aktuellen Nichtmitglieder ein eher negatives Bild. 1,4 % der Befragten haben konkrete Pläne zum Erwerb einer Genossenschaftsmitgliedschaft. Weitere 0,8 % haben bereits mit dem Gedanken einer Mitgliedschaft gespielt. Rund ein Viertel der Befragungsteilnehmer/innen kann sich aber grundsätzlich vorstellen, eine Mitgliedschaft einzugehen. In Summe stehen in etwa jede/r dritte Befragte einer Genossenschaftsmitgliedschaft positiv gegenüber. Ca. 45 % der „aktuellen Nichtmitglieder" ziehen eine etwaige Mitgliedschaft aber weder aktuell noch in der Zukunft in Betracht.

e) Einstellung zu Kreditgenossenschaften im Vergleich zu anderen Kreditinstituten

Um die Wahrnehmung und Einstellung zu Kreditgenossenschaften im Kontrast zur nicht genossenschaftlichen Konkurrenz zu eruieren, sollten die Befragten einerseits ihre Meinung zu vordefinierten Statements abgeben und andererseits positiv behaftete Eigenschaften im Vergleich zu anderen Banktypen einschätzen.

Im nachfolgenden Liniendiagramm sind die Einschätzungen kreditgenossenschaftlicher Charakterzüge im Vergleich zur nicht genossenschaftlichen Konkurrenz graphisch dargestellt. Für eine höhere Übersichtlichkeit wurde die fünfstufige Skala (von 1 „besser" bis 5 „schlechter") reduziert. Anhand Abbildung 56 ist zu erkennen, dass die berechneten Mittelwerte stets unter der neutralen Kategorie 3 liegen. Somit werden Kreditgenossenschaften hinsichtlich der abgefragten Eigenschaften besser als die nicht genossenschaftlich organisierte Konkurrenz eingeschätzt. Besonders deutlich sind die Resultate bezüglich der regionalen und traditionellen Verankerung, der Bodenständigkeit und der Kundenorientierung.

Mithilfe des T-Tests wurde geprüft, ob die mittleren Einschätzungen signifikant von der neutralen Kategorie (Wert 3) abweichen. Den Testresultaten zufolge sind Kreditgenossenschaften und nicht genossenschaftlich organisierte Banken nur hinsichtlich der Transparenz gleichwertig. Hinsichtlich aller anderen Eigenschaften werden Kreditgenossenschaften höchst signifikant positiver wahrgenommen, was an den Signifikanzsternen nach den p-Werten ablesbar ist.[125] Somit kann festgehalten werden, dass Kreditgenossenschaften im direkten Vergleich zur nicht genossenschaftlichen Konkurrenz ein positves Image genießen. Nach Meinung der befragten Österreicher/innen können sich Kreditgenossenschaften vor allem durch ihre regionale Verwurzelung, Tradition, Bodenständigkeit und Kundenorientierung positiv von anderen Finanzinstituten abheben.

Wie schätzen Sie Kreditgenossenschaften im Vergleich zu anderen Kreditinstituten ein?

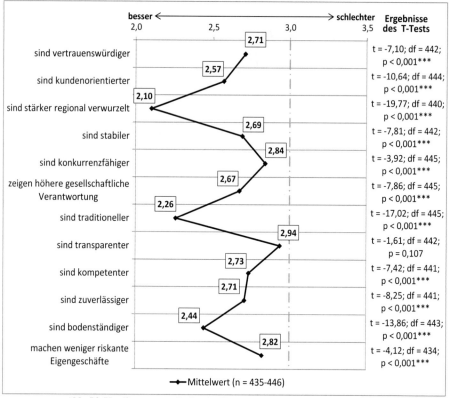

Abb. 56: Kreditgenossenschaften im Vergleich zu anderen Kreditinstituten

---

[125] Zur genaueren Bedeutung der „Signifikanzsterne" siehe Abschnitt IV – Seite 19.

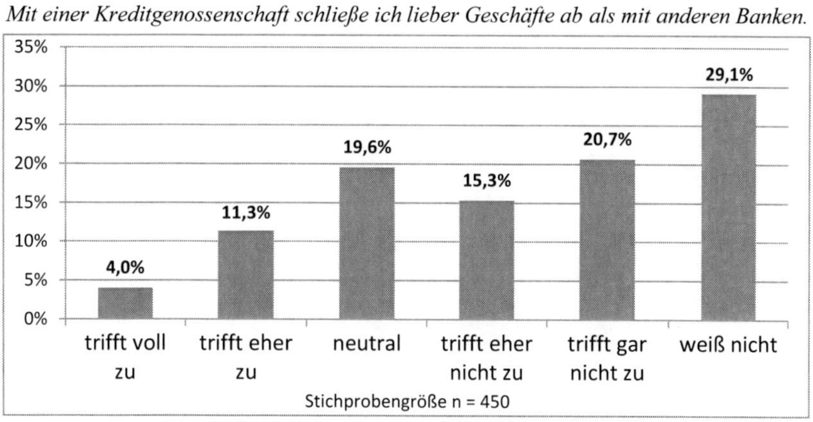

Einstellung gegenüber Kreditgenossenschaften 59

Mit einer Kreditgenossenschaft schließe ich lieber Geschäfte ab als mit anderen Banken.

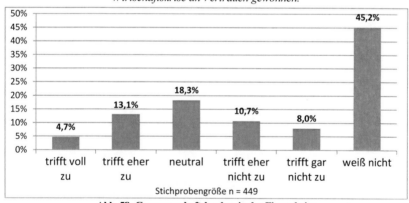

Abb. 57: **Geschäftsbeziehungen mit Kreditgenossenschaften**

Wenn man die „weiß nicht"-Antworten herausrechnet, bevorzugen ca. 20 % der Befragten jedenfalls eine Geschäftsbeziehung mit einer Kreditgenossenschaft. Für weitere ca. 50% trifft das „eher nicht zu" und 30 % verneinen dieses Statement. Obwohl Kreditgenossenschaft insgesamt als sympathisch wahrgenommen wird, scheinen genossenschaftliche Banken im Vergleich zu anderen Organisationsformen hier nicht deutlich punkten zu können. Allerdings ist – da die umgekehrte Frage „Mit anderen Banken schließe ich lieber Geschäfte ab als mit Kreditgenossenschaften" nicht gestellt wurde – das Ergebnis nicht eindeutig interpretierbar, denn selbst wenn man eine Kreditgenossenschaft sicher nicht präferiert, heißt das nicht zwingend, dass man nichtgenossenschaftliche Banken präferiert.

Im Vergleich zu anderen Banktypen haben Genossenschaftsbanken in der Finanz- und Wirtschaftskrise an Vertrauen gewonnen.

Abb. 58: **Genossenschaftsbanken in der Finanzkrise**

Wie obenstehende Abbildung veranschaulicht, scheinen die Österreicher/innen hinsichtlich des Statements, dass Kreditgenossenschaften im Verlauf der Finanz- und Wirtschaftskrise im Vergleich zu anderen Banken an Vertrauen gewinnen konnten, indifferent zu sein. Während 17,8 % der Aussage eher zustimmen, erachtet ein nur marginal höherer Anteil von 18,7 % das Statement als nicht zutreffend. Die neutrale oder unsichere Haltung zeigt sich auch an dem hohen Anteil von nahezu 50 % „weiß nicht"-Antworten.

B. ERGEBNISSE FÜR DAS MERKMAL „MITGLIEDSCHAFT"

In diesem Kapitel werden die Ergebnisse für die Gruppen „Mitglieder" und „Nichtmitglieder" dargestellt, wobei sich die Gruppe der „Mitglieder" aus den aktuellen und den ehemaligen Mitgliedern zusammensetzt, da davon ausgegangen wird, dass Unterschiede in den Kenntnissen und den Erfahrungen zwischen diesen Befragten und jenen Personen, die weder in einer Kreditgenossenschaft Mitglied waren noch sind, bestehen. Die Ergebnisse dieses Kapitels basieren auf 85 befragten Mitgliedern und 365 befragten Nichtmitgliedern.

1. Informationsquellen

Dieser Abschnitt untersucht, ob die Bedeutung der einzelnen Informationsquellen sowie die jeweiligen Einschätzungen der vermittelten Informationen mit genossenschaftlichen Inhalten in den beiden Teilgruppen variieren.

a) Übersicht über die Informationskanäle und statistische Ergebnisse

In Abbildung 59 wird dargestellt, von welchen Informationsquellen die Mitglieder und Nichtmitglieder Informationen über Kreditgenossenschaften beziehen oder bezogen haben. Die Werte in den schwarz umrandeten Kästchen stellen die Mittelwerte der Einstufungen der bezogenen Informationen je Informationsquelle in „positive", „neutrale" und „negative" Informationen dar.[126] Für den Mittelwert gilt eine Schwankungsbreite von 1 bis -1. Je positiver die Mittelwerte, desto stärker nähern sich diese dem linken Außenrand des Diagramms.

In Tabelle 9 sind die statistischen Testergebnisse angeführt. Die mittlere Spalte der Tabelle zeigt die Testergebnisse des Chi-Quadrat-Tests. Dieser testet, ob das Merkmal „Mitgliedschaft" das Antwortverhalten in Bezug auf die zwei Antwortmöglichkeiten (die drei „ja"-Antwortkategorien wurden für den Test zu einer Kategorie zusammengefasst) beeinflusst. Liefert der Chi-Quadrat-Test ein signifikantes Ergebnis ($p < 0,05$), wird die Nullhypothese, die annimmt, dass das Antwortverhalten unabhängig von dem Merkmal „Mitgliedschaft" ist, verworfen. Darüber hinaus wurde mithilfe des T-Tests überprüft, ob sich die Bewertungen der bezogenen Informationen zwischen den Mitgliedern und Nichtmitgliedern signifikant unterscheiden. Im Falle eines signifikanten Testergebnisses kann die auf Basis der Befragungsdaten festgestellte positivere bzw. negativere Informationseinschätzung einer Teilgruppe auf die Grundgesamtheit übertragen werden. Ob die jeweiligen Testergebnisse des χ^2-Tests sowie des T-Tests als signifikant zu bezeichnen sind, wird mittels der Signifikanzsterne unmittelbar nach den Signifikanzwerten (p) dargestellt.[127]

---

[126] Für positive Bewertungen wurde der Wert 1, für neutrale der Wert 0 und für negative der Wert -1 vergeben.
[127] Zur genaueren Bedeutung der „Signifikanzsterne" siehe Abschnitt IV – Seite 19.

Wo bzw. in welchem Zusammenhang haben Sie schon etwas über Kreditgenossenschaften gehört? Wenn ja, wie beurteilen Sie die Informationen?

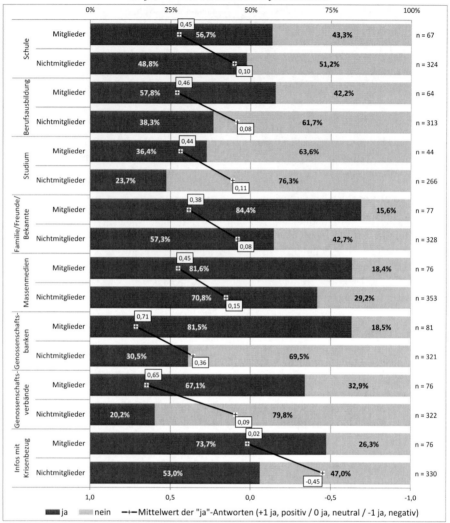

Abb. 59: Informationsquellen zum Thema Kreditgenossenschaften nach dem Merkmal „Mitgliedschaft"

Informationsquelle	χ^2-Test	T-Test (Einschätzung der Informationen)
Schule	$\chi^2 = 1{,}40$; df = 1; p = 0,240	t = 4,00; df = 46; p < 0,001***
Berufsausbildung	$\chi^2 = 8{,}29$; df = 1; p < 0,001***	t = 3,87; df = 45; p < 0,001***
Studium	$\chi^2 = 3{,}20$; df = 1; p = 0,070	t = 2,28; df = 77; p = 0,025*
Familie/Freunde/Bekannte	$\chi^2 = 19{,}53$; df = 1; p < 0,001***	t = 3,35; df = 112; p = 0,001**
Massenmedien	$\chi^2 = 3{,}65$; df = 1; p = 0,060	t = 3,37; df = 310; p < 0,001***
direkte Informationen von einzelnen Genossenschaftsbanken	$\chi^2 = 69{,}52$; df = 1; p < 0,001***	t = 4,18; df = 161; p < 0,001***
Informationsveranstaltungen/Vortragsreihen/Internetseiten von genossenschaftlichen Verbänden	$\chi^2 = 65{,}55$; df = 1; p < 0,001***	t = 4,72; df = 114; p < 0,001***
im Zusammenhang mit der Finanz- und Wirtschaftskrise	$\chi^2 = 10{,}75$; df = 1; p < 0,001***	t = 2,67; df = 1133; p = 0,008**

Tab. 9: Testergebnisse des Vergleichs der Mitglieder und Nichtmitglieder je Informationsquelle

Wie Abbildung 59 zeigt, ist der Anteil der Mitglieder, die Informationen über den jeweiligen Informationskanal bezogen haben, bei allen Informationsquellen höher als der entsprechende Anteil der Nichtmitglieder. Der mittleren Spalte der Tabelle 9 ist außerdem zu entnehmen, dass sich das Antwortverhalten der Mitglieder und Nichtmitglieder bei 5 der 8 Frageitems zu den Informationsquellen signifikant unterscheidet. Daraus kann gefolgert werden, dass Mitglieder empfänglicher für Informationen über Genossenschaftsbanken bzw. für Werbung von Kreditgenossenschaften sind. Der Vergleich der Mittelwerte liefert ein ähnliches Bild: Die Mitglieder schätzen die Informationen sämtlicher Quellen positiver ein als die Gruppe der Nichtmitglieder. Wie in der rechten Spalte der Tabelle 9 ersichtlich, sind alle diese Differenzen signifikant.

b) Nähere Betrachtung einzelner Informationsquellen

Im Folgenden werden Unterschiede zwischen Mitgliedern und Nichtmitgliedern hinsichtlich ausgewählter Informationsquellen näher untersucht. Die Werte zu den in weiterer Folge kommentierten Signifikanztests finden sich in Tabelle 9.

Haben Sie von Familie/Freunde/Bekannte etwas über Kreditgenossenschaften gehört? Wenn ja, wie beurteilen Sie die Informationen?

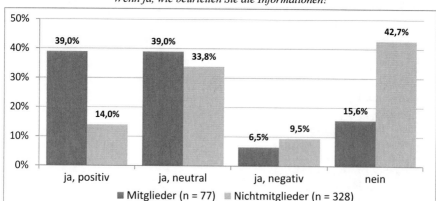

Abb. 60: Informationsquelle „Familie/Freunde/Bekannte" und das Merkmal „Mitgliedschaft"

Mit etwa 75 % an „ja"-Antworten bezieht ein deutlich größerer Anteil der Mitglieder Informationen über Kreditgenossenschaften von Verwandten, Freunden oder Bekannten. Der Chi-Quadrat-Test, der sich auf die Verteilung der „nein"-Antworten und die aggregierten „ja"-Antworten bezieht, ist höchst signifikant. Darüber hinaus werden die so vermittelten Informationen von Mitgliedern im Mittel positiver bewertet. Der T-Test belegt, dass die Differenz der Informationsbewertung der beiden Teilgruppen signifikant ist.

Ein Blick auf Abbildung 59 zeigt, dass der Informationsaustausch mit Verwandten, Freunden und Bekannten die bedeutendste Informationsquelle der Mitglieder darstellt – bei den Nichtmigliedern sind hingegen es die Massenmedien.

Haben Sie direkte Informationen von einzelnen Genossenschaftsbanken erhalten? Wenn ja, wie beurteilen Sie die Informationen?

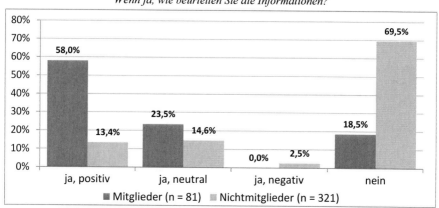

Abb. 61: Informationsquelle „Informationen von Genossenschaftsbanken" und das Merkmal „Mitgliedschaft"

Da eine Mitgliedschaft ein näheres Verhältnis zu Genossenschaftsbanken impliziert, erscheint es wenig verwunderlich, dass der Anteil der Mitglieder, die bereits Informationen von Kreditgenossenschaften bezogen haben, mit ca. 80 % den entsprechenden Anteil der Nichtmitglieder in Höhe von ca. 30 % um ein Vielfaches übertrifft. Der Chi-Quadrat-Test bestätigt, dass das

Antwortverhalten der „ja"- und „nein"-Antworten vom Merkmal „Mitgliedschaft" abhängt. Des Weiteren ist die hohe Mittelwertdifferenz der beiden Teilgruppen höchst signifikant.

Trotz des scheinbar hohen Anteils von 80% der Mitglieder, die Informationen von Kreditgenossenschaften bezogen haben, muss man festhalten, dass sich bei idealtypischer Ausgestaltung der genossenschaftlichen Mitgliedschaft eigentlich ein deutlich höherer Wert ergeben müsste. Grundsätzlich sollte es vor allem im Zuge der Mitgliedschaftsentscheidung zu einem Informationsaustausch zwischen Genossenschaft und dem potenziellen Mitglied kommen. Bei etwa jedem fünften Mitglied fand dieser Informationsaustausch offensichtlich nicht statt oder die genossenschaftsbezogenen Informationen wurden nicht als solche wahrgenommen.

Genauso wie beim Item „Informationen von einzelnen Genossenschaften" ist zu erwarten, dass Mitglieder eher Empfänger von Informationen von genossenschaftlichen Verbänden sind als Nichtmitglieder, da mit einer Mitgliedschaft in der Regel eine – zumindest indirekte – Beziehung zu genossenschaftlichen Verbänden verbunden ist.

Haben Sie Informationen von genossenschaftlichen Verbänden erhalten? Wenn ja, wie beurteilen Sie die Informationen?

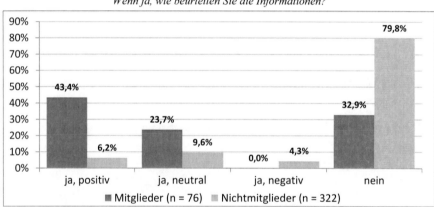

Abb. 62: Informationsquelle „Informationen von genossenschaftlichen Verbänden" und das Merkmal „Mitgliedschaft"

Mit einem Anteil von etwa zwei Drittel geben Mitglieder mehr als dreimal so häufig an, im Rahmen von Informationsveranstaltungen, Vortragsreihen oder auf Internetseiten mit Informationen von genossenschaftlichen Verbänden versorgt worden zu sein. Demgemäß liefert der Chi-Quadrat-Test ein höchst signifikantes Ergebnis. Ähnlich sieht die Betrachtung der Informationsbewertung aus; auch dieser Unterschied ist höchst signifikant.

Der niedrige „ja"-Anteil der Nichtmitglieder zeigt, dass Genossenschaftsverbände offenbar wenig bestrebt sind, Informationen über Genossenschaften für die Gesamtbevölkerung – und nicht nur für die Mitglieder – zur Verfügung zu stellen. Voraussetzung ist natürlich eine Empfänglichkeit der Personen für diese Informationen.[128]

---

[128] Theurl/Wendler 2011: 176

2. Allgemeine Kenntnisse und Erfahrungen

In diesem Abschnitt wird untersucht, ob bzw. in welchem Ausmaß sich die Mitglieder und Nichtmitglieder hinsichtlich ihrer allgemeinen Erfahrungen und Kenntnisse in Bezug auf Genossenschaften unterscheiden.

a) Kenntnis des Begriffs „Kreditgenossenschaft"

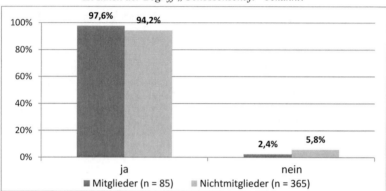

Abb. 63: Begriff „Kreditgenossenschaft" und das Merkmal „Mitgliedschaft"

Erwartungsgemäß kennen Mitglieder den Begriff „Genossenschaft" häufiger. Verwunderlich ist, dass es Genossenschaftsmitglieder gibt, die den Begriff „Genossenschaft" nicht kennen.

b) Genossenschaften im Bereich des Bank-/Kreditwesens

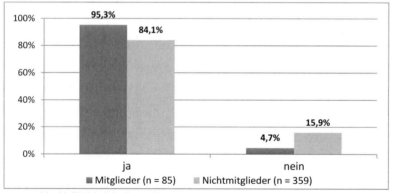

Abb. 64: Tätigkeit im Bank-/Kreditwesen und das Merkmal „Mitgliedschaft"

Einer klaren Mehrheit ist genossenschaftliches Engagement im Kreditwesen bekannt. Mit einem Anteil von 95 % ist die Kenntnis über den Tätigkeitsbereich „Kreditwesen" bei der Gruppe der Mitglieder höher. Der Chi-Quadrat-Test weist dieser Differenz eine hohe Signifikanz zu ($\chi^2 = 7{,}24$; df = 1; p = 0,007). Verwunderlich ist jedoch, dass 5 % der befragten Mitglieder von Kreditgenossenschaften diese Frage verneinen. Eine mögliche Erklärung dafür ist, dass manche erst aufgrund des Informationstexts, welcher nach dieser Frage angeführt war, realisiert haben, dass ihre Bank eine Genossenschaftsbank ist.

c) Kenntnis des Begriffs „genossenschaftlicher Förderauftrag"

Ist Ihnen der Begriff „genossenschaftlicher Förderauftrag" im Zusammenhang mit Kreditgenossenschaften bekannt?

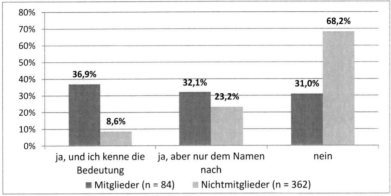

Abb. 65: Genossenschaftlicher Förderauftrag und das Merkmal „Mitgliedschaft"

Von den Nichtmitgliedern haben ca. 70 % keine Kenntnis des Begriffs „genossenschaftlicher Förderauftrag" bzw. bringen diesen nicht mit Kreditgenossenschaften in Verbindung. Dieser Anteil ist mehr als doppelt so hoch wie der entsprechende Anteil der Mitglieder. Während über ein Drittel der Mitglieder die Bedeutung des Förderauftrags kennen, beträgt der prozentuale Wert der Vergleichsgruppe nur ca. 10 %. Die hohe Abhängigkeit des Antwortverhaltens vom Merkmal „Mitgliedschaft" resultiert in einem höchst signifikanten Testergebnis des Chi-Quadrat-Tests ($\chi^2 = 57{,}06$; df = 2; $p < 0{,}001$).

d) Selbsteinschätzung der Kenntnisse über Kreditgenossenschaften

Haben Sie Kenntnisse über Kreditgenossenschaften? Wie beurteilen Sie Ihre Kenntnisse?

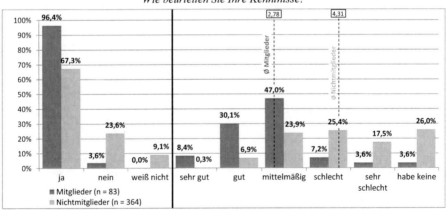

Abb. 66: Kenntnisse über Kreditgenossenschaften und das Merkmal „Mitgliedschaft"

Wie im linken Teil der Abbildung ersichtlich ist, verfügt ein im Vergleich zu den Nichtmitgliedern deutlich größerer Anteil der Mitglieder über Kenntnisse zu Kreditgenossenschaften. Der Chi-Quadrat-Test ist höchst signifikant ($\chi^2 = 28{,}98$; df = 2; $p < 0{,}001$).

Aus der rechten Hälfte der Abbildung lässt sich ablesen, dass ca. 40 % der Mitglieder ihre Kenntnisse als „gut" oder „sehr gut" einstufen. Die Antwortmöglichkeiten „schlecht", „sehr schlecht" und „habe keine (Kenntnisse)" wählen hingegen nur rd. 15 %. Ein gegensätzliches Bild zeigt die Antwortverteilung der Selbsteinschätzung der Nichtmitglieder: Der Anteil an „schlecht", „sehr schlecht" und „habe keine (Kenntnisse)" macht ca. 70 % aus.[129] Die Berechnung des Mittelwerts der selbsteingeschätzten Kenntnisse ergibt – unter Berücksichtigung der Kategorie „habe keine (Kenntnisse)"[130] – für die Mitglieder einen Mittelwert in Höhe von 2,78, während das als gering empfundene Wissen der Nichtmitglieder in einem hohen Mittelwert von 4,31 resultiert. Eine statistische Gegenüberstellung der Mitglieder und Nichtmitglieder liefert ein höchst signifikantes Ergebnis (T-Test: t = 11,10; df = 148; p < 0,001).[131]

e) Selbsteinschätzung der bisherigen Erfahrungen mit Kreditgenossenschaften

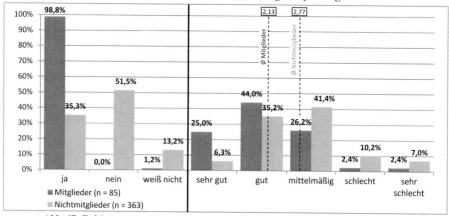

Abb. 67: Erfahrungen mit Kreditgenossenschaften und das Merkmal „Mitgliedschaft"

Im linken Teil obiger Abbildung ist ersichtlich, dass nahezu alle Mitglieder Erfahrungen mit genossenschaftlich organisierten Banken haben. Hingegen hat jedes zweite Nichtmitglied bisher keine Erfahrungen mit Kreditgenossenschaften gemacht und weitere rd. 15 % dieser Teilgruppe können ihre Erfahrungen nicht einschätzen. Der Chi-Quadrat-Test ist höchst signifikant (χ^2 = 111,73; df = 2; p < 0,001).

Mitglieder stufen die gesammelten Erfahrungen häufiger als „gut" oder „sehr gut" ein. Der Mittelwert der Erfahrungseinschätzung – die Antwortkategorien wurden mit Werten von 1 für

---

[129] Es sei angemerkt, dass sich die absoluten Häufigkeiten der Antwortkategorien „ja" bzw. „nein" mit der kumulierten Anzahl an Antworten der Kategorien von „sehr gut" bis „sehr schlecht" bzw. der Anzahl an „habe keine (Kenntnisse)"-Antworten decken. Da sich der Anteil an „weiß nicht" in der rechten Diagrammhälfte nicht wiederfindet, liegen die jeweiligen relativen Häufigkeiten der Nichtmitglieder in der rechten Hälfte etwas höher.

[130] Analog zu Abschnitt VI.A.2.f) wird zur Mittelwertberechnung zusätzlich zu den Kategorien „sehr gut" bis „sehr schlecht", die nach dem Schulnotensystem bewertet werden, die Kategorie „habe keine (Kenntnisse)" mit dem Wert 6 miteinbezogen. Diese Kategorie erfasst somit die geringste Ausprägung des Wissensstandes aller angeführten Kategorien.

[131] Die Annahme identer Abstände zwischen den Kategorienstufen ist aufgrund der Einbeziehung der Kategorie „habe keine (Kenntnisse)" nicht haltbar, weshalb die Aussagekraft des T-Tests eingeschränkt ist. Der Unterschied zwischen den beiden Teilgruppen erweist sich aber auch unter Verwendung des U-Tests als höchst signifikant (Z = -9,00; p < 0,001).

„sehr gut" bis 5 für „sehr schlecht" kodiert – beträgt für die Mitglieder 2,13 und für die Nichtmitglieder 2,77. Dieser Unterschied zwischen den Erfahrungsbewertungen ist höchst signifikant (T-Test: t = 4,80; df = 210; p < 0,001).

f) Kreditgenossenschaften und die Finanz- und Wirtschaftskrise

Kreditgenossenschaften haben sich in der Finanz- und Wirtschaftskrise bewährt.

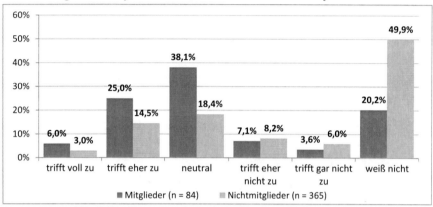

Abb. 68: Kreditgenossenschaften in der Finanz- und Wirtschaftskrise und das Merkmal „Mitgliedschaft"

Der oberen Abbildung zufolge sind ca. 30 % der befragten Mitglieder der Meinung, dass sich Kreditgenossenschaften in der Finanz- und Wirtschaftskrise bewährt haben. Ca. 10 % der Mitglieder teilen diese Ansicht nicht und lehnen das Statement eher bzw. vollständig ab. Ebenso übersteigen bei den Nichtmitgliedern die Zustimmungen mit einem Anteil von 17,5 % die Ablehnungen mit einem Anteil von ca. 14 %. Die Hälfte der Nichtmitglieder kann die Performance der Kreditgenossenschaften in den Krisenjahren nicht einschätzen und entscheidet sich daher für die Antwortkategorie „weiß nicht". Der Chi-Quadrat-Test weist ein höchst signifikantes Ergebnis aus (χ^2 = 32,63; df = 5; p < 0,001). Die mittlere Einschätzung der Bewährung in Krisenzeiten fällt zwar bei der Gruppe der Mitglieder (Mittelwert = 2,72) etwas positiver aus, die Differenz zu den Nichtmitgliedern (Mittelwert = 2,99) ist allerdings knapp nicht signifikant (T-Test: t = 1,87; df = 248; p = 0,062).

3. Kenntnisse über typische genossenschaftliche Eigenschaften

In diesem Kapitel werden das Wissen über bestimmte genossenschaftliche Merkmale seitens der Mitglieder und der Nichtmitglieder analysiert. Es wird überprüft, ob aufgrund des höheren Erfahrungsschatzes der Mitglieder ein Wissensvorsprung hinsichtlich spezifischer Genossenschaftsmerkmale im Vergleich zu den Nichtmitgliedern besteht. Abgerundet wird dieser Abschnitt mit einer Zusammenfassung der genossenschaftsspezifischen Kenntnisse für das Merkmal „Mitgliedschaft".

Die in Form von Statements angeführten Genossenschaftsmerkmale wurden bereits im Abschnitt VI.A.3 näher beschrieben. Daher beschränkt sich dieser Abschnitt auf die Präsentation der Ergebnisse, untergliedert in die Kategorien „Zweck", „Mitgliedschaft", „Ausrichtung/Orientierung", „Aktualität/Tradition" und „sonstige Merkmale". ". Da manche Statements bewusst so formuliert wurden, dass sie inhaltlich nicht der Wahrheit entsprechen, ist abhängig von der Formulierung entweder die Antwortmöglichkeit „stimmt" oder „stimmt nicht" als korrekt zu werten. In den nachfolgenden Abbildungen sind die jeweils korrekten Antwortkategorien durch eine schwarze Balkenumrandung erkenntlich gemacht. Ob ein Zusammenhang zwischen dem Merkmal „Mitgliedschaft" und den Genossenschaftskenntnissen besteht, wurde für jede Aussage anhand des Chi-Quadrat-Testverfahrens geprüft. Die statistischen Ergebnisse werden jeweils zwischen den Balken der Mitglieder und Nichtmitglieder dargestellt. Etwaige signifikante Ergebnisse sind mithilfe von Signifikanzsternen – unmittelbar nach dem „p-Wert" – gekennzeichnet.

a) Zweck

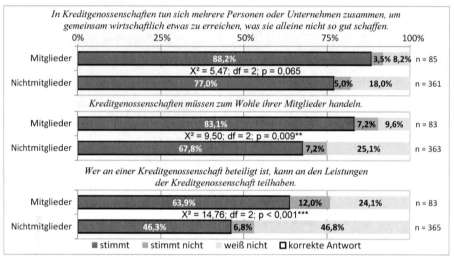

Abb. 69: Eigenschaften der Kategorie „Zweck" und das Merkmal „Mitgliedschaft"

Wie obiger Abbildung zu entnehmen ist, wählen Mitglieder von Kreditgenossenschaften häufiger die korrekte Antwort „stimmt". Basierend auf dem Chi-Quadrat-Test ist lediglich der Wissensunterschied hinsichtlich des Kooperationscharakters von Genossenschaften nicht auf die Grundgesamtheit übertragbar. Da der Signifikanzwert mit 0,065 nur knapp nicht signifikant ist, können aber auch hier tendenziell umfangreichere Kenntnisse bei den Mitgliedern vermutet werden.

b) Mitgliedschaft

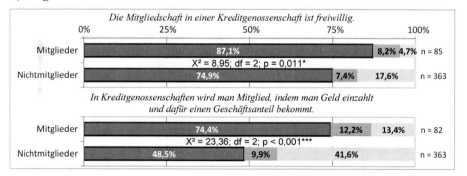

Kenntnisse über typische genossenschaftliche Eigenschaften

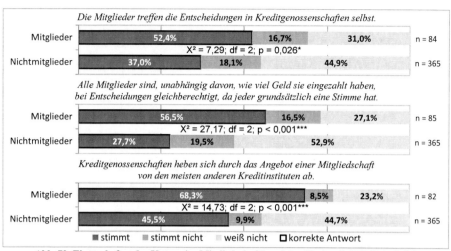

Abb. 70: Eigenschaften der Kategorie „Mitgliedschaft" und das Merkmal „Mitgliedschaft"

Bei Vorliegen einer aktuellen oder zumindest vergangenen Mitgliedschaftsbeziehung ist zu erwarten, dass die Gruppe der Mitglieder mehr über die Besonderheiten der Mitgliedschaft weiß. Abbildung 70 bestätigt diese Vermutung; der prozentuale Anteil an korrekten Antworten ist bei den Mitgliedern stets höher. Der Chi-Quadrat-Test belegt zudem, dass das Antwortverhalten der beiden Teilgruppen bei allen Merkmalen signifikant voneinander abweicht. Auch wenn die Mitglieder ein besseres Ergebnis erzielen, erscheinen auch deren Kenntnisse verbesserungswürdig. So ist ca. die Hälfte der Mitglieder unzureichend über die demokratische Entscheidungsfindung informiert.

c) Ausrichtung/Orientierung

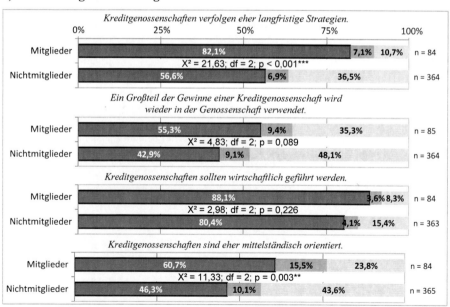

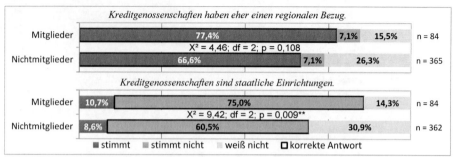

**Abb. 71: Eigenschaften der Kategorie „Ausrichtung/Orientierung"
und das Merkmal „Mitgliedschaft"**

Die Abbildung zeigt, dass die Mitglieder besser über die Ausrichtung/Orientierung von Kreditgenossenschaften informiert sind. Allerdings unterscheidet sich das Antwortverhalten der beiden Teilgruppen hinsichtlich der Merkmale „Gewinnthesaurierung", „wirtschaftliche Führung" und „regionale Verankerung" nicht signifikant.

d) Aktualität und Tradition

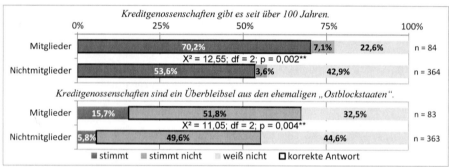

Abb. 72: Eigenschaften der Kategorie „Aktualität/Tradition" und das Merkmal „Mitgliedschaft"

Während Mitgliedern die lange Tradition von Kreditgenossenschafen häufiger bekannt ist, zeigt die Antwortverteilung in Bezug auf das Merkmal „Kreditgenossenschaften sind ein Überbleibsel aus den ehemaligen ‚Ostblockstaaten'" ein weniger eindeutiges Bild. Einerseits wählen die Mitglieder seltener die Kategorie „weiß nicht" und verneinen korrekterweise etwas häufiger die Herkunft von Genossenschaften aus dem Ostblock, andererseits geben Mitglieder aber fast dreimal so oft die falsche Antwort. Bei beiden Frageitems divergiert die Antwortverteilung beider Teilgruppen hoch signifikant.

e) Sonstige Merkmale

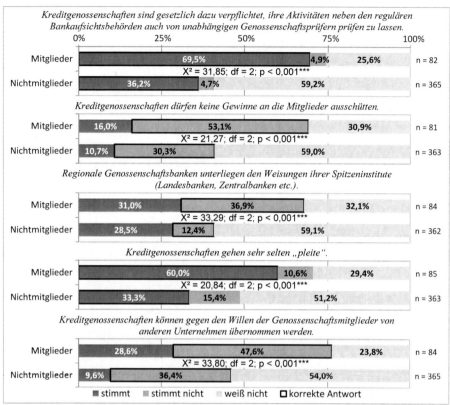

Abb. 73: Eigenschaften der Kategorie „sonstige Merkmale" und das Merkmal „Mitgliedschaft"

Der Wissensstand der Mitglieder liegt bei allen oben dargestellten Merkmalen deutlich höher. Von der gesetzlichen Genossenschaftsprüfung, der Möglichkeit Gewinne auszuschütten und der Insolvenzresistenz haben Mitglieder ca. doppelt so häufig Kenntnis wie Nichtmitglieder. Dass regionale Genossenschaftsbanken nicht den Weisungen ihrer Spitzeninstitute unterliegen, weiß die Teilgruppe der Mitglieder sogar ca. dreimal so häufig. Nur 12,5 % der Nichtmitglieder geben die richtige Antwort, während sich rd. 30 % für die falsche Antwortalternative entscheiden. Diese Eigenschaft der genossenschaftlichen Verbundstruktur ist sowohl bei den Nichtmitgliedern als auch bei den Mitgliedern das am wenigsten bekannte Genossenschaftscharakteristikum. Die hohe Divergenz der Antwortverteilungen beider Teilgruppen spiegelt sich in den höchst signifikanten Ergebnissen der Chi-Quadrat-Tests.

f) Zusammenfassung des Wissensvergleiches zwischen den Mitgliedern und Nichtmitgliedern

Dass Mitglieder über einen höheren Wissensstand als Nichtmitglieder verfügen, zeigt sich an durchwegs höheren Anteilen an korrekten Antworten. Lediglich beim Merkmal „Kreditgenossenschaften sind ein Überbleibsel aus den ehemaligen ‚Ostblockstaaten'" halten sich die Anteile an richtigen Antworten in etwa die Waage. Mithilfe des Chi-Quadrat-Tests wurden zudem bei 17 der 21 Genossenschaftsmerkmale signifikante Unterschiede der Antwortverteilungen festgestellt.

Trotz des postiveren Ergebnisses der Mitglieder ist es auffällig, dass viele Mitglieder falsches oder mangelndes Wissen über die Merkmale von Kreditgenossenschaften haben. Aufgrund der Mitgliedschaftsbeziehung wäre vor allem hinsichtlich spezifischer Eigenschaften der genossenschaftlichen Mitgliedschaft mit besonders hohen Anteilen korrekter Antworten zu rechnen gewesen. So wissen zwar rd. drei Viertel von der Entgeltlichkeit des Genossenschaftsanteils, dies sollte aber grundsätzlich jedem Genossenschaftsmitglied bekannt sein. Ebenso verwunderlich ist, dass bei der Aussage „Die Mitglieder treffen die Entscheidungen in Genossenschaften selbst" von den Mitgliedern ca. 30 % die Antwort „weiß nicht" und ca. 15 % die falsche Antwort wählen. Ein ähnliches Bild zeigen die Antworten bezüglich des Kopfstimmrechts, dies könnte aber durch vom Kopfstimmrecht abweichende Satzungsregelungen erklärt werden. Die mangelhaften Kenntnisse in Bezug auf die Mitgliedschaft und die Entscheidungsfindung können auf eine zurückhaltende Beteiligung der Mitglieder in den Kreditgenossenschaften hindeuten.

Zusammenfassend wird der Wissensstand der befragten Mitglieder und Nichtmitglieder in Abbildung 74 anhand der Häufigkeiten korrekter Antworten dargestellt. Da der Fragebogen 21 Statements zur genossenschaftlichen Charakteristika enthielt, beträgt die maximale Anzahl richtiger Antworten 21.

Wie an der nachfolgenden Abbildung erkennbar ist, zeigt sich das umfangreichere Wissen der Mitglieder auch in einem höheren Mittelwert. Während die Mitglieder im Schnitt 13,80 Fragen richtig beantworten, liegt der vergleichbare Wert der Nichtmitglieder bei 10,26. Dazu ist anzumerken, dass nicht beantwortete Items wie falsche Antworten behandelt werden. Setzt man die korrekten Antworten je Teilnehmer/in in Relation zur jeweiligen Anzahl abgegebener Antworten, ergibt sich für jede/n Befragte/n ein Wert zwischen 0 % und 100 %, wobei 100 % eine korrekte Beantwortung sämtlicher beantworteter Items bedeutet. Für die Mitglieder ergibt sich so ein Wert von 66,9 % und für die Nichtmitglieder von 49,00 %. Eine statistische Gegenüberstellung mithilfe des T-Tests zeigt, dass die Mitglieder höchst signifikant häufiger die korrekte Antwort abgeben ($t = 6{,}29$; $df = 448$; $p < 0{,}001$).

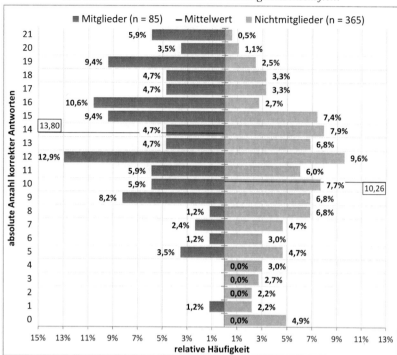

Abb. 74: Übersicht über die korrekten Antworten zu genossenschaftlichen Merkmalen der Mitglieder und Nichtmitglieder

4. Einstellung gegenüber Kreditgenossenschaften

In diesem Kapitel werden die Einstellungen der Mitglieder und der Nichtmitglieder gegenüber Kreditgenossenschaften verglichen. Die Einstellungen der beiden Gruppen werden anhand der Bewertung wesentlicher genossenschaftlicher Eigenschaften, der abweichenden Einschätzung des Ideal- und Realbilds von Genossenschaften, konkreter Fragen zur Einstellung gegenüber Kreditgenossenschaften sowie eines Vergleichs mit anderen Banktypen untersucht.

a) Bewertung der genossenschaftlichen Merkmale

Nachdem im Abschnitt VI.B.3 das Wissen der Mitglieder und Nichtmitglieder über wesentliche genossenschaftliche Merkmale verglichen wurde, widmet sich dieser Abschnitt der Bewertung dieser Merkmale durch die beiden Teilgruppen. Zur übersichtlichen Darstellung der 21 Merkmalsbewertungen, wurde je Teilgruppe ein Mittelwert der Merkmalseinstufungen, reichend von „finde ich sehr gut" (1) bis „finde ich sehr schlecht" (5), berechnet. Unter Verwendung des T-Tests werden die Merkmalseinschätzungen einem Mittelwertvergleich unterzogen. Ob signifikante Testergebnisse vorliegen, wird durch die Signifikanzsterne nach den Signifikanzwerten (p) signalisiert.

In Abbildung 75 sind die Unterschiede bezüglich der Merkmalsbewertungen anhand der Mittelwerte zusammenfassend dargestellt. Am rechten Rand des Diagramms sind die Ergebnisse des T-Tests angeführt. Aus Gründen einer übersichtlicheren Darstellung sind einerseits anstelle der Merkmalstatements Kürzel angeführt,[132] die auf das jeweilige Statement hinweisen, und andererseits ist die Skalenspannweite auf die Kategorien „finde ich sehr gut" bis „neutral" reduziert.

Wie werden die Merkmale von Kreditgenossenschaften im Mittel beurteilt?

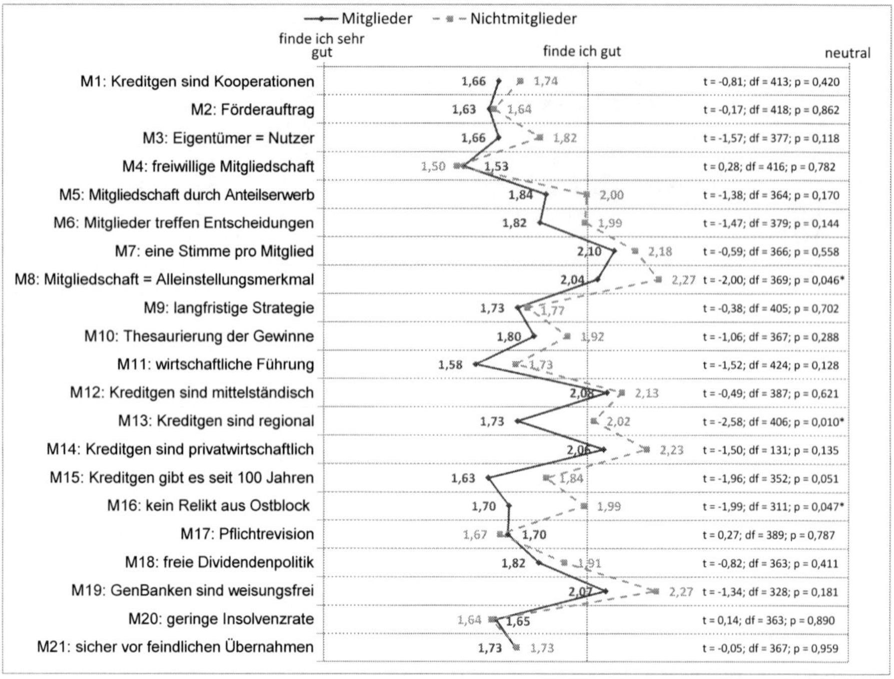

Merkmal	Mitglieder	Nichtmitglieder	Statistik
M1: Kreditgen sind Kooperationen	1,66	1,74	t = -0,81; df = 413; p = 0,420
M2: Förderauftrag	1,63	1,64	t = -0,17; df = 418; p = 0,862
M3: Eigentümer = Nutzer	1,66	1,82	t = -1,57; df = 377; p = 0,118
M4: freiwillige Mitgliedschaft	1,50	1,53	t = 0,28; df = 416; p = 0,782
M5: Mitgliedschaft durch Anteilserwerb	1,84	2,00	t = -1,38; df = 364; p = 0,170
M6: Mitglieder treffen Entscheidungen	1,82	1,99	t = -1,47; df = 379; p = 0,144
M7: eine Stimme pro Mitglied	2,10	2,18	t = -0,59; df = 366; p = 0,558
M8: Mitgliedschaft = Alleinstellungsmerkmal	2,04	2,27	t = -2,00; df = 369; p = 0,046*
M9: langfristige Strategie	1,73	1,77	t = -0,38; df = 405; p = 0,702
M10: Thesaurierung der Gewinne	1,80	1,92	t = -1,06; df = 367; p = 0,288
M11: wirtschaftliche Führung	1,58	1,73	t = -1,52; df = 424; p = 0,128
M12: Kreditgen sind mittelständisch	2,08	2,13	t = -0,49; df = 387; p = 0,621
M13: Kreditgen sind regional	1,73	2,02	t = -2,58; df = 406; p = 0,010*
M14: Kreditgen sind privatwirtschaftlich	2,06	2,23	t = -1,50; df = 131; p = 0,135
M15: Kreditgen gibt es seit 100 Jahren	1,63	1,84	t = -1,96; df = 352; p = 0,051
M16: kein Relikt aus Ostblock	1,70	1,99	t = -1,99; df = 311; p = 0,047*
M17: Pflichtrevision	1,67	1,70	t = 0,27; df = 389; p = 0,787
M18: freie Dividendenpolitik	1,82	1,91	t = -0,82; df = 363; p = 0,411
M19: GenBanken sind weisungsfrei	2,07	2,27	t = -1,34; df = 328; p = 0,181
M20: geringe Insolvenzrate	1,64	1,65	t = 0,14; df = 363; p = 0,890
M21: sicher vor feindlichen Übernahmen	1,73	1,73	t = -0,05; df = 367; p = 0,959

Abb. 75: Merkmalseinschätzungen der Mitglieder und Nichtmitglieder

Wie an den beiden Linien in Abbildung 75 ersichtlich, bewerten sowohl die Mitglieder als auch die Nichtmitglieder die angeführten Genossenschaftsmerkmale im Durchschnitt positiv. Dabei beurteilen die Mitglieder – mit Ausnahme der drei Merkmale „freiwillige Mitgliedschaft", „Pflichtrevision" und „geringe Insolvenzrate" – die genossenschaftlichen Eigenschaften positiver als die Nichtmitglieder, dies ist aber nur bei 3 der 21 Merkmale signifikant.

b) Einschätzung des Profils von Kreditgenossenschaften und das Merkmal „Mitgliedschaft"

Da sich die Mitglieder im Gegensatz zu Nichtmitgliedern aufgrund des Kontaktes zu Kreditgenossenschaften bereits ein genaueres Bild machen konnten, sind die Einschätzungen des Real- bzw. Idealbilds durch die Gruppe der Mitglieder von besonderem Interesse. Daher stellt Abbildung 76 die Polaritätsprofile der Real- und Idealbildeinschätzung der befragten Mitglieder dar. Anschließend werden die durchschnittlichen absoluten Abweichungen der Mitglieder und Nichtmitglieder anhand der Abweichungslinien gegenübergestellt sowie die Imagedeckungsgrade verglichen.[133]

---

[132] Die Aussagen zu den genossenschaftlichen Merkmalen und die zugehörigen Kürzel sind in der Tabelle 6 auf Seite 44 übersichtlich aufgelistet.
[133] Für nähere Informationen zu den Polaritätsprofilen, Abweichungslinien und Imagedeckungsgraden siehe die Erläuterungen im Abschnitt VI.A.4.b).

Einstellung gegenüber Kreditgenossenschaften 77

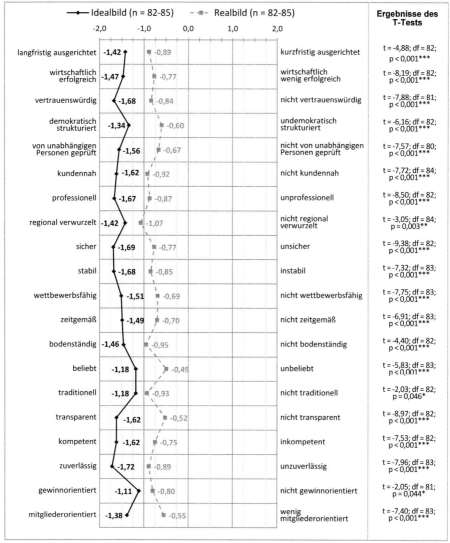

Abb. 76: Polaritätsprofile der Ideal- und Realbilder von Kreditgenossenschaften der befragten Mitglieder

Obige Abbildung zeigt, dass die Mittelwerte der Idealbildeinschätzungen im Vergleich zu den Bewertungen des Realbilds bei sämtlichen Gegensatzpaaren eine höhere Tendenz zum linken Rand der Skala aufweisen. Mithilfe des T-Tests – dessen Ergebnisse am rechten Rand der Abbildung angeführt sind – wurden die Ideal- und Realbildeinschätzung einem statistischen Vergleich unterzogen. Die statistischen Vergleiche der durch die Mitglieder eingeschätzten Ist- und Soll-Ausprägungen fallen bei sämtlichen Eigenschaftspaaren signifikant aus.

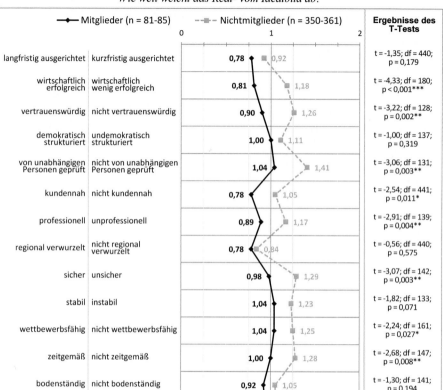

Abb. 77: Abweichungen zwischen dem Ideal- und dem Realbild für das Merkmal „Mitgliedschaft"

Aus obiger Abbildung lässt sich ablesen, dass der Mittelwert der absoluten Abweichung der Mitgliedergruppe bei jedem Gegensatzpaar niedriger ist als der entsprechende Mittelwert der Nichtmitglieder. Das heißt, dass die Gruppe der aktuellen oder ehemaligen Mitglieder eher die Meinung vertritt, das Realbild entspräche dem Idealtypus einer Kreditgenossenschaft. Die Abbildung zeigt aber auch, dass die mittleren Einschätzungen der beiden Gruppen oft nur marginal divergieren. Dementsprechend liefert der statistische Vergleich der beiden Gruppen bei einigen Eigenschaften keine signifkanten Unterschiede.

Einstellung gegenüber Kreditgenossenschaften 79

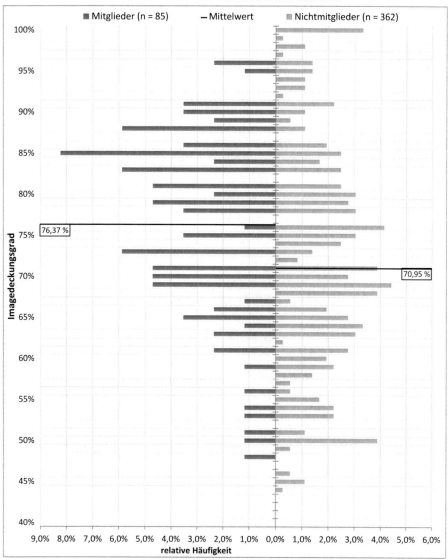

Abb. 78: Imagedeckungsgrade für das Merkmal „Mitgliedschaft"

Die Abbildung 78 zeigt die Verteilung der Imagedeckungsgrade für die Mitglieder und Nichtmitglieder. Der Imagedeckungsgrad beschreibt, wieweit das Realbild von Kreditgenossenschaften dem Idealbild entspricht. Hierbei bedeutet 100 % vollkommene Übereinstimmung des genossenschaftlichen Soll- und Istzustands und 0 % stellt den negativen Gegenpol dar.[134] So ergibt sich für die Mitglieder ein mittlerer Imagedeckungsgrad von 76,37 %. Der entsprechende Mittelwert der Nichtmitglieder liegt bei 70,95 %. Dieser Unterschied zwischen den beiden Gruppen ist höchst signifikant (T-Test: t = 3,68; df = 166; p < 0,001). Somit bestätigt sich die augenscheinliche Tendenz – bereits in der Abbildung 77 zeigten sich für die Mit-

---

[134] Näheres zum Imagedeckungsgrad siehe Abschnitt VI.A.4.b) – Seite 50f.

glieder im Vergleich zu den Nichtmitgliedern in den meisten Fällen geringere Abweichungen des Realbildes vom Idealbild –, dass die Mitglieder tendenziell der Auffassung sind, dass das Realbild den idealtypischen Merkmalen entspricht. Daraus kann gefolgert werden, dass die Mitglieder den Genossenschaften ein positiveres Image beimessen als die Nichtmitglieder.

c) Einstellung zu und Interesse an Kreditgenossenschaften

Dieser Abschnitt prüft, ob bzw. in welchem Ausmaß die generellen Einstellungen zu bzw. das Interesses an Kreditgenossenschaften von dem Merkmal „Mitgliedschaft" abhängig sind. Es ist anzunehmen, dass Mitglieder ihre Mitgliedschaftsentscheidung zumindest teilweise aufgrund ihrer positiven Einstellung zu Kreditgenossenschaften treffen. Ebenso ist zu vermuten, dass diese Gruppe ein höheres Interesse an Informationen zu Kreditgenossenschaften hat.

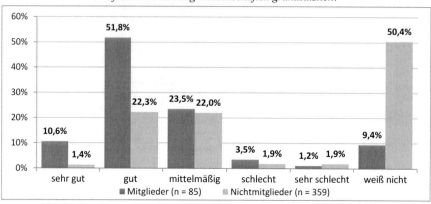

Abb. 79: Einstellung zu Kreditgenossenschaften und das Merkmal „Mitgliedschaft"

Das Antwortverhalten auf diese Frage hängt vom Merkmal „Mitgliedschaft" ab; der Fisher-Test ist höchst signifikant (F = 69,68; p < 0,001). Auf Basis der Einschätzung der generellen Einstellung zu Kreditgenossenschaften ergibt sich für die Mitglieder ein Mittelwert von 2,26 und für die Nichtmitglieder ein Mittelwert von 2,61.[135] Der Mittelwertvergleich liefert ein höchst signifikantes Ergebnis (T-Test: t = -3,32; df = 253; p = 0,001).

---

[135] Zur Berechnung des Mittelwerts wurden die Kategorien von „sehr gut" bis „sehr schlecht mit Werten von 1 bis 5 versehen.

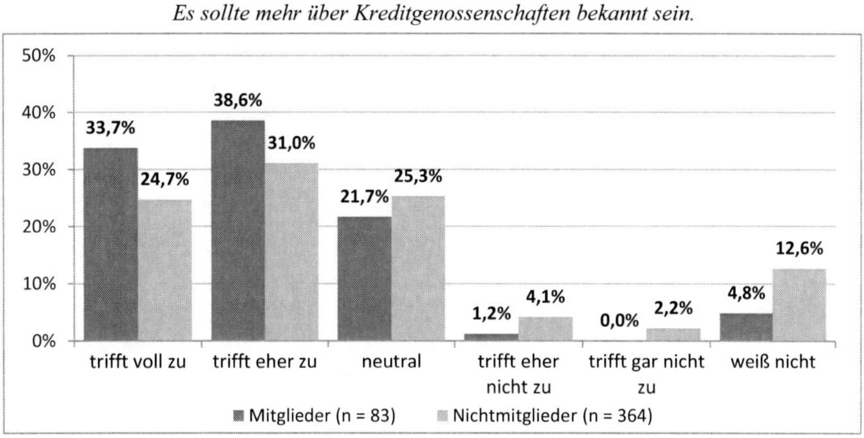

Es sollte mehr über Kreditgenossenschaften bekannt sein.

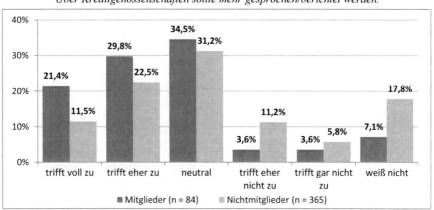

Abb. 80: Wissen über Kreditgenossenschaften und das Merkmal „Mitgliedschaft"

Aufgrund der überwiegenden Zustimmung zu diesem Statement ergibt sich für die Mitglieder ein Mittelwert von 1,90 und für die Nichtmitglieder ein Mittelwert von 2,18. Der Mittelwertvergleich liefert ein hoch signifikantes Ergebnis (T-Test: t = -2,64; df = 143; p = 0,009).

Über Kreditgenossenschaften sollte mehr gesprochen/berichtet werden.

Abb. 81: Berichte über Kreditgenossenschaften und das Merkmal „Mitgliedschaft"

Das Antwortverhalten auf diese Aussage hängt vom Merkmal „Mitgliedschaft" ab; der Chi-Quadrat-Test ist hoch signifikant (χ^2 = 16,40; df = 5; p = 0,006). Aufgrund der überwiegenden Zustimmung zu diesem Statement ergibt sich für die Mitglieder ein Mittelwert von 2,33 und für die Nichtmitglieder ein Mittelwert von 2,72. Der Mittelwertvergleich liefert ein hoch signifikantes Ergebnis (T-Test: t = -2,87; df = 376; p = 0,004).

Kreditgenossenschaften sind für den österreichischen Kreditmarkt wichtig.

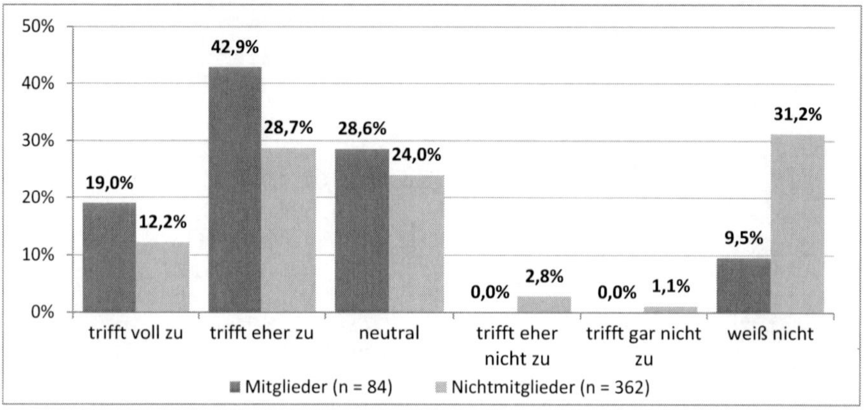

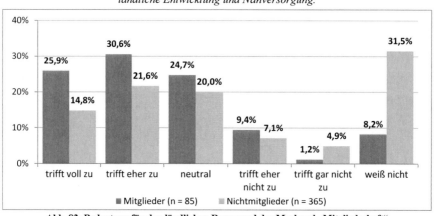

Abb. 82: Bedeutung von Kreditgenossenschaften und das Merkmal „Mitgliedschaft"

Das Antwortverhalten auf diese Aussage hängt vom Merkmal „Mitgliedschaft" ab; der Fisher-Test ist höchst signifikant (F = 23,63; p < 0,001). Aufgrund der überwiegenden Zustimmung zu diesem Statement ergibt sich für die Mitglieder ein Mittelwert von 2,11 und für die Nichtmitglieder ein Mittelwert von 2,30. Die Mittelwertdifferenz ist allerdings nicht signifikant.

Kreditgenossenschaften haben eine große Bedeutung für die ländliche Entwicklung und Nahversorgung.

Abb. 83: Bedeutung für den ländlichen Raum und das Merkmal „Mitgliedschaft"

Das Antwortverhalten auf diese Aussage hängt tendenziell vom Merkmal „Mitgliedschaft" ab; der Chi-Quadrat-Test ist knapp nicht signifikant (χ^2 = 10,73; df = 5; p = 0,057).

Hinsichtlich der generellen Einstellung zu Kreditgenossenschaften interessiert die Frage, wie attraktiv und konkurrenzfähig die Mitglieder und vor allem die Nichtmitglieder das Leistungsangebot von Kreditgenossenschaften einschätzen. Dieser Frage wird anhand aktueller Kundenbeziehungen nachgegangen. Da es darüber hinaus auch von Interesse ist, wie Personen, die ihre Mitgliedschaft bei einer Genossenschaftsbank beendet haben, das Angebot von Kreditgenossenschaften einschätzen, wird die Mitgliedergruppe in die Teilgruppen „aktuelle Mitglieder" und „ehemalige Mitglieder" aufgesplittet.

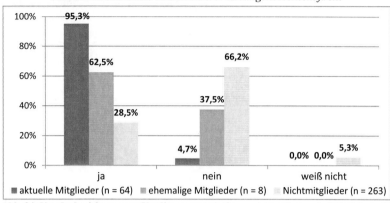

Abb. 84: Kundenbeziehungen zu Kreditgenossenschaften und das Merkmal „Mitgliedschaft"

Gemäß obiger Abbildung geben 95 % der Mitglieder an, auch Kunden einer Kreditgenossenschaft zu sein. Von den Nichtmitgliedern nehmen nur 28,5 % Leistungen von Kreditgenossenschaften in Anspruch, zwei Drittel wählen hingegen die „nein"-Antwort. Bei ca. 60 % der 8 befragten ehemaligen Mitglieder hatten die Gründe für die Mitgliedschaftskündigung keine negative Auswirkung auf das Kundenverhältnis. Somit scheinen ehemalige Mitglieder – trotz der Mitgliedschatsbeendigung – die Attraktivität von genossenschaftlichen Bankleistungen höher einzuschätzen als Nichtmitglieder.

d) Einstellung zu Kreditgenossenschaften im Vergleich zu anderen Kreditinstituten

Um die Wahrnehmung und Einstellung zu Kreditgenossenschaften im Kontrast zu anderen Finanzinstituten zu eruieren, sollten die Befragten einerseits ihre Meinung zu vordefinierten Statements abgeben und andererseits bestimmte Charakteristika im Vergleich zu anderen Banktypen einschätzen.

Im untenstehenden Liniendiagramm sind die Einschätzungen kreditgenossenschaftlicher Charakterzüge im Vergleich zur nicht genossenschaftlichen Konkurrenz graphisch dargestellt. Für eine höhere Übersichtlichkeit wurde die fünfstufige Skala (von 1 „besser" bis 5 „schlechter") reduziert. Am rechten Rand der Abbildung ist der T-Testvergleich der Charakterzugeinschätzung der Mitglieder und Nichtmitglieder angeführt. Anhand der Abbildung ist bei beiden Teilgruppen eine Tendenz zum linken Rand zu erkennen. Die berechneten Mittelwerte sind mit Ausnahme der Einschätzung der Transparenz durch die Nichtmitglieder stets niedriger als die neutrale Kategorie 3. Dass die Mitglieder die kreditgenossenschaftlichen Charakterzüge hoch bis höchst signifikant positiver einschätzen als die Nichtmitglieder, belegen die T-Test-Auswertungen am rechten Rand der Abbildung.

Darüber hinaus wurde für jede Teilgruppe mittels T-Test überprüft, ob die mittleren Einschätzungen signifikant von der neutralen Kategorie (Wert 3) abweichen. Die berechneten Testergebnisse sind in Tabelle 10 angeführt. Die vergleichsweise positiveren Einschätzungen der Charakteristika von Kreditgenossenschaften durch die Mitglieder sind ausnahmslos höchst signifikant. Trotz der höheren Mittelwerte ergeben sich aber auch für die Nichtmitglieder überwiegend höchst signifikante Ergebnisse. Lediglich hinsichtlich der Eigenschaften „konkurrenzfähig", „transparent" und „verzichten auf riskante Eigengeschäfte" scheinen Nichtmitglieder die Auffassung zu vertreten, dass Kreditgenossenschaften und die nicht genossenschaftliche Konkurrenz in etwa deckungsgleich sind, da die Mittelwerte nicht signifikant von dem neutralen Wert 3 abweichen.

Wie schätzen Sie Kreditgenossenschaften im Vergleich zu anderen Kreditinstituten ein?

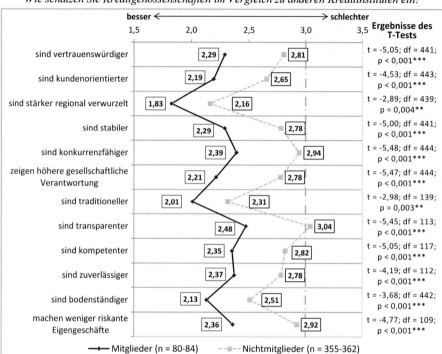

Abb. 85: Kreditgenossenschaften im Vergleich zu anderen Kreditinstituten und das Merkmal „Mitgliedschaft"

Charakteristika im Vergleich zu anderen Kreditinstituten	T-Test (Vergleich mit dem neutralen Wert 3)	
	Mitglieder	Nichtmitglieder
sind vertrauenswürdiger	t = -8,05; df = 82; p < 0,001***	t = -4,35; df = 359; p < 0,001***
sind kundenorientierter	t = -9,52; df = 82; p < 0,001***	t = -7,71; df = 361; p < 0,001***
sind stärker regional verwurzelt	t = -13,15; df = 80; p < 0,001***	t = -16,27; df = 359; p < 0,001***
sind stabiler	t = -8,21; df = 82; p < 0,001***	t = -5,04; df = 359; p < 0,001***
sind konkurrenzfähiger	t = -7,17; df = 83; p < 0,001***	t = -1,25; df = 361; p = 0,214
zeigen höhere gesellschaftliche Verantwortung	t = -8,07; df = 83; p < 0,001***	t = -4,99; df = 361; p < 0,001***
sind traditioneller	t = -11,13; df = 83; p < 0,001***	t = -13,93; df = 361; p < 0,001***
sind transparenter	t = -5,50; df = 81; p < 0,001***	t = 1,01; df = 360; p = 0,311
sind kompetenter	t = -7,70; df = 81; p < 0,001***	t = -4,69; df = 359; p < 0,001***
sind zuverlässiger	t = -6,94; df = 82; p < 0,001***	t = -5,79; df = 358; p < 0,001***
sind bodenständiger	t = -8,85; df = 81; p < 0,001***	t = -11,26; df = 361; p < 0,001***
machen weniger riskante Eigengeschäfte	t = -5,87; df = 79; p < 0,001***	t = -1,66; df = 354; p = 0,097

Tab. 10: Testergebnisse Kreditgenossenschaften im Vergleich zu anderen Kreditinstituten – Merkmal „Mitgliedschaft"

Einstellung gegenüber Kreditgenossenschaften

Mit einer Kreditgenossenschaft schließe ich lieber Geschäfte ab als mit anderen Banken.

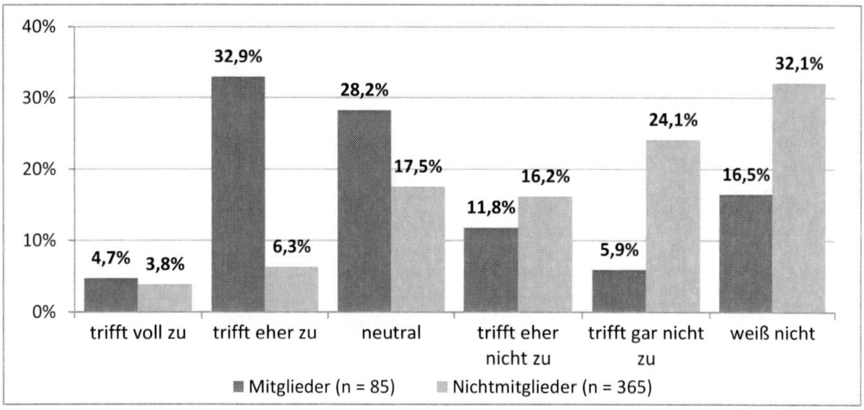

[Diagramm mit folgenden Werten:
trifft voll zu: Mitglieder 4,7%, Nichtmitglieder 3,8%
trifft eher zu: Mitglieder 32,9%, Nichtmitglieder 6,3%
neutral: Mitglieder 28,2%, Nichtmitglieder 17,5%
trifft eher nicht zu: Mitglieder 11,8%, Nichtmitglieder 16,2%
trifft gar nicht zu: Mitglieder 5,9%, Nichtmitglieder 24,1%
weiß nicht: Mitglieder 16,5%, Nichtmitglieder 32,1%
Mitglieder (n = 85), Nichtmitglieder (n = 365)]

Abb. 86: Geschäftsbeziehungen mit Kreditgenossenschaften und das Merkmal „Mitgliedschaft"

Das Antwortverhalten auf diese Aussage hängt vom Merkmal „Mitgliedschaft" ab; der Chi-Quadrat-Test ist höchst signifikant ($\chi^2 = 65,05$; df = 5; p < 0,001). Auf Basis der Antwortverteilung ergibt sich für die Mitglieder ein Mittelwert von 2,77 und für die Nichtmitglieder ein Mittelwert von 3,74. Der Mittelwertvergleich liefert ein höchst signifikantes Ergebnis (T-Test: t = -6,85; df = 132; p < 0,001).

Im Vergleich zu anderen Banktypen haben Genossenschaftsbanken in der Finanz- und Wirtschaftskrise an Vertrauen gewonnen.

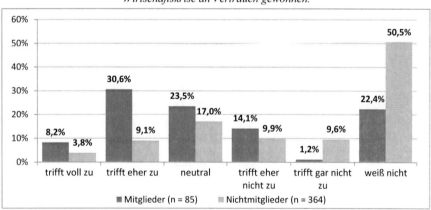

Abb. 87: Genossenschaftsbanken in der Finanzkrise und das Merkmal „Mitgliedschaft"

Das Antwortverhalten hängt vom Merkmal „Mitgliedschaft" ab; der Chi-Quadrat-Test ist höchst signifikant ($\chi^2 = 48,11$; df = 5; p < 0,001). Auf Basis der Antwortverteilung ergibt sich für die Mitglieder ein Mittelwert von 2,61 und für die Nichtmitglieder ein Mittelwert von 3,25. Der Mittelwertvergleich liefert ein höchst signifikantes Ergebnis (T-Test: t = -3,95; df = 244; p < 0,001).

C. ERGEBNISSE FÜR DAS MERKMAL „NUTS"

In diesem Kapitel wird der Zusammenhang zwischen dem genossenschaftsbezogenen Wissen bzw. den Einstellungen zu Kreditgenossenschaften und der regionalen Herkunft der Befragten untersucht. Dabei erfolgt eine Differenzierung auf Basis der drei österreichischen „NUTS-1-Regionen" – Ostösterreich, Südösterreich und Westösterreich.

1. Informationsquellen

Dieser Abschnitt untersucht, ob die Bedeutung der einzelnen Informationsquellen sowie die jeweiligen Einschätzungen der vermittelten Informationen mit kreditgenossenschaftlichen Inhalten regionsabhängig sind.

In Abbildung 88 sind die Ergebnisse hinsichtlich der Frage „Wo bzw. in welchem Zusammenhang haben Sie schon etwas über Kreditgenossenschaften gehört?" untergliedert in Ost-, Süd- und Westösterreich abgebildet. Die Zahlenwerte in den schwarz umrandeten Kästchen der Abbildung stellen die Mittelwerte der Informationsbewertung je Informationsquelle dar.[136] Für den Mittelwert gilt eine Schwankungsbreite von +1 bis -1. Die Lage der Mittelwerte bestimmt sich nach der horizontalen Achse unterhalb des Diagramms. Je höher die Mittelwerte, desto mehr nähern sich diese in der Darstellung dem linken Außenrand des Diagramms. Mittelwerte größer 0 bedeuten einen überwiegenden Anteil an positiven Einschätzungen.

Im Anschluss an die Darstellung der Informationskanäle sind die statistischen Testergebnisse des Chi-Quadrat-Tests in Tabelle 11 angeführt. Die dargestellten Ergebnisse des Chi-Quadrat-Tests beziehen sich auf die „ja"- und „nein"-Antworten und geben Aufschluss, ob das Merkmal „NUTS" das Antwortverhalten in Bezug auf die beiden Antwortalternativen (die drei „ja"-Antwortkategorien wurden für den Test zu einer Kategorie zusammengefasst) signifikant beeinflusst. Liefert der Chi-Quadrat-Test ein signifikantes Ergebnis ($p < 0{,}05$) wird die Nullhypothese, die annimmt, dass das Antwortverhalten unabhängig von dem Merkmal „NUTS" ist, verworfen. Der Chi-Quadrat-Test gibt jedoch nur Aufschluss über eine etwaige Abhängigkeit der Frageitems vom Merkmal „NUTS". Da es drei NUTS-Regionen gibt, wurden im Falle einer signifikanten Abhängigkeit vom Merkmal „NUTS" die „ja"-Anteile der drei NUTS-Ausprägungsmerkmale mit dem Chi-Quadrat-Test paarweise verglichen, um zu überprüfen, welche Regionen sich wesentlich im Antwortverhalten unterscheiden. Die Testwerte der paarweisen Gegenüberstellungen sind in der Tabelle 12 angeführt. Darüber hinaus wurde mithilfe der ANOVA überprüft, ob sich die Bewertungen der bezogenen Informationen zwischen Ost-, Süd- und Westösterreicher/inne/n unterscheiden. Die ANOVA-Mittelwertvergleiche haben jedoch keine signifikanten Ergebnisse zutage gefördert.

---

[136] Für positive Bewertungen wurde der Wert 1, für neutrale der Wert 0 und für negative der Wert -1 vergeben.

Wo bzw. in welchem Zusammenhang haben Sie schon etwas über Kreditgenossenschaften gehört? Wenn ja, wie beurteilen Sie die Informationen?

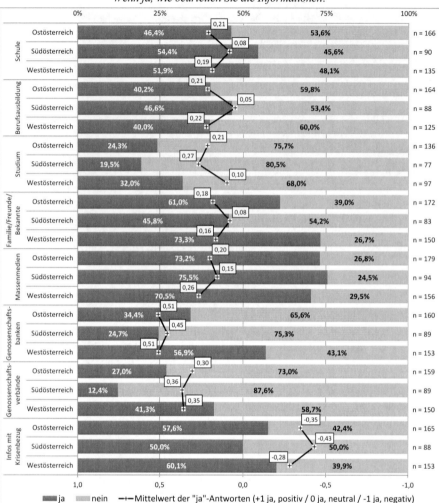

Abb. 88: Informationsquellen zum Thema Kreditgenossenschaften nach dem Merkmal „NUTS"

Die Abbildung 88 zeigt, dass der „ja"-Anteil (Wahrnehmung von genossenschaftsbezogenen Informationen) in der Region Westösterreich bei 5 der 8 Frageitems am höchsten ist. Mithilfe des Chi-Quadrat-Tests können jedoch lediglich bei den drei Informationsquellen „Familie/Freunde/Bekannte", „direkte Informationen von einzelnen Genossenschaftsbanken" und „Informationsveranstaltungen/Vortragsreihen/Internetseiten von genossenschaftlichen Verbänden" signifikante regionale Unterschiede festgestellt werden. Die statistischen Testergebnisse der paarweisen Gegenüberstellungen belegen zudem, dass bei den drei genannten Informationskanälen die Differenzen zwischen Westösterreich und den beiden anderen Gebieten signifikant sind.

Mit Ausnahme der schulischen und beruflichen Ausbildung sowie der verschiedenen massenmedialen Kommunikationsmittel ergibt sich für die Region Südösterreich am häufigsten der geringste „ja"-Prozentwert. Besonders ins Auge springt der Unterschied zwischen Süd- und Westösterreich hinsichtlich der Informationsvermittlung durch Genossenschaftsbanken und -verbände. So scheinen sowohl Genossenschaftsbanken als auch genossenschaftliche Verbände im südlichen Österreich nur moderaten Aufwand zur Informationsverbreitung zu betreiben oder deren Bemühungen zeigen wenig Wirkung. Nur knapp jede/r achte befragte Bewohner/in Südösterreichs hat Informationen mit Bezug auf Kreditgenossenschaften über einen genossenschaftlichen Verband und nur jede/r vierte über eine Genossenschaftsbank bezogen. Hieraus kann allerdings nicht auf eine geringere Präsenz kreditgenossenschaftlicher Themen im Süden Österreichs geschlossen werden. Da der „ja"-Anteil Südösterreichs bei den Massenmedien am höchsten ist, liegt vielmer die Vermutung nahe, dass genossenschaftliche Organisationen im Süden verstärkt Massenmedien nutzen.

Ob beim Antwortverhalten zu den einzelnen Informationskanälen eine Abhängigkeit vom Merkmal „NUTS" besteht, wurde anhand des Chi-Quadrat-Tests überprüft:

Informationsquelle	χ^2-Test
Schule	$\chi^2 = 1{,}76$; df $= 2$; p $= 0{,}415$
Berufsausbildung	$\chi^2 = 1{,}16$; df $= 2$; p $= 0{,}561$
Studium	$\chi^2 = 3{,}71$; df $= 2$; p $= 0{,}157$
Familie/Freunde/Bekannte	$\chi^2 = 17{,}56$; df $= 2$; p $< 0{,}001$***
Massenmedien	$\chi^2 = 0{,}78$; df $= 2$; p $= 0{,}678$
direkte Informationen von einzelnen Genossenschaftsbanken	$\chi^2 = 28{,}61$; df $= 2$; p $< 0{,}001$***
Informationsveranstaltungen/Vortragsreihen/Internetseiten von genossenschaftlichen Verbänden	$\chi^2 = 23{,}27$; df $= 2$; p $< 0{,}001$***
im Zusammenhang mit der Finanz- und Wirtschaftskrise	$\chi^2 = 2{,}39$; df $= 2$; p $= 0{,}303$

Tab. 11: Chi-Quadrat-Testergebnisse zum „ja"-Anteilvergleichs je Informationsquelle – Merkmal „NUTS"

Führte die Chi-Quadrat-Test-Berechnung zu signifikanten Ergebnissen, wurden in einem zweiten Schritt paarweise Vergleiche durchgeführt, um zu eruieren, welche NUTS-Regionen sich tatsächlich signifikant voneinander unterscheiden:

Informationsquelle	χ^2-Test		
	Ost-Ö vs. Süd-Ö	Ost-Ö vs. West-Ö	Süd-Ö vs. West-Ö
Familie/Freunde/Bekannte	$\chi^2 = 5{,}30$; df $= 1$; p $= 0{,}021$*	$\chi^2 = 5{,}45$; df $= 1$; p $= 0{,}020$*	$\chi^2 = 17{,}50$; df $= 1$; p $< 0{,}001$***
einzelne Genossenschaftsbanken	$\chi^2 = 2{,}50$; df $= 1$; p $= 0{,}114$	$\chi^2 = 15{,}96$; df $= 1$; p $< 0{,}001$***	$\chi^2 = 23{,}49$; df $= 1$; p $< 0{,}001$***
genossenschaftliche Verbände	$\chi^2 = 7{,}22$; df $= 1$; p $= 0{,}007$**	$\chi^2 = 7{,}03$; df $= 1$; p $= 0{,}008$**	$\chi^2 = 22{,}10$; df $= 1$; p $< 0{,}001$***

Tab. 12: Paarweiser „ja"-Anteilvergleichs je Informationsquelle – Merkmal „NUTS"

2. Allgemeine Kenntnisse und Erfahrungen

In diesem Abschnitt wird untersucht, ob und in welchem Ausmaß zwischen den „NUTS" Unterschiede zwischen den allgemeinen Kenntnissen über und Erfahrungen mit Kreditgenossenschaften feststellbar sind.

a) Kenntnis des Begriffs „genossenschaftlicher Förderauftrag"

Ist Ihnen der Begriff „genossenschaftlicher Förderauftrag" im Zusammenhang mit Kreditgenossenschaften bekannt?

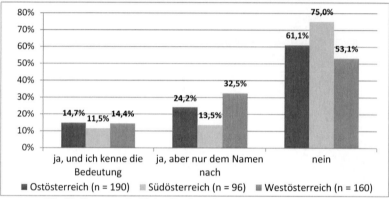

Abb. 89: Genossenschaftlicher Förderauftrag und das Merkmal „NUTS"

Drei Viertel der Südösterreicher/innen sind mit dem Förderzweck der Genossenschaften weder inhaltlich noch namentlich vertraut. Der Anteil der Befragten, der den „genossenschaftlichen Förderauftrag" nicht nur dem Namen, sondern auch dem Inhalt nach kennen, ist jedoch in allen drei Regionen nahezu gleich hoch. Der Chi-Quadrat-Test ist hoch signifikant ($\chi^2 = 13,95$; df = 4; p = 0,007).

b) Mitgliederstatus und Genossenschaftsanteile

Für die Aussagen „Ich besitze derzeit Geschäftsanteile an einer oder mehreren Kreditgenossenschaften" und „Ich bin derzeit Mitglied in einer oder mehreren Kreditgenossenschaften" ist für jede NUTS-Region das prozentuale Verhältnis zwischen den Befragten, welche die erstgenannte Frage mit „ja" beantworten, und dem „ja"-Anteil der zweitgenannten Frage dargestellt. Da eine Mitgliedschaft mit dem Erwerb von Genossenschaftsanteilen verbunden ist, sollten sich die „ja"-Anteile der beiden Fragen decken (Verhältniswert = 100 %). Wie jedoch aus nachfolgender Abbildung hervorgeht, unterschreitet der Anteil an Befragten, die angeben, Genossenschaftsanteile zu besitzen, in sämtlichen Teilgruppen den jeweiligen Anteil an Befragten, die sich als Kreditgenossenschaftsmitglieder deklarieren, erheblich.

Am größten ist der Unterschied zwischen dem gemessenen Mitgliederanteil und dem gemessenen Anteil an Genossenschaftsanteilsbesitzern in Westösterreich. In dieser Region macht der Anteil an Befragten, welche die Frage nach Kreditgenossenschaftsanteilen mit „ja" beantworten, in Relation zu den selbstdeklarierten Kreditgenossenschaftsmitgliedern nur 43 % aus. Im Vergleich dazu verzeichnet die Ostregion mit 77 % einen deutlich höheren Prozentanteil.

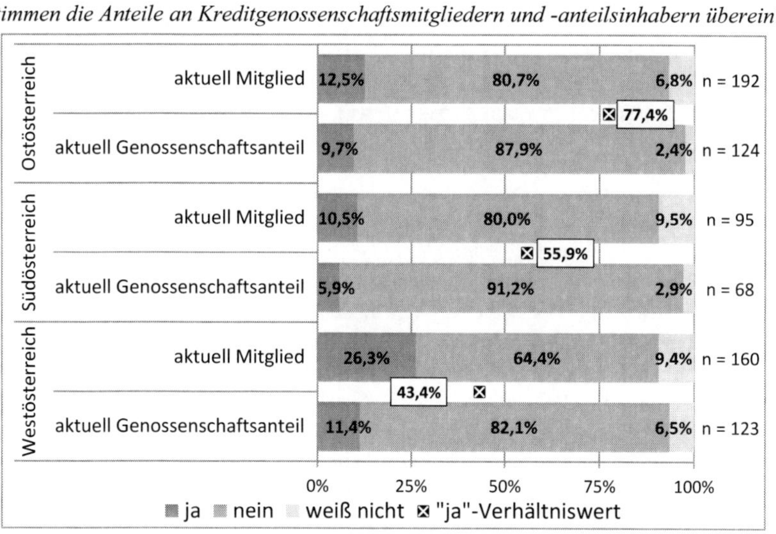

Allgemeine Kenntnisse und Erfahrungen

Stimmen die Anteile an Kreditgenossenschaftsmitgliedern und -anteilsinhabern überein?

Abb. 90: Kreditgenossenschaftsmitglieder und -anteilsbesitzer und das Merkmal „NUTS"

c) Selbsteinschätzung der Kenntnisse über Kreditgenossenschaften

Während die obere Abbildungshälfte die Antworten auf die Frage „Haben Sie Kenntnisse über Kreditgenossenschafen?" – untergliedert nach NUTS-1-Regionen – illustriert, veranschaulicht die untere Hälfte, wie die jeweilige Teilgruppe ihre Kenntnisse über Kreditgenossenschaften beurteilt. Die Lage der im unteren Diagrammbereich dargestellten Mittelwerte bestimmt sich anhand der horizontalen Achse am unteren Ende des Diagramms.

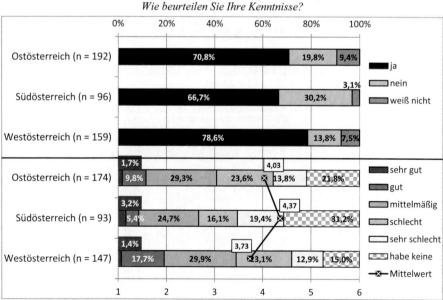

Abb. 91: Kenntnisse über Kreditgenossenschaften und das Merkmal „NUTS"

Der Anteil der Befragten, die anführen, Kenntnisse über die genossenschaftliche Organisationsform im Bereich des Bankwesens zu haben, ist in Westösterreich mit fast 80 % am höchsten. Im Vergleich dazu liegt der Anteil an „ja"-Antworten der südlichen und östlichen Region bei zwei Drittel bzw. bei 70 %. Der Chi-Quadrat-Test ist signifikant ($\chi^2 = 12{,}79$; df = 4; p = 0,012).

Neben der Klassifizierung der „ja"-Antworten des oberen Diagrammabschnitts in die Kategorien von „sehr gut" bis „sehr schlecht" stellt die Kategorie „habe keine (Kenntnisse)" die „nein"-Antworten der oberen Diagrammhälfte dar. Da diese Kategorie im Kontext der Fragestellung ebenfalls Auskunft über das Ausmaß der Kenntnisse liefert, wurden die „habe keine (Kenntnisse)"-Antworten in der Mittelwertberechnung mit dem Wert 6 berücksichtigt. Es zeigt sich, dass die Westösterreicher/innen nicht nur am häufigsten Kenntnisse über Kreditgenossenschaften anführen, sondern ihren Kenntnisstand auch am besten einschätzen (Mittelwert = 3,73). Mit einem Mittelwert von 4,37 sind die Kenntnisse der Südösterreicher/innen am geringsten. Dass ein hoch signifikanter Zusammenhang zwischen der Kenntniseinschätzung und der regionalen Herkunft besteht, belegt das Testergebnis der ANOVA (F = 6,09; df(a) = 2; df(b) = 411; p = 0,002). Mithilfe des Tukey-Tests konnte nur zwischen West- und Südösterreich eine signifikante Abweichung aufgedeckt werden (p = 0,002).

d) Selbsteinschätzung der bisherigen Erfahrungen mit Kreditgenossenschaften

Analog zur Verbildlichung der Kenntniseinschätzung zeigt die obere Hälfte im untenstehenden Diagramm, ob die jeweiligen NUTS-Ausprägungsgruppen bereits Erfahrung mit Kreditgenossenschaften gesammelt haben, während darunter die selbsteingeschätzte Güte des Erfahrungsschatzes dargestellt wird.

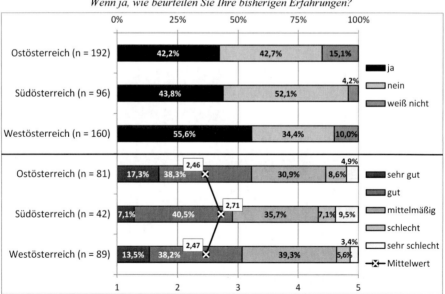

Abb. 92: Erfahrungen mit Kreditgenossenschaften und das Merkmal „NUTS"

Der „ja"-Anteil der im Westen ansässigen Befragten ist mit etwas mehr als 50 % am höchsten. Die entsprechenden Vergleichswerte Ost- und Südösterreichs liegen jeweils nur knapp über 40 %. Der Chi-Quadrat-Test ist hoch signifikant (χ^2 = 15,44; df = 4; p = 0,004).

Obwohl fast die Hälfte der Südösterreicher/innen ihre Erfahrungen mit Kreditgenossenschaften als „gut" oder „sehr gut" bezeichnen, fällt der Mittelwert in Höhe von ca. 2,7 im NUTS-Vergleich am niedrigsten aus. Die diesbezüglichen Unterschiede sind allerdings nicht signifikant.

e) Kreditgenossenschaften und die Finanz- und Wirtschaftskrise

Kreditgenossenschaften haben sich in der Finanz- und Wirtschaftskrise bewährt.

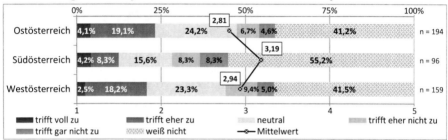

Abb. 93: Kreditgenossenschaften in der Finanz- und Wirtschaftskrise und das Merkmal „NUTS"

Anhand der Mittelwerte ist ersichtlich, wie die Performance der Kreditgenossenschaften in krisenhaften Zeiten in Abhängigkeit vom Merkmal „NUTS" beurteilt wird. Ostösterreicher/innen stimmen der Aussage „Kreditgenossenschaften haben sich in der Finanz- und Wirtschaftskrise bewährt" im Durchschnitt am häufigsten zu (Mittelwert = 2,81). Am kritischsten werden die Leistungen von Kreditgenossenschaften in Krisenzeiten von den befragten Südösterreichern beurteilt (Mittelwert = 3,19). Allerdings sind diese Unterschiede zwischen den drei Teilgruppen statistisch nicht signifikant.

3. Kenntnisse über typische genossenschaftliche Eigenschaften

In diesem Abschnitt werden die Daten auf regionale Unterschiede (Basis: „NUTS") hinsichtlich der Kenntnisse über genossenschaftliche Eigenschaften untersucht. Die Genossenschaftsmerkmale, die in weiterer Folge in Form von Statements angeführt sind, wurden bereits im Abschnitt VI.A.3 näher erläutert. Da manche Statements bewusst so formuliert wurden, dass sie inhaltlich nicht der Wahrheit entsprechen, ist abhängig von der Formulierung entweder die Antwortmöglichkeit „stimmt" oder „stimmt nicht" als richtig zu werten. In den folgenden Abbildungen zeigen die schwarz umrandeten Balken stets die korrekte Antwort.

Bei den Fragen zu genossenschaftlichen Charakteristika wird mithilfe des Chi-Quadrat-Tests untersucht, ob die regionale Herkunft das Antwortverhalten beeinflusst. Die entsprechenden Testwerte sind stets am rechten Rand des Diagramms angeführt. Signifikanzsterne geben im Falle eines signifikanten Ergebnisses über den Grad der Signifikanz Auskunft. Wie bereits in den bisherigen Abschnitten, welche die Kenntnisse über genossenschaftliche Charakteristika zum Thema hatten, gliedert sich die Ergebnispräsentation in die Kategorien „Zweck", „Mitgliedschaft", „Ausrichtung/Orientierung", „Aktualität/Tradition" und „sonstige Merkmale". Im Anschluss folgt eine Zusammenfassung der Kenntnisse über kreditgenossenschaftliche Eigenschaften für das Merkmal „NUTS".

a) Zweck

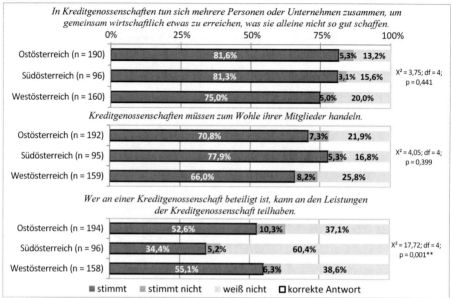

Abb. 94: Eigenschaften der Kategorie „Zweck" und das Merkmal „NUTS"

Gemäß dem Ergebnis des Chi-Quadrat-Tests besteht hinsichtlich der Kenntnis, dass Beteiligte bzw. Eigentümer einer Kreditgenossenschaft gleichzeitig Leistungen der Genossenschaftsbank beziehen können, ein hoch signifikanter Unterschied hinsichtlich der Antwortverteilung.

b) Mitgliedschaft

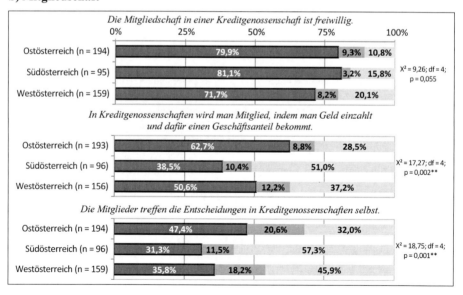

Kenntnisse über typische genossenschaftliche Eigenschaften 95

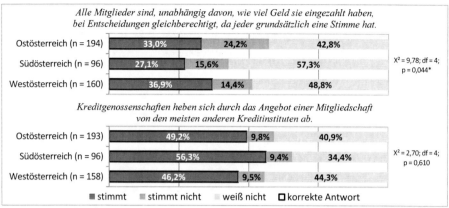

Abb. 95: Eigenschaften der Kategorie „Mitgliedschaft" und das Merkmal „NUTS"

Gemäß den in obiger Abbildung angeführten Chi-Quadrat-Testergebnissen besteht ein signifikanter Zusammenhang zwischen der regionalen Herkunft der Befragten und der Beantwortung der Frageitems betreffend die Entgeltlichkeit der Mitgliedschaftsbegründung, das Recht beim Treffen von Entscheidungen mitzustimmen sowie die demokratische Entscheidungsfindung per „Kopfstimmrecht".

c) Ausrichtung/Orientierung

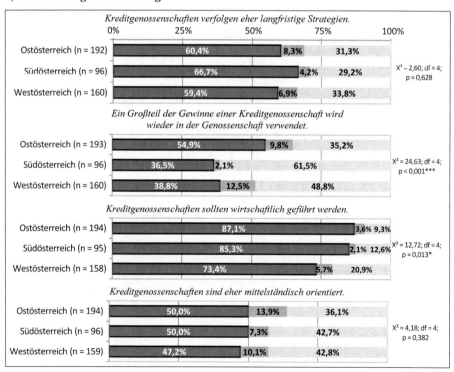

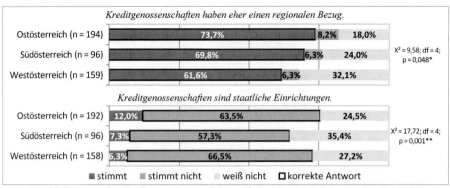

Abb. 96: Eigenschaften der Kategorie „Ausrichtung/Orientierung" und das Merkmal „NUTS"

Der Chi-Quadrat-Tests zeigt, dass teils beachtenswerte regionale Wissensunterschiede in Bezug auf die Ausrichtung und Orientierung von Kreditgenossenschaften bestehen. So hängt das Antwortverhalten auf die Fragen zur Gewinnthesaurierung, zur wirtschaftlichen Führung, zur regionalen Verankerung von Kreditgenossenschaften signifikant vom Merkmal „NUTS" ab.

d) Aktualität und Tradition

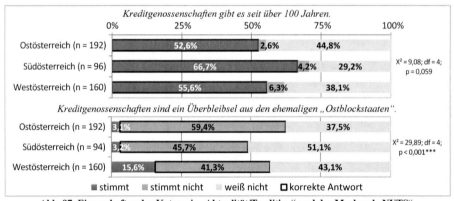

Abb. 97: Eigenschaften der Kategorie „Aktualität/Tradition" und das Merkmal „NUTS"

Während die befragten Ostösterreicher/innen im Vergleich am seltensten vom 100-jährigen Bestehen des genossenschaftlichen Kreditwesens wissen, ist die Kenntnis der Tatsache, dass Kreditgenossenschaften ihre Wurzeln nicht in den ehemaligen Ostblockstaaten haben, in dieser Region am stärksten ausgeprägt. Gemäß dem Chi-Quadrat-Tests ist jedoch nur die Antwortverteilung der NUTS-Teilgruppen hinsichtlich des Frageitems „Kreditgenossenschaften sind ein Überbleibsel aus den ehmaligen ‚Ostblockstaaten'" auf die Grundgesamtheit übertrag.

Kenntnisse über typische genossenschaftliche Eigenschaften

e) Sonstige Merkmale

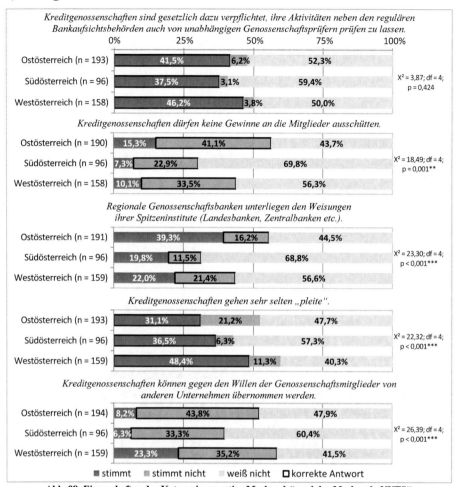

Abb. 98: Eigenschaften der Kategorie „sonstige Merkmale" und das Merkmal „NUTS"

Obiger Abbildung ist zu entnehmen, dass die Südösterreicher/innen bei nahezu allen Frageitems der Kategorie „sonstige Merkmale" – einzige Ausnahme ist das Merkmal der geringen Insolvenzanfälligkeit – den geringsten Wissensstand aufweisen. Besonders dürftig ist die Kenntnis der Weisungsfreiheit genossenschaftlicher Primärbankinstitute. Nur ca. jede/r zehnte befragte Südösterreicher/in weiß von diesem besonderen Charakteristikum der genossenschaftlichen Verbundstruktur. Dass bei den in obiger Abbildung enthaltenen Frageitems – mit Ausnahme der Pflichtrevision – höchst signifikante Wissensunterschiede in Abhängigkeit von der regionalen Herkunft bestehen, belegen die Resultate des Chi-Quadrat-Tests.

f) Zusammenfassung des Wissensvergleiches – Merkmal „NUTS"

In Abbildung 99 werden die Wissensunterschiede auf Basis der drei möglichen Ausprägungen des Merkmals „NUTS" anhand der Häufigkeiten korrekter Antworten des Fragenblocks 20 illustriert. Für jedes NUTS-Gebiet sind die relativen Häufigkeiten der absoluten Anzahl an korrekten Antworten sowie der jeweilige Mittelwert dargestellt. Die maximale Anzahl an richtig zu wertenden Antworten beträgt 21. Hinsichtlich des statistischen Vergleichs mittels ANOVA bzw. der Post-hoc-Analyse sei angemerkt, dass zur Durchführung der statistischen Vergleiche für jede/n Befragungsteilnehmer/in ein relativer Anteil an korrekten Antworten berechnet wurde. Dieser berechnete Wert beschreibt das Verhältnis der korrekten Antworten zur Anzahl an beantworteten Frageitems dieses Fragebogenabschnitts.[137]

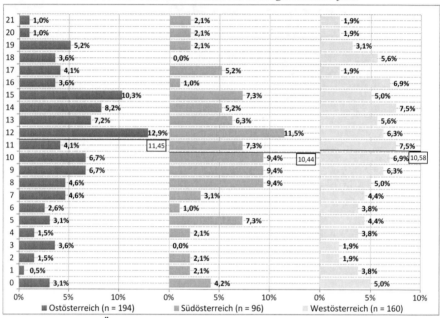

Abb. 99: Übersicht über die korrekten Antworten zu genossenschaftlichen Merkmalen nach NUTS-Regionen

Anhand der Mittelwerte ist ersichtlich, dass das Wissen zur genossenschaftlichen Charakteristika im Osten Österreichs am höchsten ist. Die Befragten aus Wien, Niederösterreich und dem Burgenland beantworten im Durchschnitt 11,45 der 21 Frageitems richtig. Im Vergleich dazu liegt die durchschnittliche Zahl an korrekten Antworten der Südösterreicher/innen in etwa um eine Frage niedriger (Mittelwert = 10,44). Allerdings kann den Mittelwertdifferenzen auf Basis der ANOVA keine Signifikanz zugesprochen werden.

4. Einstellung gegenüber Kreditgenossenschaften

Dieses Kapitel verfolgt das Ziel, den Zusammenhang zwischen den kreditgenossenschaftsbezogenen Einstellungen und der regionalen Herkunft zu untersuchen. Die Einstellungen der regionalen Teilgruppen werden anhand ihrer Bewertung genossenschaftlicher Eigenschaften, der abweichenden Einschätzung des Ideal- und Realbilds von Kreditgenossenschaften, konkreter Einstellungsfragen gegenüber Kreditgenossenschaften sowie des Wahrnehmungsunterschieds zu anderen Banktypen untersucht.

---

[137] Näheres dazu siehe Abschnitt VI.B.3.f).

a) Bewertung der genossenschaftlichen Merkmale

Dieser Abschnitt widmet sich der Bewertung der 21 Genossenschaftsmerkmale durch die regionalen Teilgruppen des Merkmals „NUTS". Für den Vergleich der Merkmalsbewertungen wurde je Teilgruppe ein Mittelwert der Merkmalseinstufungen von „finde ich sehr gut" bis „finde ich sehr schlecht" – Kodierung von 1 bis 5 – errechnet, die in nachfolgender Abbildung eingetragen sind. Die berechneten Mittelwerte sind rechts neben den Mittelwertlinien der Größe nach geordnet angeführt. Mithilfe der ANOVA wurde für jedes Genossenschaftsmerkmal getestet, ob aufgrund der mittleren Merkmalsbewertung an der Nullhypothese, die Einschätzung der jeweiligen Genossenschaftseigenheit sei unabhängig von dem Merkmal „NUTS", festgehalten werden kann. Die entsprechenden Testwerte sind am rechten Rand der Abbildung angeführt. Aus Gründen einer übersichtlicheren Darstellung sind einerseits anstelle der Merkmalsstatements Kürzel angeführt,[138] die auf das jeweilige Statement hinweisen, und andererseits ist die Skalenspannweite auf die Kategorien „finde ich sehr gut" bis „neutral" reduziert.

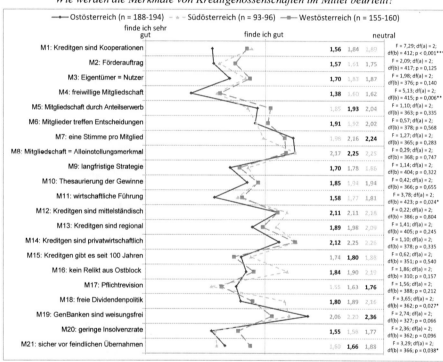

Abb. 100: Merkmalseinschätzung im NUTS-Regionen-Vergleich

Die Abbildung zeigt, dass die Charakteristika der genossenschaftlichen Kooperationsform von den Befragten aus Ostösterreich im Schnitt am positivsten bewertet werden. Insgesamt schätzen sie 14 der 21 Merkmale von Kreditgenossenschaften am positivsten ein. In den meisten Fällen ist jedoch kein signifikanter Unterschied zwischen den Testgruppen zu beobachten; die ANOVA liefert nur bei fünf Merkmalen ein signifikantes Ergebnis.

---

[138] Die Aussagen zu den genossenschaftlichen Merkmalen und die zugehörigen Kürzel sind in der Tabelle 6 auf Seite 44 übersichtlich aufgelistet.

Die Merkmalseinschätzungen jener fünf Charakteristika wurden einem paarweisen Post-hoc-Vergleich zugeführt, um zu eruieren, welche Regionen besonders stark voneinander abweichen (siehe Tabelle 13). Während die abweichenden Einschätzungen genossenschaftlicher Wesensmerkmale der Regionen Süd- und Westösterreich unerheblich sind, führt die Gegenüberstellung von Ost- und Westösterreich mit dem Tukey- bzw. dem Games-Howell-Test bei vier Genossenschaftsmerkmalen zu signifikanten Ergebnissen. So fallen die Einschätzungen des Kooperationscharakters, der freiwillige Mitgliedschaft sowie der wirtschaftliche Führung von den Ostösterreicher/inne/n positiver als in der Teilgruppe der Westösterreicher/innen aus. Die Weisungsfreiheit von Genossenschaftbanken wird hingegen von den Befragten aus der Westregion positiver bewertet.

Merkmal	Ost-Ö vs. Süd-Ö	Ost-Ö vs. West-Ö	Süd-Ö vs. West-Ö
M1: Kreditgen sind Kooperationen	Tukey-Test: p = 0,005**	Tukey-Test: p = 0,004**	Tukey-Test: p = 0,927
M4: freiwillige Mitgliedschaft	GH-Test: p = 0,093	GH-Test: p = 0,007**	GH-Test: p = 0,971
M11: wirtschaftliche Führung	Tukey-Test: p = 0,166	Tukey-Test: p = 0,026*	Tukey-Test: p = 0,936
M19: GenBanken sind weisungsfrei	GH-Test: p = 0,652	GH-Test: p = 0,043*	GH-Test: p = 0,683
M21: sicher vor feindlichen Übernahmen	Tukey-Test: p = 0,852	Tukey-Test: p = 0,078	Tukey-Test: p = 0,082

Tab. 13: Post-hoc-Vergleiche der Merkmalseinschätzungen – Merkmal „NUTS"

b) Einschätzung des Profils von Kreditgenossenschaften und das Merkmal „NUTS"

In Abbildung 101 sind die Abweichungen zwischen der Einschätzung des Ideal- und Realbilds genossenschaftlicher Kreditinstitute für das Merkmal „NUTS" dargestellt. Um die Bewertungsunterschiede sichtbarer zu machen, ist die Spannweite der Skala – die Abweichungen könnten zwischen 0 und 4 liegen – auf eine maximale Abweichung von 1,6 reduziert. Die jeweiligen Mittelwerte sind der Größe nach gereiht am linken Rand des Diagramms aufgelistet. Mithilfe der ANOVA wurden die Abweichungen einem statistischen Vergleich unterzogen. Die Testergebnisse finden sich ganz rechts in der Abbildung.

Anhand der Abbildung 101 ist zu erkennen, dass die Mittelwerte der absoluten Abweichungen[139] für die Region „Ostösterreich" bei 13 der 20 Gegensatzpaare im Vergleich zu den übrigen NUTS-Regionen am niedrigsten sind. Wie die Ergebnisse der ANOVA zeigen, sind die statistischen Gegenüberstellungen der mittleren Soll-Ist-Abweichungseinschätzungen lediglich bei den Gegensatzpaaren „kundennah / nicht kundennah" und „professionell / unprofessionell" signifikant. Welche Regionen sich hinsichtlich der beiden Frageitems signifikant voneinander unterscheiden, ist der untenstehenden Tabelle zu entnehmen:

Gegensatzpaar	Ost-Ö vs. Süd-Ö	Ost-Ö vs. West-Ö	Süd-Ö vs. West-Ö
kundennah / nicht kundennah	Tukey-Test: p = 0,083	Tukey-Test: p = 0,006**	Tukey-Test: p = 0,881
professionell / unprofessionell	GH-Test: p = 0,010**	GH-Test: p = 0,050	GH-Test: p = 0,552

Tab. 14: Post-hoc-Vergleiche der Abweichungseinschätzungen – Merkmal „NUTS"

---

[139] Näheres zu den absoluten Abweichungen siehe Abschnitt VI.A.4.b) – Seite 48f.

Einstellung gegenüber Kreditgenossenschaften 101

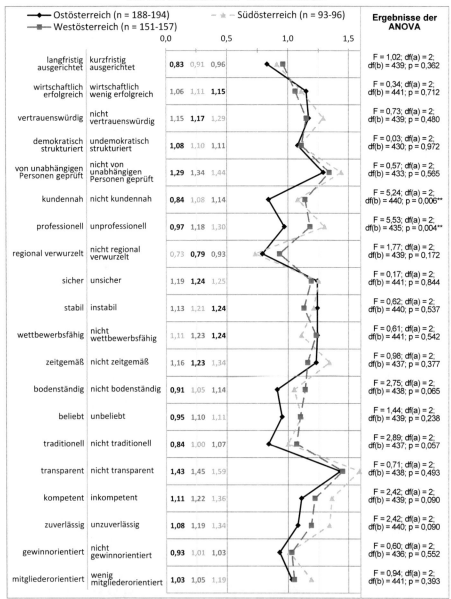

Abb. 101: Abweichungen zwischen dem Ideal- und dem Realbild für das Merkmal „NUTS"

In Abbildung 102 sind die relativen Häufigkeiten der Imagedeckungsgrade[140] je NUTS-Region dargestellt. Anhand der schwarz umrandeten Mittelwerte ist ablesbar, wieweit sich das Real- und Idealbild im Durchschnitt deckt, wobei 100 % eine perfekte Übereinstimmung der Einschätzung des Real- und Idealbilds und 0 % die maximale Abweichung bedeuten.

---

[140] Näheres zum Imagedeckungsgrad siehe Abschnitt VI.A.4.b) – Seite 50f.

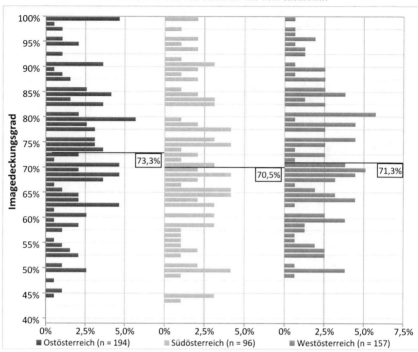

Abb. 102: Imagedeckungsgrade für das Merkmal „NUTS"

Der stärkste Imagedeckungsgrad in Höhe von 73,3 % ergibt sich für Ostösterreich, allerdings liegen die entsprechenden Prozentwerte der Regionen West- und Südösterreichs nur wenig niedriger. Diese regionalen Unterschiede sind allerdings statistisch nicht signifikant.

c) Einstellung zu und Interesse an Kreditgenossenschaften

Dieser Abschnitt analysiert, ob die generelle Einstellung zu Kreditgenossenschaften und das Interesse an Kreditgenossenschaften vom Merkmal „NUTS" abhängen. Zur Berechnung der Mittelwerte wurden die Kategorien „sehr gut" bis „sehr schlecht" bzw. „trifft voll zu" bis „trifft gar nicht zu" mit Werten von 1 bis 5 kodiert. Während sich die Antwortverteilung auf die Achse über dem Diagramm bezieht, bestimmt sich die Lage der Mittelwerte nach der Skalenachse unter dem Diagramm.

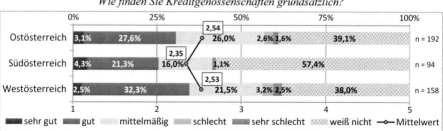

Abb. 103: Einstellung zu Kreditgenossenschaften und das Merkmal „NUTS"

Für die Region Südösterreich ergibt sich mit 2,35 der positivste Mittelwert. Die mittlere Einstellung der Ost- und Westösterreicher/innen ist nahezu ident. Das Antwortverhalten auf diese Frage hängt nicht vom Merkmal „NUTS" ab; Chi-Quadrat-Test und ANOVA liefern keine signifikanten Ergebnisse.[141]

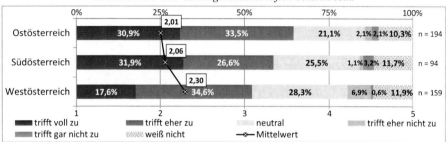

Abb. 104: Wissen über Kreditgenossenschaften und das Merkmal „NUTS"

Für Ostösterreich ergibt sich mit einem Mittelwert von 2,01 die höchste Zustimmung. Mit einem Mittelwert von 2,30 erfährt dieses Statement von den Westösterreicher/inne/n die geringste Zustimmung. Das Antwortverhalten auf diese Frage hängt vom Merkmal „NUTS" ab; der Chi-Quadrat-Test ist höchst signifikant ($\chi^2 = 20{,}80$; df = 10; p = 0,023).[142] Ebenso liefert der Mittelwertvergleich mittels ANOVA ein signifikantes Ergebnis (F = 3,99; df(a) = 2; df(b) = 394; p = 0,019). Den Post-hoc-Tests zufolge ist die Differenz zwischen Ost- und Westösterreich signifikant (Tukey-Test: p = 0,017).

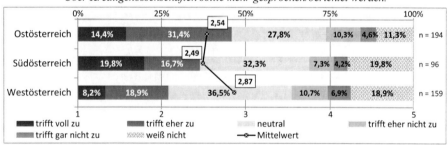

Abb. 105: Berichte über Kreditgenossenschaften und das Merkmal „NUTS"

Für die Region Südösterreich ergibt sich mit 2,49 die höchste Zustimmung. Mit einem Mittelwert von 2,87 wird diesem Statement von den Befragten aus der Region Westösterreich am wenigsten zugestimmt. Das Antwortverhalten auf diese Frage hängt vom Merkmal „NUTS" ab; der Chi-Quadrat-Test ist signifikant ($\chi^2 = 23{,}14$; df = 10; p = 0,010). Der Mittelwertvergleich mittels ANOVA führt ebenfalls zu einem signifikanten Ergebnis (F = 4,40; df(a) = 2; df(b) = 375; p = 0,013). Den Post-hoc-Tests zufolge sind die Differenzen zwischen Ost- und

---

[141] Die Testvoraussetzung eines angemessen hohen Stichprobenumfangs ist hinsichtlich dieses Frageitems im Zusammenhang mit dem Merkmal „NUTS" nicht gegeben, daher ist das Testergebnis mit Vorsicht zu interpretieren.

[142] Die Testvoraussetzung eines angemessen hohen Stichprobenumfangs ist hinsichtlich dieses Frageitems im Zusammenhang mit dem Merkmal „NUTS" nicht gegeben, daher ist das Testergebnis mit Vorsicht zu interpretieren.

Westösterreich (Tukey-Test: p = 0,024) sowie Süd- und Westösterreich von signifikant (Tukey-Test: p = 0,041).

Kreditgenossenschaften sind für den österreichischen Kreditmarkt wichtig.

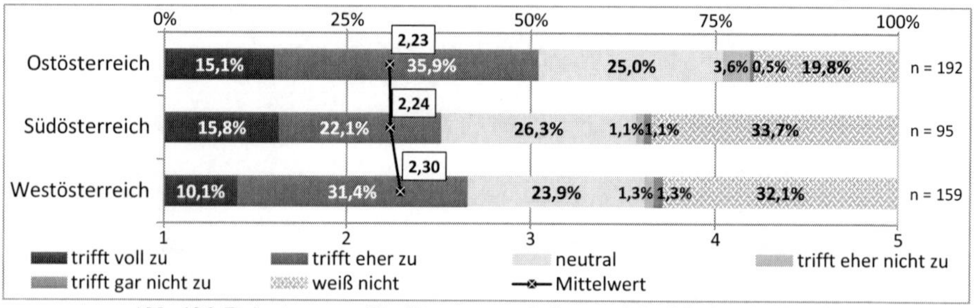

	0%	25%	50%	75%	100%	
Ostösterreich	15,1%	35,9% (2,23)	25,0%	3,6% 0,5%	19,8%	n = 192
Südösterreich	15,8%	22,1% (2,24)	26,3%	1,1% 1,1%	33,7%	n = 95
Westösterreich	10,1%	31,4% (2,30)	23,9%	1,3% 1,3%	32,1%	n = 159

1 trifft voll zu — 2 trifft eher zu — 3 neutral — 4 trifft eher nicht zu — 5 trifft gar nicht zu — weiß nicht — Mittelwert

Abb. 106: Bedeutung von Kreditgenossenschaften und das Merkmal „NUTS"

Die mittlere Zustimmung auf diese Aussage ist in allen drei Teilgruppen in etwa gleich hoch. Sowohl der Chi-Quadrat-Test[143] als auch der Mittelwertvergleich mittels ANOVA zeigen keine signifikanten Ergebnisse.

Kreditgenossenschaften haben eine große Bedeutung für die ländliche Entwicklung und Nahversorgung.

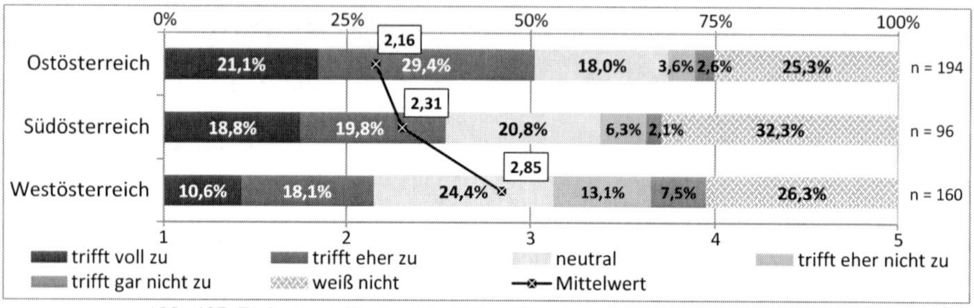

	0%	25%	50%	75%	100%	
Ostösterreich	21,1%	29,4% (2,16)	18,0%	3,6% 2,6%	25,3%	n = 194
Südösterreich	18,8%	19,8% (2,31)	20,8%	6,3% 2,1%	32,3%	n = 96
Westösterreich	10,6%	18,1%	24,4% (2,85)	13,1% 7,5%	26,3%	n = 160

1 trifft voll zu — 2 trifft eher zu — 3 neutral — 4 trifft eher nicht zu — 5 trifft gar nicht zu — weiß nicht — Mittelwert

Abb. 107: Bedeutung für den ländlichen Raum und das Merkmal „NUTS"

Für die Region Ostösterreich ergibt sich mit 2,16 die höchste Zustimmung. Mit einem Mittelwert von 2,85 erfährt dieses Statement von den Befragten aus der Region Westösterreich eine deutlich geringere Zustimmung. Das Antwortverhalten auf diese Frage hängt vom Merkmal „NUTS" ab; der Chi-Quadrat-Test ist höchst signifikant ($\chi^2 = 31,47$; df = 10; p < 0,001). Auch der Mittelwertvergleich mittels ANOVA liefert ein höchst signifikantes Ergebnis (F = 13,68; df(a) = 2; df(b) = 325; p < 0,001). Den Post-hoc-Tests zufolge liegt der Mittelwert der Region Westösterreich höchst signifikant über jenem für Ostösterreich (Tukey-Test: p < 0,001) und hoch signifikant über jenem für Südösterreich (Tukey-Test: p = 0,004).

d) Einstellung zu Kreditgenossenschaften im Vergleich zu anderen Kreditinstituten

Dieser Abschnitt widmet sich der Analyse, ob ein Zusammenhang zwischen dem Merkmal „NUTS" und der Einschätzung von Kreditgenossenschaften im Vergleich zur nicht genossenschaftlichen Konkurrenz besteht. Um die Wahrnehmung und Einstellung zu Kreditgenossenschaften im Kontrast zu anderen Finanzinstituten zu eruieren, sollten die Befragungsteil-

---

[143] Die Testvoraussetzung eines angemessen hohen Stichprobenumfangs ist hinsichtlich dieses Frageitems im Zusammenhang mit dem Merkmal „NUTS" nicht gegeben, daher ist das Testergebnis mit Vorsicht zu interpretieren.

nehmer/innen einerseits ihre Meinung zu vordefinierten Statements abgeben und andererseits bestimmte Charakteristika im Vergleich zu anderen Banktypen einschätzen.

Im untenstehenden Liniendiagramm sind die Einschätzungen kreditgenossenschaftlicher Charakterzüge im Vergleich zur nicht genossenschaftlichen Konkurrenz graphisch dargestellt. Für eine höhere Übersichtlichkeit wurde die fünfstufige Skala (von 1 „besser" bis 5 „schlechter") reduziert. Die Mittelwerte der vergleichenden Einschätzungen der Charakteristika sind – nach aufsteigender Größe geordnet – an der rechten Innenseite des Liniendiagramms angeführt. Unmittelbar daneben finden sich am rechten Rand der Abbildung die Ergebnisse der Mittelwertvergleiche mittels ANOVA.

Wie schätzen Sie Kreditgenossenschaften im Vergleich zu anderen Kreditinstituten ein?

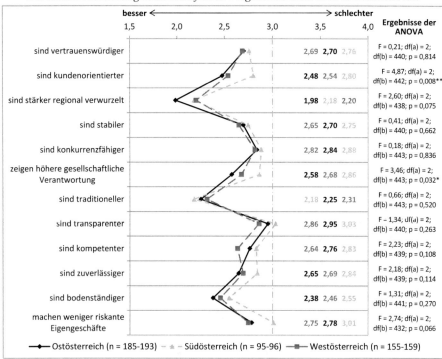

Abb. 108: Kreditgenossenschaften im Vergleich zu anderen Kreditinstituten und das Merkmal „NUTS"

Auf Basis der Befragungsdaten kann festgehalten werden, dass sich die mittleren Einschätzungen der Befragten aus Ost-, Süd- und Westösterreich kaum in Bezug auf die Wahrnehmung von Kreditgenossenschaften im Vergleich zu anderen Bankinstituten unterscheiden. Die ANOVA ergibt lediglich hinsichtlich der Kundenorientierung und der Übernahme von gesellschaftlicher Verantwortung signifikante Ergebnisse. Der nachfolgenden Tabelle ist in Zusammenhang mit obiger Abbildung zu entnehmen, dass sowohl die Bewohner/innen Ost- als auch Westösterreichs im Vergleich zu den Südösterreicher/inne/n eher der Ansicht sind, dass Kreditgenossenschaften stärker kundenorientiert sind als nicht genossenschaftlich organisierte Kreditinstitute. Darüber hinaus belegt der Games-Howell-Test, dass die Bewertung der relativen Performance in Bezug auf die Übernahme von gesellschaftlicher Verantwortung in der Ostregion positiver ausfällt als im Süden.

Charakteristikum	Ost-Ö vs. Süd-Ö	Ost-Ö vs. West-Ö	Süd-Ö vs. West-Ö
kundenorientiert	Tukey-Test: p = 0,006**	Tukey-Test: p = 0,778	Tukey-Test: p = 0,044*
Übernehmen gesellschaftliche Verantwortung	GH-Test: p = 0,024*	GH-Test: p = 0,522	GH-Test: p = 0,219

Tab. 15: Post-hoc-Vergleiche der Einschätzung von Kreditgenossenschaften im Vergleich zu anderen Finanzinstituten – Merkmal „NUTS"

Mit einer Kreditgenossenschaft schließe ich lieber Geschäfte ab als mit anderen Banken.

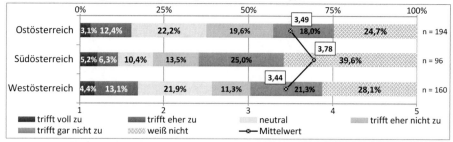

Abb. 109: Geschäftsbeziehungen mit Kreditgenossenschaften und das Merkmal „NUTS"

Mit einem Mittelwert von 3,78 erfährt dieses Statement von den Befragten aus der Region Südösterreich die größte Ablehnung. Für die Region Westösterreich ergibt sich mit 3,44 der positivste Mittelwert. Das Antwortverhalten auf diese Frage hängt vom Merkmal „NUTS" ab; der Chi-Quadrat-Test ist signifikant (χ^2 = 19,57; df = 10; p = 0,034). Der Mittelwertvergleich mittels ANOVA weist jedoch keine signifikanten Unterschiede nach.

Im Vergleich zu anderen Banktypen haben Genossenschaftsbanken in der Finanz- und Wirtschaftskrise an Vertrauen gewonnen.

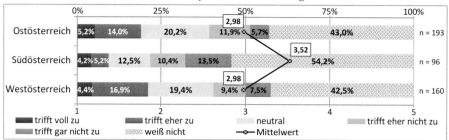

Abb. 110: Genossenschaftsbanken in der Finanzkrise und das Merkmal „NUTS"

Während die Befragten der Ost- und Westregion diesem Statement neutral gegenüberstehen, stößt dieses Statement in Südösterreich mit einem Mittelwert von 3,52 auf relativ starke Ablehnung. Während der Chi-Quadrat-Test nicht signifikant ist, besteht jedoch zwischen den berechneten Mittelwerten der ANOVA zufolge ein signifikanter Unterschied (F = 4,00; df(a) = 2; df(b) = 243; p = 0,020). Anhand der Post-hoc-Analyse zeigt sich, dass der Mittelwert der Region Südösterreich signifikant über jenen für Ostösterreich (Tukey-Test: p = 0,025) und Westösterreich (Tukey-Test: p = 0,028) liegt.

D. ERGEBNISSE FÜR DAS MERKMAL „ALTER"

Ziel dieses Kapitels ist es, altersbezogene Wissens- oder Einstellungsunterschiede zu untersuchen. Die sieben Altersklassen[144] wurden im Interesse einer besseren Übersichtlichkeit zu drei Gruppen zusammengefasst: 14- bis 19-Jährige / 20- bis 59-Jährige / 60-Jährige und älter.

Dadurch können das Wissen sowie die Einstellungen folgender Gruppen verglichen werden:
- die Gruppe der Jugendlichen, die zum Teil ihre schulische Ausbildung noch nicht abgeschlossen haben,
- die Bevölkerungsgruppe mittleren Alters, die den Großteil der österreichischen Erwerbsbevölkerung stellt,
- und die ältere Bevölkerung, die sich hauptsächlich aus Pensionist/inn/en zusammensetzt.

Da jüngere Befragungsteilnehmer/innen zum Teil ihre schulische, berufliche oder akademische Ausbildung noch nicht abgeschlossen haben und ältere Personen aufgrund einer umfangreicheren Lebenserfahrung auf einen größeren allgemeinen Erfahrungs- und Wissensschatz zurückgreifen können, kann angenommen werden, dass ein höheres Alter mit einem umfassenderen Wissen über und mehr Erfahrung mit Kreditgenossenschaften einhergeht. Ebenso ist anzunehmen, dass nicht nur das Wissen, sondern auch die kreditgenossenschaftsbezogenen Einstellungen altersabhängig sind.

1. Informationsquellen

Dieser Abschnitt untersucht, ob die Bedeutung der einzelnen Informationsquellen sowie die jeweiligen Einschätzungen der vermittelten Informationen mit kreditgenossenschaftlichen Inhalten mit dem Alter variieren.

Die Ergebnisse zur Frage „Wo bzw. in welchem Zusammenhang haben Sie schon etwas über Kreditgenossenschaften gehört?" sind in der Abbildung 111 dargelegt. Die Zahlenwerte in den Kästchen der Abbildung stellen die Mittelwerte der Informationsbewertungen je Informationsquelle dar.[145] Für den Mittelwert gilt eine Schwankungsbreite von 1 bis -1. Die Lage der Mittelwerte bestimmt sich nach der horizontalen Achse unter dem Diagramm. Je höher die Mittelwerte, desto stärker nähern sich diese in der Darstellung dem linken Außenrand des Diagramms.

Im Anschluss an die Darstellung der Informationskanäle werden die statistischen Ergebnisse des Chi-Quadrat-Tests in Tabelle 16 angeführt. Sie geben Aufschluss, ob das Merkmal „Altersgruppen" das Antwortverhalten in Bezug auf die beiden Antwortalternativen „ja" bzw. „nein" (die drei „ja"-Antwortkategorien wurden für den Test zu einer Kategorie zusammengefasst) signifikant beeinflusst. Liefert der Chi-Quadrat-Test ein signifikantes Ergebnis ($p < 0,05$), wird die Nullhypothese, die annimmt, dass das Antwortverhalten unabhängig vom Merkmal „Altersgruppen" ist, verworfen. Der Chi-Quadrat-Test gibt jedoch nur Aufschluss über eine etwaige Abhängigkeit der Frageitems vom Merkmal „Altersgruppen". Da dieses Merkmal drei Merkmalsausprägungen vorgibt, wurden – im Falle eines signifikanten Ergebnisses – die „ja"-Anteile der drei Altersgruppen mit dem Chi-Quadrat-Test paarweise vergli-

---

[144] 14- bis 19-Jährige / 20- bis 29-Jährige / 30- bis 39-Jährige / 40- bis 49-Jährige / 50- bis 59-Jährige / 60- bis 69-Jährige / 70-Jährige und älter

[145] Für positive Bewertungen wurde der Wert 1, für neutrale der Wert 0 und für negative der Wert -1 vergeben.

chen, um zu überprüfen, welche Altersschichten sich im Antwortverhalten unterscheiden. Die Testwerte der paarweisen Gegenüberstellungen sind in Tabelle 17 angeführt. Darüber hinaus wurde mittels ANOVA überprüft, ob sich die Bewertungen der bezogenen Informationen der 14- bis 19-Jährigen, der 20- bis 59-Jährigen und der über 60-Jährigen unterscheiden. Die Testresultate sind in Tabelle 18 dargestellt.

Wo bzw. in welchem Zusammenhang haben Sie schon etwas über Kreditgenossenschaften gehört? Wenn ja, wie beurteilen Sie die Informationen?

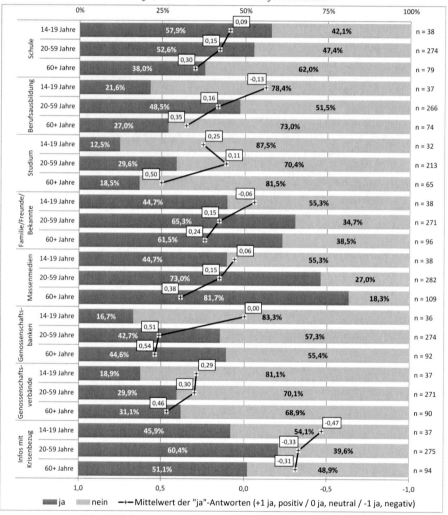

Abb. 111: Informationsquellen zum Thema Kreditgenossenschaften
nach dem Merkmal „Alter"

Die Abbildung 111 zeigt, dass die „ja"-Anteile der 14- bis 19-Jährigen bei 7 der 8 Frageitems am niedrigsten sind. Im Rahmen des Schulunterrichts wurde hingegen der jüngsten Befragungsgruppe am häufigsten Wissen über Kreditgenossenschaften vermittelt. Die Schule ist auch die bedeutungsvollste Informationsquelle für junge Österreicher/innen. Auffällig ist, dass die 14- bis 19-Jährigen nur selten über die Informationsquellen „einzelne Genossenschaftsbanken" und „genossen¬schaft¬liche Verbände" Informationen über Kreditgenossenschaften bezogen haben. Genossenschaftsbanken sollten Interesse daran haben, Jugendlichen möglichst früh die Genossenschaftsidee näherzubringen, um so langfristige Kunden- oder Mitgliedschaftsbeziehungen aufzubauen. Dass im Vergleich zu den über 60-Jährigen nur ein in etwa halb so hoher Anteil der 14- bis 19-Jährigen über Massenmedien erreicht wurde, könnte auch auf einen unausgewogenen Kommunikations-Mix schließen lassen. Während die ältere Bevölkerungsschicht vermutlich gut über traditionelle Medien (wie Zeitungen oder Radio) erreichbar ist, spricht eine Kommunikationpolitik, die verstärkt auf neue Medien setzt, Jugendliche wohl gezielter an. Anderseits könnte diese Beobachtung aber auch auf eine geringere Empfänglichkeit der Jüngeren für genossenschaftliche Themen hindeuten.

Dass die Wahrnehmung von kreditgenossenschaftlichen Informationen über die verschiedenen Informationsquellen grundsätzlich vom Alter abhängen, ist unterstehender Tabelle zu entnehmen. Lediglich bei Items „genossenschaftliche Verbände" und „im Zusammenhang mit der Finanz- und Wirtschaftskrise" ergab der Chi-Quadrat-Test kein signifikantes Ergebnis.

Informationsquelle	χ^2-Test
Schule	$\chi^2 = 6{,}23$; df = 2; p = 0,044*
Berufsausbildung	$\chi^2 = 17{,}75$; df = 2; p < 0,001***
Studium	$\chi^2 = 6{,}41$; df = 2; p = 0,041*
Familie/Freunde/Bekannte	$\chi^2 = 6{,}07$; df = 2; p = 0,048*
Massenmedien	$\chi^2 = 19{,}40$; df = 2; p < 0,001***
direkte Informationen von einzelnen Genossenschaftsbanken	$\chi^2 = 9{,}63$; df = 2; p = 0,008**
Informationsveranstaltungen/Vortragsreihen/Internetseiten von genossenschaftlichen Verbänden	$\chi^2 = 2{,}12$; df = 2; p = 0,347
im Zusammenhang mit der Finanz- und Wirtschaftskrise	$\chi^2 = 4{,}46$; df = 2; p = 0,107

Tab. 16: Chi-Quadrat-Testergebnisse des „ja"-Anteilvergleichs je Informationsquelle – Merkmal „Alter"

Aus den Ergebnissen der paarweisen Gegenüberstellung in Tabelle 17 kann abgeleitet werden, dass vor allem zwischen den Altersgruppen „14-19 Jahre" und „20-59 Jahre" deutliche Unterschiede bestehen. Bei 5 der 8 Frageitems liegt der „ja"-Anteil der 14- bis 19-Jährigen signifikant unter jenem der 20-59-Jährigen.

Informationsquelle	χ^2-Test		
	14-19 vs. 20-59 Jahre	14-19 vs. 60+ Jahre	20-59 vs. 60+ Jahre
Schule	$\chi^2 = 0{,}38$; df = 1; p = 0,536	$\chi^2 = 4{,}12$; df = 1; p = 0,042*	$\chi^2 = 5{,}22$; df = 1; p = 0,022*
Berufsausbildung	$\chi^2 = 9{,}47$; df = 1; p = 0,002**	$\chi^2 = 0{,}38$; df = 1; p = 0,536	$\chi^2 = 10{,}84$; df = 1; p = 0,001**
Studium	$\chi^2 = 4{,}08$; df = 1; p = 0,043*	$\chi^2 = 0{,}55$; df = 1; p = 0,457	$\chi^2 = 3{,}12$; df = 1; p = 0,077
Familie/Freunde/Bekannte	$\chi^2 = 6{,}04$; df = 1; p = 0,014*	$\chi^2 = 3{,}10$; df = 1; p = 0,078	$\chi^2 = 0{,}46$; df = 1; p = 0,498
Massenmedien	$\chi^2 = 12{,}71$; df = 1; p < 0,001***	$\chi^2 = 19{,}09$; df = 1; p < 0,001***	$\chi^2 = 3{,}14$; df = 1; p = 0,076
direkte Informationen von einzelnen Genossenschaftsbanken	$\chi^2 = 9{,}01$; df = 1; p = 0,003**	$\chi^2 = 8{,}67$; df = 1; p = 0,003**	$\chi^2 = 0{,}10$; df = 1; p = 0,755

Tab. 17: Paarweiser „ja"-Anteilvergleichs je Informationsquelle – Merkmal „Alter"

Alle Befragten, die zur Beantwortung der jeweiligen Items die Antwortmöglichkeit „ja" gewählt haben, wurden gebeten, die Inhalte der über die verschiedenen Informationsquellen vermittelten Informationen in die Kategorien „positiv", „neutral" und „negativ" einzustufen. Die Mittelwerte dieser Informationsbewertung sind den Kästchen der Abbildung 111 zu entnehmen. Der Vergleich zeigt, dass die Befragungsteilnehmer/innen, die das 60. Lebensjahr überschritten haben, die bezogenen Informationen aller acht Informationquellen am positivsten einschätzen. Die Informationsbewertung der 14- bis 19-Jährigen fällt hingegen bei 7 der 8 Informationkanäle am negativsten aus. Unter Zuhilfenahme der Varianzanalyse konnte den mittleren Abweichungen allerdings kaum Signifikanz zugesprochen werden. Wie aus untenstehender Tabelle abzulesen ist, variieren lediglich die Informationsbewertungen der Infomationsquellen „Berufsausbildung" und „Massenmedien" signifikant in Abhängigket des Alters.

Informationsquelle	ANOVA
Schule	$F = 2,02$; $df(a) = 2$; $df(b) = 193$; $p = 0,135$
Berufsausbildung	$F = 3,58$; $df(a) = 2$; $df(b) = 154$; $p = 0,030*$
Studium	$F = 2,94$; $df(a) = 2$; $df(b) = 76$; $p = 0,059$
Familie/Freunde/Bekannte	$F = 1,41$; $df(a) = 2$; $df(b) = 250$; $p = 0,247$
Massenmedien	$F = 4,74$; $df(a) = 2$; $df(b) = 309$; $p = 0,009**$
direkte Informationen von einzelnen Genossenschaftsbanken	$F = 2,29$; $df(a) = 2$; $df(b) = 161$; $p = 0,105$
Informationsveranstaltungen/Vortragsreihen/Internetseiten von genossenschaftlichen Verbänden	$F = 0,64$; $df(a) = 2$; $df(b) = 113$; $p = 0,528$
im Zusammenhang mit der Finanz- und Wirtschaftskrise	$F = 0,36$; $df(a) = 2$; $df(b) = 228$; $p = 0,699$

Tab. 18: ANOVA-Testergebnisse zur Informationsbewertung je Informationsquelle – Merkmal „Alter"

Die Post-hoc-Analyse ergab, dass lediglich zwischen der jüngsten und ältesten Altersgruppe hinsichtlich der Informationsquelle „Berufsausbildung" und zwischen der mittleren und ältesten Altersgruppe hinsichtlich der Informationsquelle „Massenmedien" signifikante Unterschiede in der Informationsbewertung bestehen.

Informationsquelle	14-19 vs. 20-59 Jahre	14-19 vs. 60+ Jahre	20-59 vs. 60+ Jahre
Berufsausbildung	Tukey-Test: $p = 0,166$	Tukey-Test: $p = 0,026*$	Tukey-Test: $p = 0,175$
Massenmedien	Tukey-Test: $p = 0,832$	Tukey-Test: $p = 0,129$	Tukey-Test: $p = 0,011*$

Tab. 19: Post-hoc-Vergleiche der Informationsbewertung – Merkmal „Alter"

2. Allgemeine Kenntnisse und Erfahrungen

In diesem Abschnitt wird untersucht, ob bzw. in welchem Ausmaß sich die drei Altersgruppen hinsichtlich ihrer allgemeinen Kenntnisse über Kreditgenossenschaften und hinsichtlich ihrer Erfahrungen mit Kreditgenossenschaften unterscheiden.

Allgemeine Kenntnisse und Erfahrungen

a) Kenntnis des Begriffs „Genossenschaft"

Ist Ihnen der Begriff „Genossenschaft" bekannt?

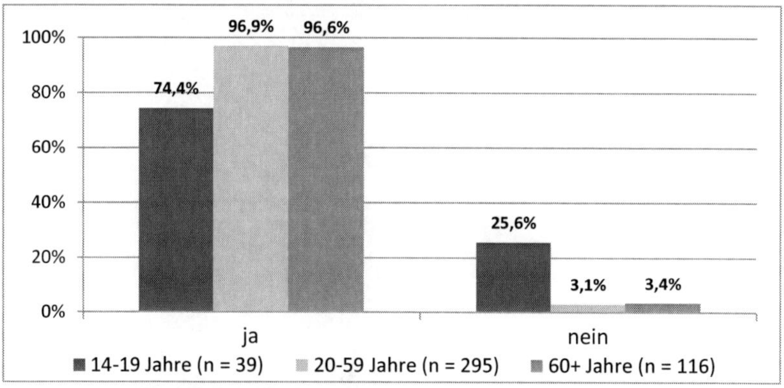

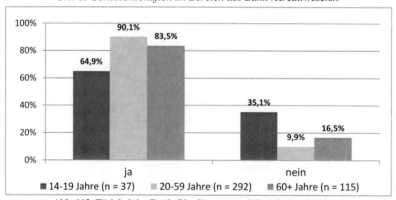

Abb. 112: Begriff „Genossenschaft" und das Merkmal „Alter"

Mit einem Anteil von 75 % ist der Begriff „Genossenschaft" in der Altersgruppe „14-19 Jahre" am wenigsten bekannt. Die relativen „ja"-Anteile der 20- bis 59-Jährigen und der über 60-Jährigen liegen hingegen jeweils knapp über 95 %. Aufgrund der großen Differenz liefert der Chi-Quadrat-Test ein höchst signifikantes Ergebnis ($\chi^2 = 37,14$; df = 2; p < 0,001).

b) Genossenschaften im Bereich des Bank-/Kreditwesens

Gibt es Genossenschaften im Bereich des Bank-/Kreditwesens?

Abb. 113: Tätigkeit im Bank-/Kreditwesen und das Merkmal „Alter"

Nur ca. zwei Drittel der 14- bis 19-Jährigen haben Kenntnis von genossenschaftlichen Aktivitäten im Bank- und Kreditwesen. Im Vergleich dazu liegt der „ja"-Anteil der Altersgruppe „20-59 Jahre" mit 90 % deutlich höher. Von den über 60-Jährigen wissen über 80 % Befragten, dass sich Genossenschaften im Bankwesen betätigen. Der Chi-Quadrat-Test ergibt ein höchst sigifikantes Ergebnis ($\chi^2 = 18,62$; df = 2; p < 0,001), das Antwortverhalten variiert somit je nach Altersgruppe.

c) Kenntnis des Begriffs „genossenschaftlicher Förderauftrag"

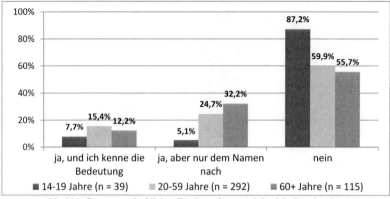

Abb. 114: Genossenschaftlicher Förderauftrag und das Merkmal „Alter"

Der Anteil der Befragten, die angeben, den „genossenschaftlichen Förderauftrag" im Zusammenhang mit Kreditgenossenschaften zumindest dem Namen nach zu kennen, ist in der Altersgruppe „60+ Jahre" mit ca. 45 % am höchsten. Ca. 85 % der 14- bis 19-Jährigen ist der Förderauftrag völlig unbekannt. Der Chi-Quadrat-Test ist hoch signifikant (χ^2 = 15,34; df = 4; p = 0,004).

d) Mitgliederstatus und Genossenschaftsanteile

Neben den Antwortverteilungen auf die Aussagen „Ich besitze derzeit Geschäftsanteile an einer oder mehreren Kreditgenossenschaften" und „Ich bin derzeit Mitglied in einer oder mehreren Kreditgenossenschaften" ist in der nachfolgenden Abbildung auch für jede Altersgruppe ein Verhältniswert dargestellt, der das prozentuale Verhältnis zwischen den Befragten, welche die erstgenannte Frage mit „ja" beantworten, und dem „ja"-Anteil der zweitgenannten Frage ausdrückt. Sowohl die Befragungsergebnisse der beiden Fragen als auch die relativen Verhältniswerte beziehen sich auf die Skalenachse am unteren Ende des Diagramms. Da die Mitgliedschaft durch den Erwerb von Genossenschaftsanteilen vermittelt wird, sollten sich die „ja"-Anteile der beiden Fragen decken (Verhältniswert = 100 %). Wie jedoch aus der Abbildung 115 hervorgeht, unterschreitet der Anteil an Befragten, die angeben, Genossenschaftsanteile zu besitzen, in sämtlichen Teilgruppen den jeweiligen Anteil an Befragten, die sich als Genossenschaftsmitglieder deklarieren. Am größten ist dieser Unterschied in der Altersgruppe „14-19 Jahre". Niemand der 7,7 % dieser Altersgruppe, die/der die Frage nach einer aktuellen Mitgliedschaft bejaht, gibt gleichzeitig an, einen Genossenschaftsanteil zu besitzen. Hier könnten Mitgliedschaften in diversen Kundenclubs mit Genossenschaftsmitgliedschaften verwechselt worden sein. Mit einer Deckung von nahezu 70 % scheinen die 20- bis 59-Jährigen über die besten Kenntnisse bezüglich der Mitgliedschaftsbegründung zu verfügen.

Allgemeine Kenntnisse und Erfahrungen 113

Stimmen die Anteile an Kreditgenossenschaftsmitgliedern und -anteilsinhabern überein?

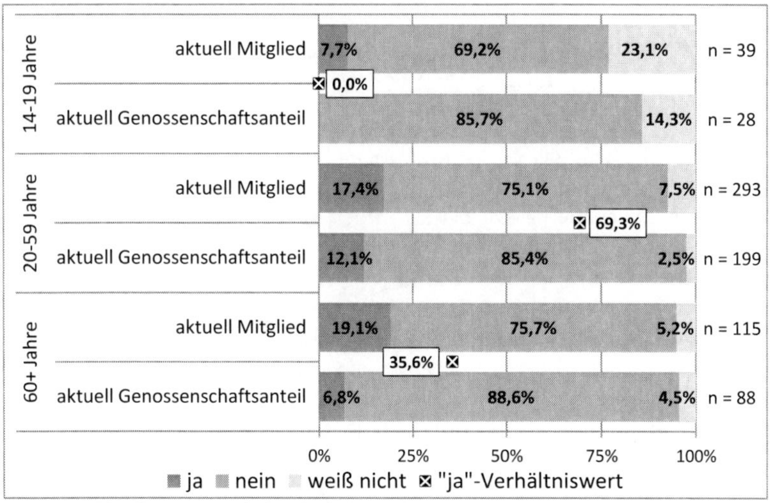

Abb. 115: Kreditgenossenschaftsmitglieder und -anteilsbesitzer und das Merkmal „Alter"

e) Selbsteinschätzung der Kenntnisse über Kreditgenossenschaften

Während die obere Abbildungshälfte die Antworten auf die Frage „Haben Sie Kenntnisse über Kreditgenossenschafen?" illustriert, veranschaulicht die untere Hälfte, wie die Altersgruppen ihre Kenntnisse über Kreditgenossenschaften beurteilen. Die Lage der im unteren Diagrammbereich dargestellten Mittelwerte bestimmt sich anhand der horizontalen Achse am unteren Ende des Diagramms.

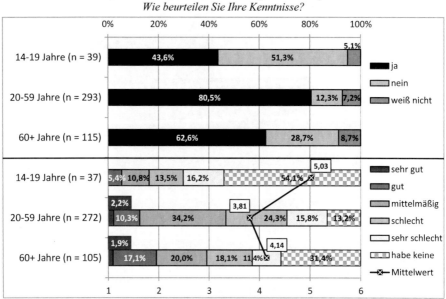

Abb. 116: Kenntnisse über Kreditgenossenschaften und das Merkmal „Alter"

Der Anteil an Befragten, die anführen, Kenntnisse über die genossenschaftliche Organisationsform zu haben, ist in der jüngsten Altersgruppe am niedrigsten. Im Vergleich dazu behaupten 20- bis 59-Jährige fast doppelt so häufig Kenntnisse über Kreditgenossenschaften zu besitzen. Bei den über 60-Jährigen liegt jener Anteil bei ca. zwei Dritteln. Der Chi-Quadrat-Test ist höchst signifikant ($\chi^2 = 41{,}48$; $df = 4$; $p < 0{,}001$).

Neben der Klassifizierung der „ja"-Antworten in die Kategorien von „sehr gut" bis „sehr schlecht" stellt die Kategorie „habe keine (Kenntnisse)" die „nein"-Antworten der Abbildung 116 dar. Da diese Kategorie im Kontext der Fragestellung ebenfalls Auskunft über das Ausmaß der Kenntnisse liefert, wurden die „habe keine (Kenntnisse)"-Antworten in der Mittelwertberechnung mit dem Wert 6 berücksichtigt. Die Analyse zeigt, dass sich die 20- bis 59-Jährigen nicht nur am häufigsten Wissen über Kreditgenossenschaft zuschreiben, sondern auch ihre Kenntnisse am höchsten einstufen (Mittelwert = 3,81). Hingegen fällt mit einem Mittelwert in Höhe von 5,03 die Selbstevaluation der Kenntnisse bei den 14- bis 19-Jährigen besonders schlecht aus. Die Mittelwertdifferenzen sind der ANOVA zufolge höchst signifikant ($F = 14{,}04$; $df(a) = 2$; $df(b) = 411$; $p < 0{,}001$). Mithilfe des Games-Howell-Tests konnte festgestellt werden, dass sich die Kenntnisse der 14- bis 19-Jährigen höchst signifikant von jenen der 20- bis 59-Jährigen ($p < 0{,}001$) sowie hoch signifikant von jenen der über 60-Jährigen ($p = 0{,}003$) unterscheiden. Die Differenz zwischen den zwei älteren Altersgruppen ist hingegen nicht signifikant.

f) **Selbsteinschätzung der bisherigen Erfahrungen mit Kreditgenossenschaften**

Analog zur Darstellung der Kenntniseinschätzung zeigt die obere Hälfte im untenstehenden Diagramm, ob die jeweiligen Altersgruppen bereits Erfahrung mit Kreditgenossenschaften gesammelt haben, während darunter die Qualität der Erfahrung dargestellt wird.

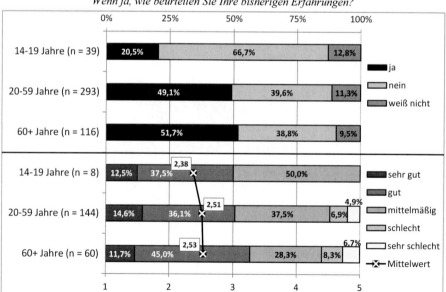

Abb. 117: Erfahrungen mit Kreditgenossenschaften und das Merkmal „Alter"

Während von allen Befragten, die ihr 20. Lebensjahr vollendet haben, bereits jede/r zweite Erfahrungen mit Kreditgenossenschaften gemacht hat, trifft dies nur auf jede/n fünfte/n 14- bis 19-Jährige/n zu. Der Chi-Quadrat-Test ist höchst signifikant ($\chi^2 = 13{,}36$; df = 4; p = 0,010).

Wie die untere Hälfte der Abbildung zeigt, schätzen die 20- bis 59-Jährigen und die über 60-Jährigen ihre Erfahrungen – mit Mittelwerten von rund 2,5 – ähnlich gut ein. Die wenigen 14- bis 19-Jährigen, die bereits Erfahrungen mit Genossenschaftsbanken gesammelt haben, bewerten diese als relativ gut (Mittelwert = 2,38). Hierzu ist jedoch anzumerken ist, dass die diesbezügliche Teilstichprobe sehr klein ist. Die Berechnung der ANOVA liefert kein signifikantes Resultat.

g) Kreditgenossenschaften und die Finanz- und Wirtschaftskrise

Kreditgenossenschaften haben sich in der Finanz- und Wirtschaftskrise bewährt.

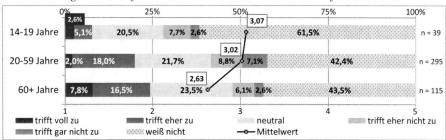

Abb. 118: Kreditgenossenschaften in der Finanz- und Wirtschaftskrise und das Merkmal „Alter"

Die Mittelwerte der Abbildung 118 zeigen, wie die Performance der Genossenschaften in der Finanz- und Wirtschaftskrise bewertet wird. Die größte Zustimmung erfährt diese Aussage von den über 60-Jährigen. Am kritischsten werden die genossenschaftlichen Leistungen während der Krise von den 14- bis 19-Jährigen beurteilt (Mittelwert = 3,07). Der Chi-Quadrat-Test[146] ist signifikant ($\chi^2 = 18{,}89$; df = 10; p = 0,042). Ebenso führt der Mittelwertvergleich mittels ANOVA zu einem signifikanten Resultat (F = 3,44; df(a) = 2; df(b) = 247; p = 0,034).

3. Kenntnisse über typische genossenschaftliche Eigenschaften

In diesem Abschnitt werden die Befragungsdaten auf altersbedingte Unterschiede bezüglich des Wissens über genossenschaftliche Eigenschaften untersucht. Sämtliche Genossenschaftsmerkmale, die in weiterer Folge in Form von Statements angeführt sind, wurden bereits im Abschnitt VI.A.3 näher erläutert. Da manche Statements bewusst so formuliert wurden, dass sie inhaltlich nicht der Wahrheit entsprechen, ist abhängig von der Formulierung entweder die Antwortmöglichkeit „stimmt" oder „stimmt nicht" als richtig zu werten. In den folgenden Abbildungen zeigen die schwarz umrandeten Balken stets die korrekte Antwort.

Je Aussage zu genossenschaftlichen Eigenheiten wird mithilfe des χ^2-Tests – bzw. des exakten Tests nach Fisher – untersucht, ob die Zugehörigkeit zu den drei Altersgruppen das Antwortverhalten beeinflusst. Die entsprechenden Testwerte sind jeweils am rechten Rand der

---

[146] Die Testvoraussetzung eines angemessen hohen Stichprobenumfangs ist hinsichtlich dieses Frageitems im Zusammenhang mit dem Merkmal „Alter" nicht gegeben, daher ist das Testergebnis mit Vorsicht zu interpretieren.

Diagramme angeführt. Ob signifikante Ergebnisse vorliegen, wird durch Sterne nach den jeweiligen Signifikanzwerten (p) angezeigt.

Wie bereits in den bisherigen Abschnitten, welche die Kenntnisse zu genossenschaftlichen Merkmalen thematisierten, gliedert sich die Ergebnispräsentation in die Kategorien „Zweck", „Mitgliedschaft", „Ausrichtung/Orientierung", „Aktualität/Tradition" und „sonstige Merkmale". Im Anschluss folgt eine Zusammenfassung der Kenntnisse genossenschaftlicher Eigenschaften für das Merkmal „Alter".

a) Zweck

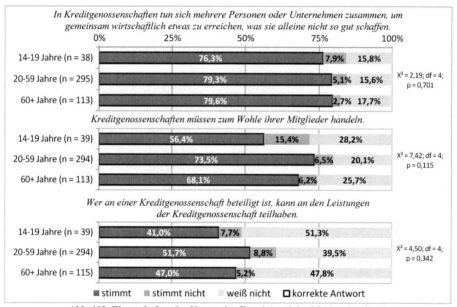

Abb. 119: Eigenschaften der Kategorie „Zweck" und das Merkmal „Alter"

Die 14- bis 19-Jährigen geben zwar auf alle drei Frageitems am seltensten die korrekte Antwort. DerChi-Quadrat-Test liefert jedoch keine signifikanten Ergebnisse, was zeigt, dass die Antwortverteilung nicht vom Alter abhängt.

b) Mitgliedschaft

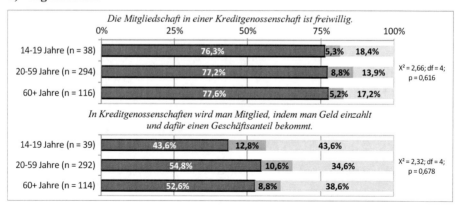

Kenntnisse über typische genossenschaftliche Eigenschaften 117

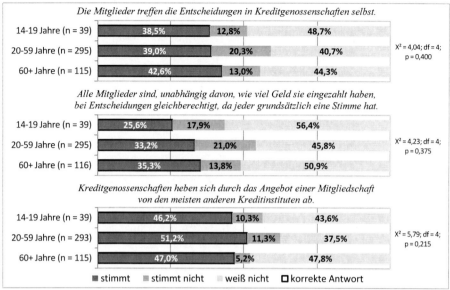

Abb. 120: Eigenschaften der Kategorie „Mitgliedschaft" und das Merkmal „Alter"

Auch hier zeigen die Antwortverteilungen, dass die 14- bis 19-Jährigen am seltensten die korrekten Antworten zu den Mitgliedschaftsmerkmalen wissen. Aufgrund der nur marginalen Unterschiede liefert der Chi-Quadrat-Test allerdings kein signifikantes Ergebnis. Besonders negativ fällt das geringe Wissen der 14 und 19-Jährigen bezüglich der demokratischen Entscheidungsfindung auf.

c) Ausrichtung/Orientierung

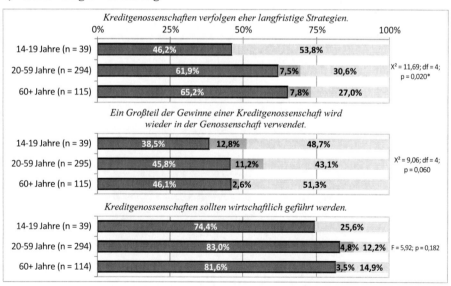

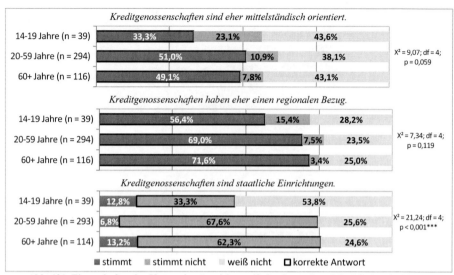

Abb. 121: Eigenschaften der Kategorie „Ausrichtung/Orientierung" und das Merkmal „Alter"

Die hier dargestellten Befragungsergebnisse zeigen, dass hinsichtlich der genossenschaftlichen Ausrichtung bzw. Orientierung teils deutliche Wissensunterschiede zwischen den drei Altersgruppen bestehen. Am markantesten ist die Wissensdifferenz beim unwahren Statement „Kreditgenossenschaften sind staatliche Einrichtungen". Hier geben die jüngsten Befragten im Vergleich zu den beiden anderen Altersgruppen nur halb so oft eine korrekte Antwort. Der Chi-Quadrat-Test bestätigt mit einem höchst signifikanten Ergebnis, dass das Antwortverhalten bezüglich dieses Statements vom Alter abhängt. Des Weiteren ergibt auch der Chi-Quadrat-Test beim Genossenschaftsmerkmal „Kreditgenossenschaften verfolgen eher langfristige Strategien" ein signifikantes Ergebnis.

d) Aktualität und Tradition

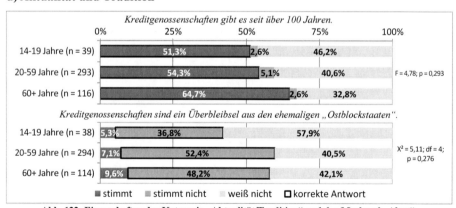

Abb. 122: Eigenschaften der Kategorie „Aktualität/Tradition" und das Merkmal „Alter"

Mit fast zwei Drittel an korrekten Antworten ist das Wissen um die lange Tradition von Kreditgenossenschaften in der Altersgruppe „60+ Jahre" am weitesten verbreitet. Allerdings besteht dem Chi-Quadrat-Testverfahren zufolge, genauso wie beim zweiten Statement dieser Kategorie, keine signifikante Abhängigkeit vom Alter.

e) Sonstige Merkmale

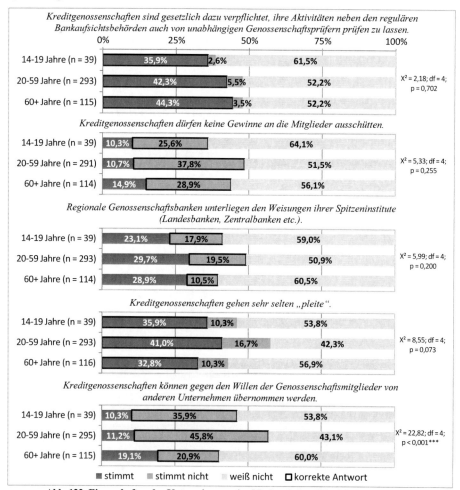

Abb. 123: Eigenschaften der Kategorie „sonstige Merkmale" und das Merkmal „Alter"

Die Befragten der ältesten Altersgruppe haben die geringsten Kenntnisse bezüglich der Sicherheit vor feindlichen Übernahmen, der hohen Insolvenzresistenz sowie der Weisungsfreiheit der Primärkassen haben. Beim Genossenschaftsmerkmal zur Weisungsfreiheit wird von den über 60-Jährigen dreimal so häufig die falsche Antwort „stimmt" gewählt. Das Antwortverhalten ist jedoch nur hinsichtlich des Merkmals, dass Kreditgenossenschaften vor feindlichen Übernahmen sicher sind, vom Alter abhängig.

f) Zusammenfassung des Wissensvergleiches – Merkmal „Alter"

In der Abbildung 124 werden die Wissensunterschiede zwischen den drei Altersgruppen anhand der Häufigkeiten korrekter Antworten des Fragenblocks 20 illustriert. Für jede Altersgruppe sind die relativen Häufigkeiten der absoluten Anzahl an korrekten Antworten sowie die jeweiligen Mittelwerte dargestellt. Die maximale Anzahl an richtig zu wertenden Antworten beträgt 21. Für den statistischen Vergleich mittels ANOVA bzw. der Post-hoc-Analyse wurde für jeden/jede Befragungsteilnehmer/in das Verhältnis der korrekten Antworten zur Anzahl an beantworteten Frageitems dieses Fragebogenabschnitts berechnet.[147]

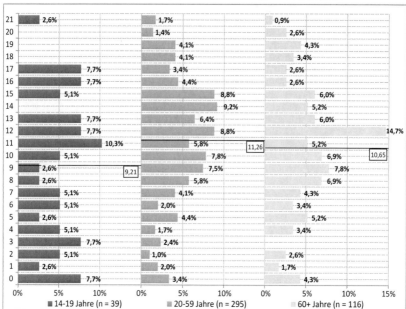

Abb. 124: Übersicht über die korrekten Antworten zu genossenschaftlichen Merkmalen nach Altersgruppen

Anhand der Mittelwerte der Abbildung ist ersichtlich, dass das Wissen der 14- bis 19-Jährigen im Hinblick auf die 21 Genossenschaftsmerkmale am niedrigsten ist (Mittelwert = 9,21). Im Vergleich dazu beantwortet die mittelalte Teilgruppe durchschnittlich 11,26 und die älteste Teilgruppe 10,65 Frageitems richtig. Der Mittelwertvergleich mittels ANOVA ergibt jedoch kein signifikantes Ergebnis (F = 2,92; df(a) = 2; df(b) = 447; p = 0,055). Da jedoch der Signifikanzwert nur knapp nicht signifikant ist und da sich im Rahmen der Post-hoc-Analyse anhand des Tukey-Tests zwischen den Teilgruppen „14-19 Jahre" und „20-59 Jahre" ein signifikantes Ergebnis berechnet (p = 0,049), kann die Tendenzaussage getroffen werden, dass junge Österreicher/innen tendenziell über einen geringeren Kenntnisstand verfügen. Diese Aussage steht im Einklang mit der geringeren Selbsteinschätzung eigener Kenntnisse durch die Altersgruppe der 14- bis 19-Jährigen (siehe Abschnitt VI.D.2.e).

4. Einstellung gegenüber Kreditgenossenschaften

Dieses Kapitel verfolgt das Ziel, die Einstellung von Personen unterschiedlichen Alters gegenüber Kreditgenossenschaften zu vergleichen. Die Einstellungen werden anhand der Bewertung genossenschaftlicher Eigenschaften, der abweichenden Einschätzung des Ideal- und Realbilds von Kreditgenossenschaften, expliziter Fragen zur Einstellung gegenüber Kreditgenossenschaften sowie des Wahrnehmungsunterschieds zu anderen Banktypen untersucht.

---

[147] Näheres dazu siehe Abschnitt VI.B.3.f).

a) Bewertung der genossenschaftlichen Merkmale

Nachdem im Abschnitt VI.D.3 das Wissen verschiedener Altersgruppen über wesentliche genossenschaftliche Merkmale verglichen wurde, widmet sich dieser Abschnitt der Bewertung der 21 Genossenschaftsmerkmale durch die drei Altersgruppen. Für den Vergleich der Merkmalsbewertungen wurde je Teilgruppe ein Mittelwert der Merkmalseinstufungen von „finde ich sehr gut" bis „finde ich sehr schlecht" – Kodierung von 1 bis 5 – errechnet, die in nachfolgender Abbildung eingetragen sind. Die berechneten Mittelwerte sind links von den Mittelwertlinien der Größe nach geordnet angeführt, wobei der Grauton der Schrift anzeigt, auf welche Altersgruppe sich der jeweilige Wert bezieht. Mithilfe der ANOVA wurde für jedes Genossenschaftsmerkmal getestet, ob aufgrund der mittleren Merkmalsbewertung an der Nullhypothese, die Einschätzung der jeweiligen Genossenschaftseigenheit sei unabhängig vom Merkmal „Alter", festgehalten werden kann. Die entsprechenden Testwerte sind am rechten Rand der Abbildung angeführt. Aus Gründen einer übersichtlicheren Darstellung sind einerseits anstelle der Merkmalsstatements Kürzel angeführt,[148] die auf das jeweilige Statement hinweisen, und andererseits ist die Skalenspannweite auf die Kategorien „finde ich sehr gut" bis „neutral" reduziert.

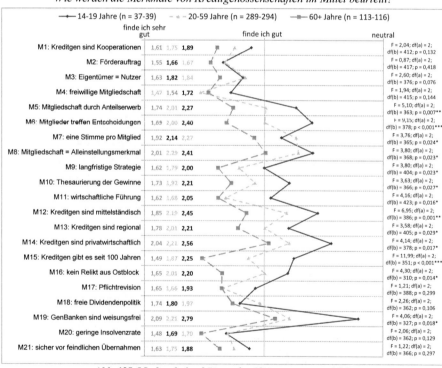

Abb. 125: Merkmalseinschätzung im Altersgruppenvergleich

Die Abbildung veranschaulicht, dass die Spezifika der genossenschaftlichen Kooperationsform mit Ausnahme der freiwilligen Mitgliedschaft von Personen, die das 60. Lebensjahr vollendet haben, am positivsten bewertet werden. Im Gegensatz dazu schätzen die 14- bis 19-

---
[148] Die Aussagen zu den genossenschaftlichen Merkmalen und die zugehörigen Kürzel sind in der Tabelle 6 auf Seite 44 übersichtlich aufgelistet.

Jährigen 16 der 21 Eigenschaften genossenschaftlicher Unternehmen am wenigsten positiv ein. Da aber die Mittelwerte aller Altersgruppen stets unter dem neutralen Wert 3 liegen und die Mittelwertlinien daher durchwegs zum linken Rand tendieren, kann insgesamt festgestellt werden, dass die Charakteristika von Kreditgenossenschaften als positiv empfunden werden.

Wie die Testergebnisse der ANOVA belegen, bestehen teils erhebliche Unterschiede in der Merkmalseinschätzung der drei Altersgruppen. Anhand der Ergebnisse der paarweisen Post-hoc-Analyse, dargestellt in Tabelle 20, ist erkennbar, dass sich insbesondere die Gruppe der über 60-Jährigen durch ihre positiven Einschätzungen deutlich von beiden anderen Gruppen abhebt. So schätzt die älteste Altersgruppe neun Genossenschaftsmerkmale signifikant positiver als die 14- bis 19-Jährigen und 7 signifikant positiver als die 20- bis 59 Jährigen ein. Die Einschätzungsdifferenzen der beiden anderen Altersgruppen sind hingegen nur bei den Merkmalen „Kreditgenossenschaften sollten wirtschaftlich geführt werden" und „Regionale Genossenschaftsbanken unterliegen nicht den Weisungen ihrer Spitzeninstitute (Landesbanken, Zentralbanken etc.)" signifikant.

Merkmal	14-19 vs. 20-59 Jahre	14-19 vs. 60+ Jahre	20-59 vs. 60+ Jahre
M5: Mitgliedschaft durch Anteilserwerb	Tukey-Test: $p = 0{,}304$	Tukey-Test: $p = 0{,}014^*$	Tukey-Test: $p = 0{,}032^*$
M6: Mitglieder treffen Entscheidungen	Tukey-Test: $p = 0{,}041$	Tukey-Test: $p < 0{,}001^{***}$	Tukey-Test: $p = 0{,}008^{**}$
M7: eine Stimme pro Mitglied	GH-Test: $p = 0{,}849$	GH-Test: $p = 0{,}609$	GH-Test: $p = 0{,}009^*$
M8: Mitgliedschaft = Alleinstellungsmerkmal	Tukey-Test: $p = 0{,}763$	Tukey-Test: $p = 0{,}088$	Tukey-Test: $p = 0{,}035^*$
M9: langfristige Strategie	Tukey-Test: $p = 0{,}283$	Tukey-Test: $p = 0{,}028^*$	Tukey-Test: $p = 0{,}119$
M10: Thesaurierung der Gewinne	Tukey-Test: $p = 0{,}221$	Tukey-Test: $p = 0{,}027^*$	Tukey-Test: $p = 0{,}183$
M11: wirtschaftliche Führung	Tukey-Test: $p = 0{,}024^*$	Tukey-Test: $p = 0{,}014^*$	Tukey-Test: $p = 0{,}771$
M12: Kreditgen sind mittelständisch	GH-Test: $p = 0{,}426$	GH-Test: $p = 0{,}020^*$	GH-Test: $p = 0{,}002^{**}$
M13: Kreditgen sind regional	Tukey-Test: $p = 0{,}458$	Tukey-Test: $p = 0{,}050$	Tukey-Test: $p = 0{,}083$
M14: Kreditgen sind privatwirtschaftlich	GH-Test: $p = 0{,}211$	GH-Test: $p = 0{,}044^*$	GH-Test: $p = 0{,}191$
M15: Kreditgen gibt es seit 100 Jahren	GH-Test: $p = 0{,}123$	GH-Test: $p < 0{,}001^{***}$	GH-Test: $p = 0{,}001^{***}$
M16: kein Relikt aus Ostblock	GH-Test: $p = 0{,}695$	GH-Test: $p = 0{,}071$	GH-Test: $p = 0{,}008^{**}$
M19: Genossenschaftsbanken sind weisungsfrei	Tukey-Test: $p = 0{,}033^*$	Tukey-Test: $p = 0{,}013^*$	Tukey-Test: $p = 0{,}648$

Tab. 20: Post-hoc-Vergleiche der Merkmalseinschätzungen – Merkmal „Alter"

b) Einschätzung des Profils von Kreditgenossenschaften und das Merkmal „Alter"

In der Abbildung 126 sind die Abweichungslinien zwischen der Einschätzung des Ideal- und Realbilds genossenschaftlicher Kreditinstitute für die „Altersgruppen" dargestellt. Um die Bewertungsunterschiede besser zu visualisieren, ist die Spannweite der Skala – die Abweichungen könnten zwischen 0 und 4 liegen – auf 1,75 reduziert. Die jeweiligen Mittelwerte sind am linken

Rand des Diagramms aufgelistet. Mithilfe der ANOVA wurden die Abweichungen einem statistischen Vergleich unterzogen.

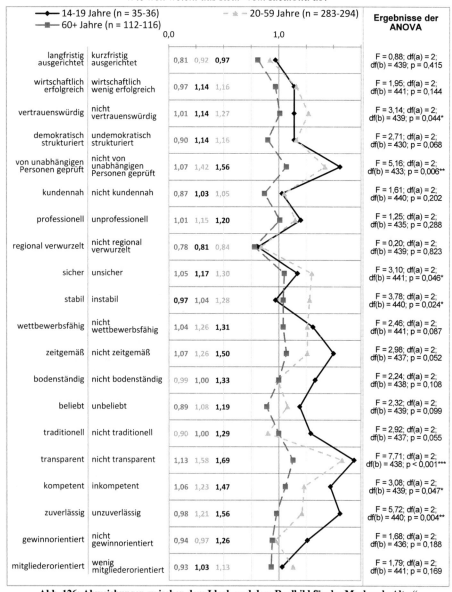

Abb. 126: Abweichungen zwischen dem Ideal- und dem Realbild für das Merkmal „Alter"

Abbildung 126 zeigt, dass die Mittelwerte der absoluten Abweichungen[149] der über 60-Jährigen im Vergleich zu den übrigen Altersgruppen bei 17 der 20 Adjektivpaare am niedrigsten sind. Lediglich bei den Gegensatzpaaren „bodenständig / nicht bodenständig" und „tradi-

---

[149] Näheres zu den absoluten Abweichungen siehe Abschnitt VI.A.4.b) – Seite 48f.

tionell / nicht traditionell" vertreten die 20- bis 59-Jährigen und beim Gegensatzpaar „stabil / instabil" die 14- bis 19-Jährigen eher die Ansicht, das Realbild entspräche dem Idealtypus einer Genossenschaft. Wie die Ergebnisse der ANOVA zeigen, ist bei 7 Frageitems ein signifikanter Unterschied zwischen den mittleren Abweichungseinschätzungen der drei Altersgruppen festzustellen. Ähnlich wie bei der Bewertung der genossenschaftlichen Merkmale fallen auch hier hauptsächlich die paarweisen Gegenüberstellungen mit den über 60-Jährigen signifikant aus, während den Differenzen zwischen den beiden jüngeren Teilgruppen keine Signifikanz beizumessen ist.

Gegensatzpaar	14-19 vs. 20-59 Jahre	14-19 vs. 60+ Jahre	20-59 vs. 60+ Jahre
vertrauenswürdig / nicht vertrauenswürdig	Tukey-Test: $p = 0{,}721$	Tukey-Test: $p = 0{,}752$	Tukey-Test: $p = 0{,}036*$
von unabhängigen Personen / nicht von unabhängigen Personen geprüft	Tukey-Test: $p = 0{,}766$	Tukey-Test: $p = 0{,}049*$	Tukey-Test: $p = 0{,}004**$
sicher / unsicher	Tukey-Test: $p = 0{,}683$	Tukey-Test: $p = 0{,}796$	Tukey-Test: $p = 0{,}038*$
stabil / instabil	Tukey-Test: $p = 0{,}148$	Tukey-Test: $p = 0{,}916$	Tukey-Test: $p = 0{,}055$
transparent / intransparent	Tukey-Test: $p = 0{,}815$	Tukey-Test: $p = 0{,}019*$	Tukey-Test: $p < 0{,}001***$
kompetent / inkompetent	Tukey-Test: $p = 0{,}293$	Tukey-Test: $p = 0{,}050*$	Tukey-Test: $p = 0{,}213$
zuverlässig / unzuverlässig	Tukey-Test: $p = 0{,}082$	Tukey-Test: $p = 0{,}004**$	Tukey-Test: $p = 0{,}073$

Tab. 21: Post-hoc-Vergleiche der Abweichungseinschätzungen – Merkmal „Alter"

In Abbildung 127 sind die relativen Häufigkeiten der Imagedeckungsgrade[150] je Altersgruppe dargestellt. Die schwarz umrandeten Mittelwerte verdeutlichen, inwieweit sich das Real- und Idealbild nach Ansicht der jeweiligen Altersgruppen im Mittel deckt, wobei 100 % eine perfekte Übereinstimmung der Einschätzung des Real- und Idealbilds und 0 % die maximale Abweichung bedeutet.

Der positivste Imagedeckungsgrad von 75,5 % ergibt sich für die Gruppe der über 60-Jährigen. Für die Altersgruppen „14-19 Jahre" und „20-59 Jahre" berechnen sich im Vergleich deutlich niedrigere Imagedeckungsgrade in Höhe von 69,0 % bzw. 70,9 %. Das hoch signifikante Testergebnis der ANOVA lässt darauf schließen, dass die Einschätzung der Abweichung zwischen dem Real- und Idealbild vom Alter der Befragten maßgeblich beeinflusst wird (F = 4,79; df(a) = 2; df(b) = 444; p = 0,009). Anhand des Tukey-Tests konnte im Zuge der Post-hoc-Analyse bestätigt werden, dass die über 60-Jährigen im Vergleich zu den 14- bis 19-Jährigen einen signifikant höheren Imagedeckungsgrad aufweisen (p = 0,013), während der Unterschied zu den Befragten zwischen 20 und 59 Jahren knapp nicht signifikant ist (p = 0,056).

---

[150] Näheres zum Imagedeckungsgrad siehe Abschnitt VI.A.4.b) – Seite 50f.

Einstellung gegenüber Kreditgenossenschaften

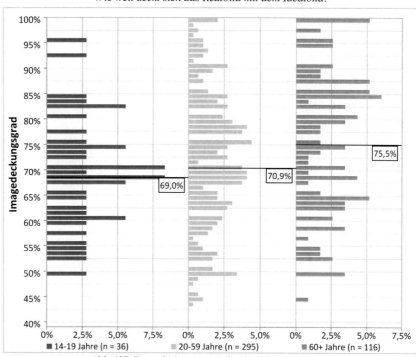

Abb. 127: Imagedeckungsgrade für das Merkmal „Alter"

c) Einstellung zu und Interesse an Kreditgenossenschaften

Dieser Abschnitt widmet sich der Analyse, ob eine Abhängigkeit der Einstellung zu bzw. des Interesses an Kreditgenossenschaften vom Merkmal „Alter" besteht. Die Abbildungen dieses Abschnitts zeigen neben der Antwortverteilung auch die jeweiligen Mittelwerte. Zur Berechnung der Mittelwerte wurden die Kategorien „sehr gut" bis „sehr schlecht" bzw. „trifft voll zu" bis „trifft gar nicht zu" mit Werten von 1 bis 5 kodiert. Während sich die Antwortverteilung auf die Achse über dem Diagramm bezieht, bestimmt sich die Lage der Mittelwerte anhand der Skalenachse unter dem Diagramm.

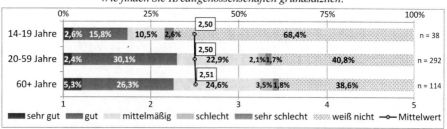

Abb. 128: Einstellung zu Kreditgenossenschaften und das Merkmal „Alter"

Obwohl ein deutlich geringerer Anteil an Befragten der jüngsten Teilgruppe eine Bewertung abgibt, fällt die mittlere Einschätzung der generellen Einstellung zu Kreditgenossenschaften im Vergleich zu den beiden älteren Gruppen in etwa gleich positiv aus. Das Antwortverhalten hängt nicht vom Merkmal „Alter" ab; Chi-Quadrat-Test und ANOVA liefern keine signifikanten Resultate.

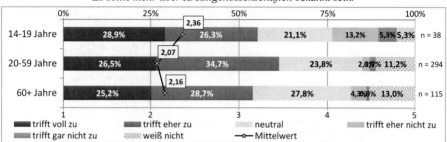

Abb. 129: Wissen über Kreditgenossenschaften und das Merkmal „Alter"

Für die 20- bis 59-Jährigen ergibt sich mit 2,07 die höchste Zustimmung. Mit einem Mittelwert von 2,36 erfährt dieses Statement von der jüngsten Teilgruppe die geringste Zustimmung. Das Antwortverhalten auf diese Frage hängt vom Merkmal „Alter" ab; der Chi-Quadrat-Test[151] ist signifikant ($\chi^2 = 18,85$; df = 10; p = 0,042). Den Mittelwertdifferenzen ist jedoch unter Verwendung der ANOVA keine Signifikanz beizumessen.

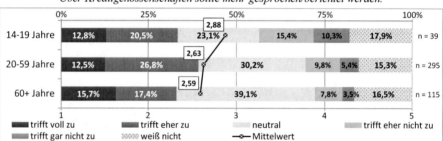

Abb. 130: Berichte über Kreditgenossenschaften und das Merkmal „Alter"

Für die über 60-Jährigen ergibt sich mit 2,59 die höchste Zustimmung. Mit einem Mittelwert von 2,88 erfährt dieses Statement von der jüngsten Teilgruppe die geringste Zustimmung. Chi-Quadrat-Test und ANOVA liefern keine signifikanten Ergebnisse.

---

[151] Die Testvoraussetzung eines angemessen hohen Stichprobenumfangs ist hinsichtlich dieses Frageitems im Zusammenhang mit dem Merkmal „Alter" nicht gegeben, daher ist das Testergebnis mit Vorsicht zu interpretieren.

Einstellung gegenüber Kreditgenossenschaften 127

Kreditgenossenschaften sind für den österreichischen Kreditmarkt wichtig.

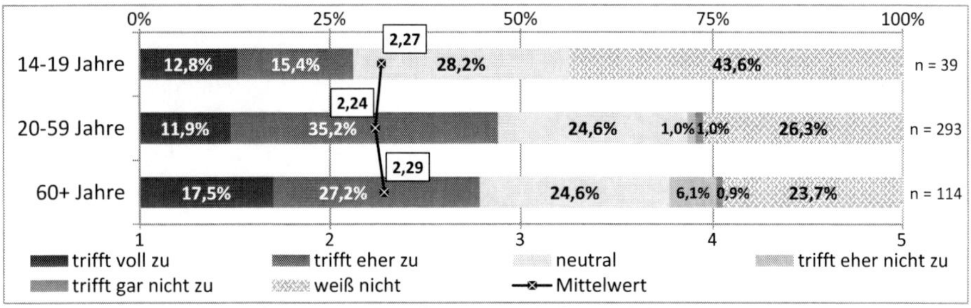

Abb. 131: Bedeutung von Kreditgenossenschaften und das Merkmal „Alter"

Die mittlere Zustimmung auf diese Aussage ist zwar in allen drei Teilgruppen – mit Mittelwerten zwischen 2,24 und 2,29 – in etwa gleich hoch, dennoch ist der Chi-Quadrat-Test[152] signifikant ($\chi^2 = 22{,}67$; df = 10; p = 0,012). Den Mittelwertdifferenzen ist jedoch unter Verwendung der ANOVA keine Signifikanz beizumessen.

Kreditgenossenschaften haben eine große Bedeutung für die ländliche Entwicklung und Nahversorgung.

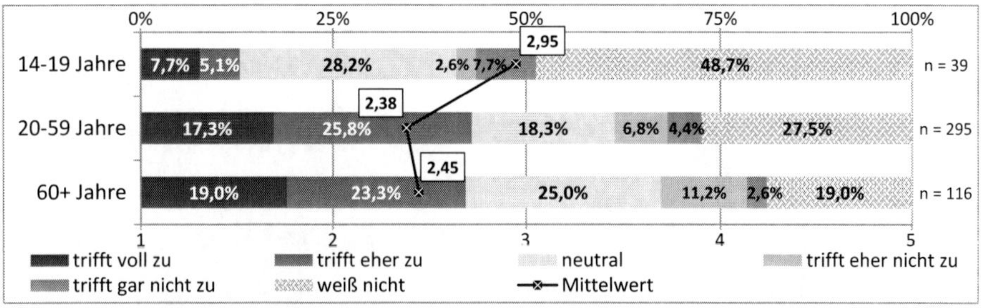

Abb. 132: Bedeutung für den ländlichen Raum und das Merkmal „Alter"

Für die 20- bis 59-Jährigen ergibt sich mit 2,38 die höchste Zustimmung. Mit einem Mittelwert von 2,95 erfährt dieses Statement von den 14- bis 19-Jährigen die geringste Zustimmung. Das Antwortverhalten auf diese Frage hängt vom Merkmal „Alter" ab; der Chi-Quadrat-Test ist hoch signifikant ($\chi^2 = 26{,}45$; df = 10; p = 0,003). Den Mittelwertdifferenzen ist jedoch unter Verwendung der ANOVA keine Signifikanz beizumessen.

d) Einstellung zu Kreditgenossenschaften im Vergleich zu anderen Kreditinstituten

Dieser Abschnitt widmet sich der Analyse, ob ein Zusammenhang zwischen dem Merkmal „Alter" und der Einschätzung von Kreditgenossenschaften im Vergleich zur nicht genossenschaftlichen Konkurrenz besteht.

Im untenstehenden Liniendiagramm sind die Einschätzungen kreditgenossenschaftlicher Charakterzüge im Vergleich zur nicht genossenschaftlichen Konkurrenz grafisch dargestellt. Für eine höhere Übersichtlichkeit wurde die fünfstufige Skala (von 1 „besser" bis 5 „schlechter") reduziert. Die Mittelwerte der vergleichenden Einschätzungen der Eigenschaften sind – aufsteigend geordnet – an der rechten Innenseite des Liniendiagramms angeführt. Unmittelbar

---

[152] Die Testvoraussetzung eines angemessen hohen Stichprobenumfangs ist hinsichtlich dieses Frageitems im Zusammenhang mit dem Merkmal „Alter" nicht gegeben, daher ist das Testergebnis mit Vorsicht zu interpretieren.

daneben finden sich am rechten Rand der Abbildung die Ergebnisse der Mittelwertvergleiche mittels ANOVA.

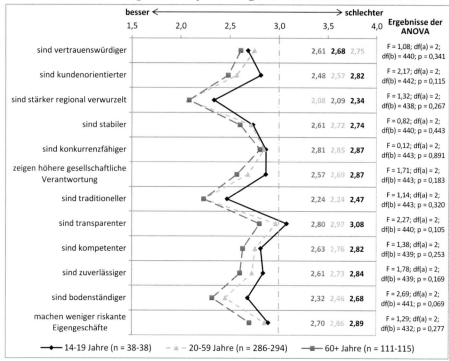

Abb. 133: Kreditgenossenschaften im Vergleich zu anderen Kreditinstituten und das Merkmal „Alter"

Der obigen Abbildung ist entnehmbar, dass Befragte der jüngsten Teilgruppe 11 der 12 Attribute im Mittel am wenigsten positiv bewerten. Am positivsten werden Kreditgenossenschaften – relativ zu nicht genossenschaftlich organisierten Banken – von den über 60-Jährigen gesehen. Für diese Teilgruppe berechnet sich bei 11 Frageitems der niedrigste Mittelwert. Anhand der ANOVA können den Mittelwerten der drei Altersgruppen jedoch keine signifikanten Abweichungen nachgewiesen werden.

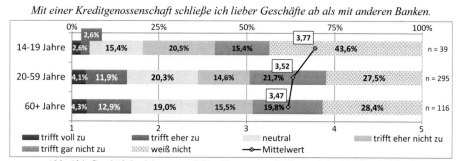

Abb. 134: Geschäftsbeziehungen mit Kreditgenossenschaften und das Merkmal „Alter"

Mit einem Mittelwert von 3,77 erfährt dieses Statement von der jüngsten Altersgruppe die größte Ablehnung. Für die älteste Altersgruppe ergibt sich mit 3,47 der positivste Mittelwert. Die Unterschiede sind aber statistisch nicht signifikant.

Im Vergleich zu anderen Banktypen haben Genossenschaftsbanken in der Finanz- und Wirtschaftskrise an Vertrauen gewonnen.

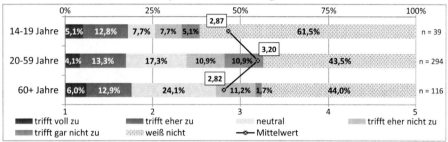

Abb. 135: Genossenschaftsbanken in der Finanzkrise und das Merkmal „Alter"

Für die älteste Teilgruppe ergibt sich mit 2,82 die höchste Zustimmung. Mit einem Mittelwert von 3,20 erfährt dieses Statement von den 20- bis 59-Jährigen die geringste Zustimmung. Die Unterschiede sind aber statistisch knapp nicht signifikant.

E. ERGEBNISSE FÜR DAS MERKMAL „BILDUNGSNIVEAU"

Dieses Kapitels geht der Frage nach, ob ausbildungsbedingte Wissens- oder Einstellungsunterschiede in Bezug auf Kreditgenossenschaften bestehen. Wie bereits erläutert, wurden die Kategorien des Fragebogens[153] im Interesse einer besseren Übersichtlichkeit zu drei Gruppen zusammengefasst: keine Matura / Maturaabschluss / akademischer Abschluss.

1. Informationsquellen

Dieser Abschnitt untersucht, ob die Bedeutung der einzelnen Informationsquellen sowie die jeweiligen Einschätzungen der vermittelten Informationen kreditgenossenschaftlichen Inhalts mit dem Bildungsniveau variieren.

Die Ergebnisse zur Frage „Wo bzw. in welchem Zusammenhang haben Sie schon etwas über Kreditgenossenschaften gehört?" sind in der Abbildung 136 illustriert. Die Zahlenwerte in den Kästchen der Abbildung stellen die Mittelwerte der Informationsbewertungen je Informationsquelle dar.[154] Für den Mittelwert gilt eine Schwankungsbreite von 1 bis -1. Die Lage der Mittelwerte bestimmt sich nach der horizontalen Achse unter dem Diagramm. Je höher die Mittelwerte, desto mehr nähern sich diese in der Darstellung dem linken Außenrand des Diagramms. Positive Mittelwerte bedeuten einen überwiegenden Anteil an positiven Einschätzungen.

Im Anschluss an die Darstellung der Informationskanäle sind die statistischen Ergebnisse des Chi-Quadrat-Tests in Tabelle 22 angeführt. Sie geben Aufschluss, ob das Merkmal „Bildungsniveau" das Antwortverhalten in Bezug auf die beiden Antwortalternativen „ja" und „nein" (die drei „ja"-Antwortkategorien wurden für den Test zu einer Kategorie zusammengefasst) signifikant beeinflusst. Liefert der Chi-Quadrat-Test ein signifikantes Ergebnis ($p < 0,05$), wird die Nullhypothese, die annimmt, dass das Antwortverhalten unabhängig vom Merkmal „Bildungsniveau" ist, verworfen. Der Chi-Quadrat-Test gibt jedoch nur Aufschluss über eine etwaige Abhängigkeit der Frageitems vom Merkmal „Bildungsniveau". Da dieses Merkmal drei Merkmalsausprägungen vorgibt, wurden – im Falle eines signifikanten Ergebnisses – die „ja"-Anteile der drei Bildungsgruppen mit dem Chi-Quadrat-Test paarweisen Vergleichen unterzogen, um zu überprüfen, welche Bildungsschichten sich wesentlich im Antwortverhalten unterscheiden. Die Testwerte der paarweisen Gegenüberstellungen sind in der Tabelle 23 angeführt. Darüber hinaus wurde mithilfe der ANOVA überprüft, ob sich die Bewertungen der bezogenen Informationen der Befragten ohne Matura, mit Matura und mit akademischem Abschluss unterscheiden. Die Testresultate sind in Tabelle 24 dargestellt.

---

[153] Pflichtschule / Lehre / Berufsbildende mittlere Schule / Allgemeinbildende höhere Schule / Berufsbildende höhere Schule / Kolleg / Hochschulverwandte Lehranstalt / Hochschule
[154] Für positive Bewertungen wurde der Wert 1, für neutrale der Wert 0 und für negative der Wert -1 vergeben.

Wo bzw. in welchem Zusammenhang haben Sie schon etwas über Kreditgenossenschaften gehört? Wenn ja, wie beurteilen Sie die Informationen?

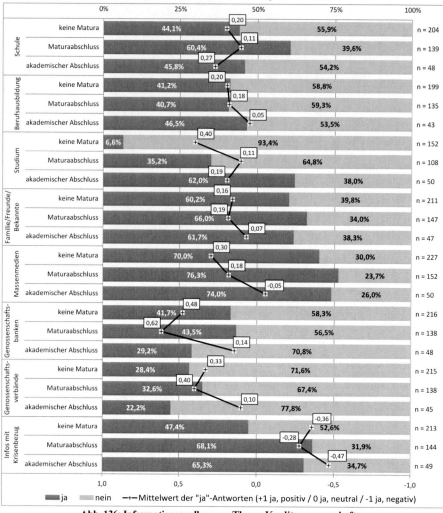

Abb. 136: Informationsquellen zum Thema Kreditgenossenschaften nach dem Merkmal „Bildungsniveau"

Die Abbildung 136 zeigt, dass die „ja"-Anteile der Befragten, die einen Maturaabschluss aber keinen akademischer Grad besitzen, bei 6 der 8 Frageitems am höchsten sind. Lediglich bei den Informationsquellen „Studium" – was wenig überraschend ist – und „Berufsausbildung" haben Akadmiker/innen häufiger Wissen über Kreditgenossenschaften bezogen. Interessant ist, dass Akademiker/innen am seltensten direkt von Genossenschaftsbanken oder genossenschaftlichen Verbänden mit Informationen versorgt werden.

Aber nur die Antwortverteilungen in Bezug auf die Informationsquellen „Schule", „Studium" und „im Zusammenhang mit der Finanz- und Wirtschaftskrise" werden vom Merkmal „Bildung" beeinflusst. Allerdings betreffen zwei der drei signifikanten Ergebnisse Informationsquellen des Bildungsbereichs, was wenig überrascht – schließlich stehen unterschiedliche Bildungsschichten im Fokus.

Informationsquelle	χ^2-Test
Schule	$\chi^2 = 9,21$; df = 2; p = 0,010*
Berufsausbildung	$\chi^2 = 0,48$; df = 2; p = 0,787
Studium	$\chi^2 = 69,07$; df = 2; p < 0,001***
Familie/Freunde/Bekannte	$\chi^2 = 1,26$; df = 2; p = 0,534
Massenmedien	$\chi^2 = 1,85$; df = 2; p = 0,396
direkte Informationen von einzelnen Genossenschaftsbanken	$\chi^2 = 3,17$; df = 2; p = 0,205
Informationsveranstaltungen/Vortragsreihen/Internetseiten von genossenschaftlichen Verbänden	$\chi^2 = 1,91$; df = 2; p = 0,385
im Zusammenhang mit der Finanz- und Wirtschaftskrise	$\chi^2 = 16,53$; df = 2; p < 0,001***

Tab. 22: Chi-Quadrat-Testergebnisse zum „ja"-Anteilvergleichs je Informationsquelle – Merkmal „Bildungsniveau"

Die Ergebnisse der paarweisen Gegenüberstellung in Tabelle 23 zeigen, dass sich bei den drei näher analysierten Informationsquellen stets die Gruppen „keine Matura" und „Matura" deutlich unterscheiden. Etwas über genossenschaftliche Banken im Zusammenhang mit Krisen erfahren zu haben, geben die Befragten ohne Matura signifikant am seltensten an.

Informationsquelle	χ^2-Test		
	keine Matura vs. Matura	keine Matura vs. Akademiker/innen	Matura vs. Akademiker/innen
Schule	$\chi^2 = 8,80$; df = 1; p = 0,003**	$\chi^2 = 0,05$; df = 1; p = 0,830	$\chi^2 = 3,10$; df = 1; p = 0,078
Studium	$\chi^2 = 34,32$; df = 1; p < 0,001***	$\chi^2 = 71,43$; df = 1; p < 0,001***	$\chi^2 = 9,99$; df = 1; p = 0,002**
im Zusammenhang mit der Finanz- und Wirtschaftskrise	$\chi^2 = 14,83$; df = 1; p < 0,001***	$\chi^2 = 5,10$; df = 1; p = 0,024*	$\chi^2 = 0,13$; df = 1; p = 0,723

Tab. 23: Paarweiser „ja"-Anteilvergleichs je Informationsquelle – Merkmal „Bildungsniveau"

Alle Befragten, die das jeweilige Item mit „ja" beantwortet haben, wurden gebeten, die Inhalte der über die verschiedenen Informationsquellen vermittelten Informationen in die Kategorien „positiv", „neutral" und „negativ" einzustufen. Die Mittelwerte dieser Bewertungen sind in den Kästchen der Abbildung 136 dargestellt. Personen, die ein Studium absolviert haben, schätzen die Informationen von 6 der 8 Informationquellen am kritischsten ein. Allerdings hängen nur die Einschätzungen der von Kreditgenossenschaften direkt und der aus Massenmedien bezogenen Informationen signifikant vom Merkmal „Bildungsniveau" ab:

Informationsquelle	ANOVA
Schule	F = 1,90; df(a) = 2; df(b) = 193; p = 0,153
Berufsausbildung	F = 0,89; df(a) = 2; df(b) = 154; p = 0,413
Studium	F = 1,28; df(a) = 2; df(b) = 76; p = 0,284
Familie/Freunde/Bekannte	F = 0,36; df(a) = 2; df(b) = 250; p = 0,698
Massenmedien	F = 4,86; df(a) = 2; df(b) = 309; p = 0,008**
direkte Informationen von einzelnen Genossenschaftsbanken	F = 3,92; df(a) = 2; df(b) = 161; p = 0,022*
Informationsveranstaltungen/Vortragsreihen/Internetseiten von genossenschaftlichen Verbänden	F = 0,79; df(a) = 2; df(b) = 113; p = 0,455
im Zusammenhang mit der Finanz- und Wirtschaftskrise	F = 1,03; df(a) = 2; df(b) = 228; p = 0,359

Tab. 24: ANOVA Testergebnisse zur Informationsbewertung je Informationsquelle – Merkmal „Bildungsniveau"

Die Post-hoc-Analyse ergab, dass lediglich signifikante Unterschiede in der Informationsbewertung zwischen den Bildungsschichten „keine Matura" und „akademischer Abschluss" hinsichtlich der Massenmedien sowie zwischen den Bildungsschichten „Maturaabschluss" und „akademischer Abschluss" hinsichtlich direkter Informationen von Genossenschaftsbanken bestehen.

Informationsquelle	keine Matura vs. Matura	keine Matura vs. Akademiker/innen	Matura vs. Akademiker/innen
Massenmedien	Tukey-Test: p = 0,296	Tukey-Test: p = 0,007**	Tukey-Test: p = 0,119
direkte Informationen von einzelnen Genossenschaftsbanken	Tukey-Test: p = 0,326	Tukey-Test: p = 0,114	Tukey-Test: p = 0,018*

Tab. 25: Post-hoc-Vergleiche der Informationsbewertung – Merkmal „Bildungsniveau"

2. Allgemeine Kenntnisse und Erfahrungen

In diesem Abschnitt wird untersucht, ob bzw. in welchem Ausmaß sich die drei Bildungsgruppen hinsichtlich ihrer allgemeinen Kenntnisse über Kreditgenossenschaften und hinsichtlich ihrer Erfahrungen mit Kreditgenossenschaften unterscheiden.

a) Kenntnis des Begriffs „Genossenschaft"

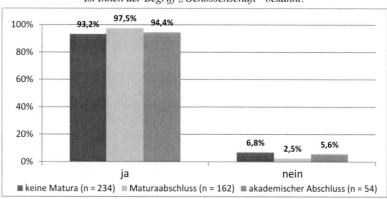

Abb. 137: Begriff „Genossenschaft" und das Merkmal „Bildungsniveau"

Mit Anteilen von jeweils rund 95 % unterscheidet sich die Bekanntheit des Begriffs „Genossenschaft" in allen drei Bildungsgruppen nur geringfügig. Aufgrund der geringen Differenzen ergibt der Chi-Quadrat-Test kein signifikantes Ergebnis.

Allgemeine Kenntnisse und Erfahrungen

b) Genossenschaften im Bereich des Bank-/Kreditwesens

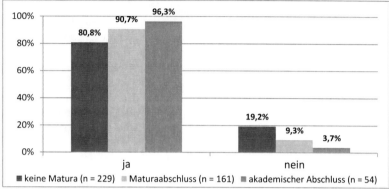

Abb. 138: Tätigkeit im Bank-/Kreditwesen und das Merkmal „Bildungsniveau"

Wie aus obiger Abbildung ersichtlich ist, nimmt mit zunehmendem Bildungsgrad der Anteil an Befragten zu, die wissen, dass sich die genossenschaftlichen Tätigkeitsbereiche auch auf die Bank- und Finanzbranche erstrecken. Während jeder fünfte Befragte der niedrigsten Bildungsgruppe eine Tätigkeit von Genossenschaften im Bankenbereich fälschlicherweise verneint, entscheidet sich nur jede/r dreißigste Akademiker/in für die falsche Antwort „nein". Die Berechnung des Chi-Quadrat-Tests ergibt ein hoch sigifikantes Ergebnis ($\chi^2 = 13{,}04$; df = 2; p = 0,001) und bestätigt somit, dass das Antwortverhalten nach Bildungsschicht variiert.

c) Kenntnis des Begriffs „genossenschaftlicher Förderauftrag"

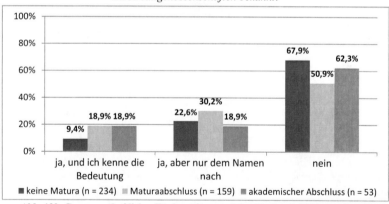

Abb. 139: Genossenschaftlicher Förderauftrag und das Merkmal „Bildungsniveau"

Der Anteil der Befragten, die angeben, den „genossenschaftlichen Förderauftrag" zumindest dem Namen nach zu kennen, ist in der Teilgruppe „Maturaabschluss" am höchsten. Ca. zwei Dritteln der Befragten ohne Maturaabschluss ist der genossenschaftliche Förderauftrag im Zusammenhang mit genossenschaftlichen Banken hingegen gänzlich unbekannt. Der Chi-Quadrat-Test ist hoch signifikant ($\chi^2 = 14{,}69$; df = 4; p = 0,005), was den Zusammenhang zwischen dem Bildungsniveau und der Kenntnis des Förderauftrages belegt.

d) Mitgliederstatus und Genossenschaftsanteile

Neben den Antwortverteilungen auf die Aussagen „Ich besitze derzeit Geschäftsanteile an einer oder mehreren Kreditgenossenschaften" und „Ich bin derzeit Mitglied in einer oder mehreren Kreditgenossenschaften" ist in der nachfolgenden Abbildung für jede Bildungsgruppe das prozentuale Verhältnis zwischen den Befragten, welche die erstgenannte Frage mit „ja" beantworten und dem „ja"-Anteil der zweitgenannten Frage dargestellt. Sowohl die Befragungsergebnisse der beiden Fragen als auch die relativen Verhältniswerte beziehen sich auf die Skalenachse am unteren Ende des Diagramms. Da eine Mitgliedschaft durch den Erwerb von Genossenschaftsanteilen vermittelt wird, sollten sich die „ja"-Anteile der beiden Fragen decken (Verhältniswert = 100 %). Wie jedoch aus der Abbildung 140 hervorgeht, unterschreitet der Anteil an Befragten, die angeben, Genossenschaftsanteile zu besitzen, in sämtlichen Teilgruppen den jeweiligen Anteil an Befragten, die sich als Genossenschaftsmitglieder deklarieren.

Stimmen die Anteile an Kreditgenossenschaftsmitgliedern und -anteilsinhabern überein?

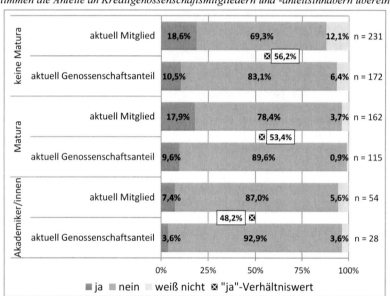

Abb. 140: Kreditgenossenschaftsmitglieder und -anteilsbesitzer und das Merkmal „Bildungsniveau"

e) Selbsteinschätzung der Kenntnisse über Kreditgenossenschaften

Während die obere Abbildungshälfte die Antworten auf die Frage „Haben Sie Kenntnisse über Kreditgenossenschafen?" illustriert, veranschaulicht die untere Hälfte, wie die jeweilige Bildungsgruppe ihre Kenntnisse über Kreditgenossenschaften beurteilt. Die Lage der im unteren Diagrammbereich dargestellten Mittelwerte bestimmt sich anhand der horizontalen Achse am unteren Ende des Diagramms.

Allgemeine Kenntnisse und Erfahrungen 137

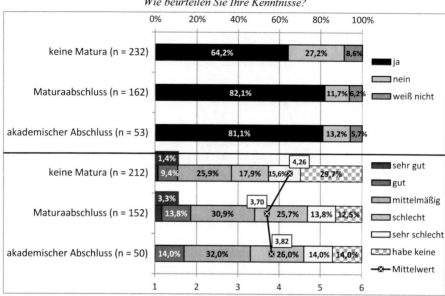

Abb. 141: Kenntnisse über Kreditgenossenschaften und das Merkmal „Bildungsniveau"

Der Anteil an Befragten, die anführen, Kenntnisse über den genossenschaftlichen Bankensektor zu haben, ist in der Teilgruppe „keine Matura" – der „ja"-Anteil beträgt aber immerhin rd. zwei Drittel – am niedrigsten. Im Vergleich dazu haben in etwa vier Fünftel der Befragten, die einen akademischen Titel oder zumindest einen Maturaabschluss besitzen, die Frage nach Kenntnissen bejaht. Der Chi-Quadrat-Test ist höchst signifikant ($\chi^2 = 18{,}55$; df = 4; p < 0,001).

Neben der Klassifizierung der „ja"-Antworten in die Kategorien von „sehr gut" bis „sehr schlecht" stellt die Kategorie „habe keine (Kenntnisse)" die „nein"-Antworten des oberen Diagrammabschnitts dar. Da diese Kategorie im Kontext der Fragestellung ebenfalls Auskunft über das Ausmaß der Kenntnisse liefert, wurden die „habe keine (Kenntnisse)"-Antworten in der Mittelwertberechnung mit dem Wert 6 berücksichtigt. Die Analyse zeigt, dass die Befragten ohne Matura nicht nur am seltensten etwas über Kreditgenossenschaften wissen, sondern ihre Kenntnisse auch am mangelhaftesten einstufen (Mittelwert = 4,26). Mit einem Mittelwert von 3,70 fällt die Selbstevaluation der Kenntnisse bei den Personen mit Matura am besten aus. Die Mittelwertdifferenzen sind der ANOVA zufolge höchst signifikant (F = 7,80; df(a) = 2; df(b) = 411; p < 0,001). Mithilfe des Games-Howell-Tests konnte festgestellt werden, dass sich die negative Kenntniseinschätzung der Befragten ohne Matura höchst signifikant von jener der Befragten mit Matura (p < 0,001) unterscheidet. Die übrigen paarweisen Gegenüberstellungen führten hingegen zu keinen signifikanten Ergebnissen.

f) Selbsteinschätzung der bisherigen Erfahrungen mit Kreditgenossenschaften

Analog zur Verbildlichung der Kenntniseinschätzung zeigt die obere Hälfte im untenstehenden Diagramm, ob die jeweiligen Bildungsschichten bereits Erfahrung mit Kreditgenossenschaften gesammelt haben, während darunter die selbsteingeschätzte Güte des Erfahrungsschatzes dargestellt wird.

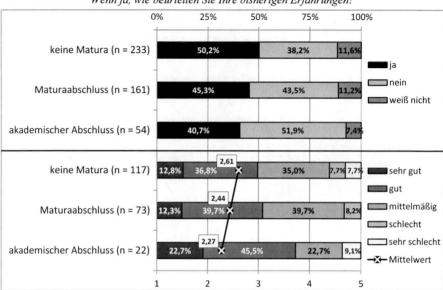

Abb. 142: Erfahrungen mit Kreditgenossenschaften und das Merkmal „Bildungsniveau"

Im Gegensatz zur Selbstevaluation der Kenntnisse scheinen Personen geringerer Bildungsschichten eher Erfahrungen mit Kreditgenossenschaften gemacht zu haben. Der Chi-Quadrat-Test liefert jedoch kein signifikantes Ergebnis.

Die untere Hälfte der Abbildung zeigt ein konträres Bild. So bewerten Befragte, die zuvor angegeben haben, über Erfahrung zu verfügen, diese Erfahrungen umso besser, je höher ihr Bildungsabschluss ist. Gemäß der ANOVA besteht jedoch kein Zusammenhang zwischen der mittleren Erfahrungsbewertung und dem Merkmal „Bildungsniveau".

g) Kreditgenossenschaften und die Finanz- und Wirtschaftskrise

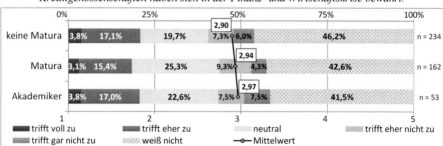

Abb. 143: Kreditgenossenschaften in der Finanz- und Wirtschaftskrise und das Merkmal „Bildungsniveau"

Anhand der Mittelwerte in Abbildung 143 ist ersichtlich, dass die Performance von Kreditgenossenschaften im Zeitraum der Finanz- und Wirtschaftskrise sehr ähnlich bewertet wird. Auch die Mittelwerte liegen dicht beieinander. Dementsprechend führt der Chi-Quadrat-Test zu keinem signifikanten Ergebnis.

3. Kenntnisse über typische genossenschaftliche Eigenschaften

In diesem Abschnitt werden die Befragungsdaten auf bildungsbedingte Unterschiede im Hinblick auf das Wissen über genossenschaftliche Eigenschaften untersucht. Sämtliche Genossenschaftsmerkmale, die in weiterer Folge in Form von Statements angeführt sind, wurden bereits im Abschnitt VI.A.3 näher erläutert. Da manche Statements bewusst so formuliert wurden, dass sie inhaltlich nicht der Wahrheit entsprechen, ist abhängig von der Formulierung entweder die Antwortmöglichkeit „stimmt" oder „stimmt nicht" als richtig zu werten. In den folgenden Abbildungen zeigen die schwarz umrandeten Balken stets die korrekte Antwort.

Je Aussage zu genossenschaftlichen Eigenheiten wird mithilfe des χ^2-Tests untersucht, ob die Zugehörigkeit zu verschiedenen Bildungsschichten das Antwortverhalten beeinflusst. Die entsprechenden Testwerte sind am rechten Rand der Diagramme angeführt. Ob signifikante Ergebnisse vorliegen, wird durch Sterne nach den jeweiligen Signifikanzwerten (p) signalisiert.

Wie bereits in den bisherigen Abschnitten, welche die Kenntnisse zu genossenschaftlichen Merkmalen thematisierten, gliedert sich die Ergebnispräsentation in die Kategorien „Zweck", „Mitgliedschaft", „Ausrichtung/Orientierung", „Aktualität/Tradition" und „sonstige Merkmale". Im Anschluss folgt eine Zusammenfassung der Kenntnisse genossenschaftlicher Eigenschaften für das Merkmal „Bildungsniveau".

a) Zweck

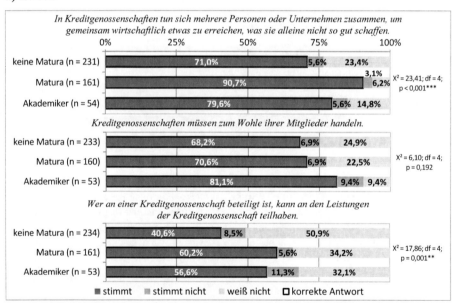

Abb. 144: Eigenschaften der Kategorie „Zweck" und das Merkmal „Bildungsniveau"

Wie obige Abbildung zeigt, sind die Befragten mit dem niedrigsten Bildungsabschluss am wenigsten mit dem genossenschaftlichen Zweck vertraut. Gemäß dem Chi-Quadrat-Test besteht hinsichtlich der Kenntnis, dass Genossenschaften Kooperationen sind und dass Beteiligte bzw. Eigentümer einer Kreditgenossenschaft gleichzeitig Leistungen der Genossenschaftsbank beziehen können, ein höchst signifikanter Unterschied in der Antwortverteilung.

b) Mitgliedschaft

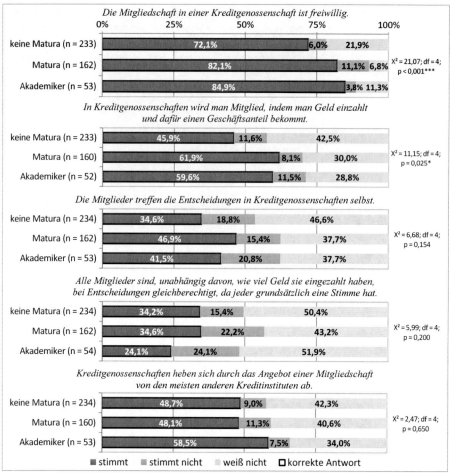

Abb. 145: Eigenschaften der Kategorie „Mitgliedschaft" und das Merkmal „Bildungsniveau"

Nur jede/r vierte befragte Akademiker/in weiß, dass das Stimmrecht bzw. -gewicht grundsätzlich unabhängig von der Höhe der Beteiligung ist. Der Chi-Quadrat-Test ist jedoch nicht signifikant. Ein signifikanter Zusammenhang zwischen der Antwortverteilung und dem Merkmal „Bildungsniveau" besteht hingegen bei den Wesensmerkmalen der „freiwilligen Mitgliedschaft" und der „Entgeltlichkeit der Genossenschaftsmitgliedschaft", die von Befragten ohne Matura vergleichsweise selten korrekt beantwortet wurden.

c) Ausrichtung/Orientierung

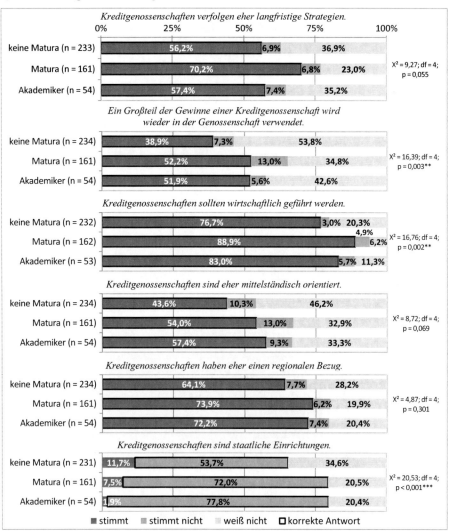

Abb. 146: Eigenschaften der Kategorie „Ausrichtung/Orientierung"
und das Merkmal „Bildungsniveau"

Aus obenstehender Abbildung ist ersichtlich, dass Personen der niedrigsten Bildungsschicht die geringsten Kenntnisse in Bezug auf die Ausrichtung und Orientierung von Kreditgenossenschaften haben. Dem Chi-Quadrat-Test zufolge unterscheiden sich die Antwortverteilungen der drei Teilgruppen hinsichtlich der Eigenschaften „Thesaurierung der Gewinne", „wirtschaftliche Führung" und des falsch formulierten Statements „Kreditgenossenschaften sind staatliche Unternehmen" signifikant voneinander.

d) Aktualität und Tradition

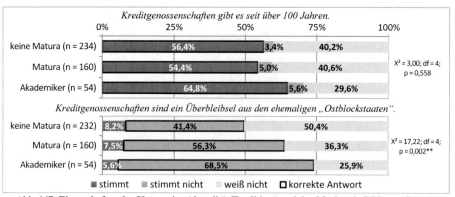

Abb. 147: Eigenschaften der Kategorie „Aktualität/Tradition" und das Merkmal „Bildungsniveau"

Befragte mit einer akademischen Ausbildung beantworten beide Fragen dieser Kategorie am häufigsten richtig. Gemäß dem Chi-Quadrat-Test hat das Merkmal „Bildungsniveau" jedoch nur auf das Antwortverhalten bezüglich der unwahren Aussage, Kreditgenossenschaften seien ein „Ostblock-Relikt", einen hoch signifikanten Einfluss.

e) Sonstige Merkmale

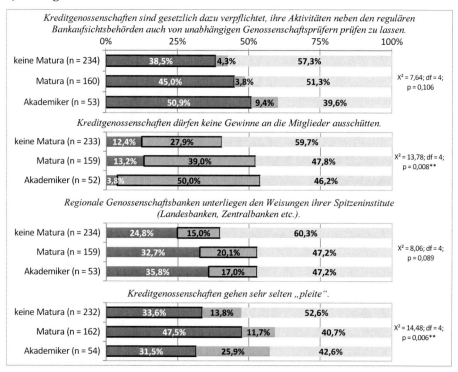

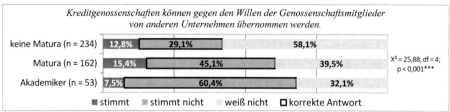

Abb. 148: Kenntnis der Eigenschaften der Kategorie „sonstige Merkmale"
und das Merkmal „Bildungsniveau"

Obiger Abbildung ist zu entnehmen, dass nahezu alle der oben angeführten Genossenschaftsmerkmale in der Gruppe „keine Matura" am wenigsten bekannt sind. Der Chi-Quadrat-Test ergab hinsichtlich der Genossenschaftsmerkmale, dass Kreditgenossenschaften in ihrer Gewinnverteilung weitgehend uneingeschränkt sind, dass Kreditgenossenschaften selten insolvent werden und dass eine Übernahme wider den Willen der Genossenschaftsmitglieder nicht möglich ist, signifikante Ergebnisse.

f) Zusammenfassung des Wissensvergleiches – Merkmal „Bildungsniveau"

In der Abbildung 149 werden die Wissensunterschiede der drei möglichen Ausprägungen des Merkmals „Bildung" anhand der Häufigkeiten korrekter Antworten des Fragenblocks 20 grafisch dargestellt. Für jede Bildungsgruppe sind die Häufigkeiten der Anzahl an korrekten Antworten sowie die jeweiligen Mittelwerte dargestellt. Die maximale Anzahl an richtig zu wertenden Antworten beträgt 21. Hinsichtlich des statistischen Vergleichs mittels ANOVA bzw. der Post-hoc-Analyse sei angemerkt, dass zur Durchführung der statistischen Vergleiche für jeden/jede Befragungsteilnehmer/in ein relativer Anteil an korrekten Antworten berechnet wurde. Dieser berechnete Wert beschreibt das Verhältnis der korrekten Antworten zur Anzahl an beantworteten Frageitems dieses Fragebogenabschnitts.[155]

Nachfolgende Abbildung zeigt, dass sowohl Befragte der mittleren als auch der höchsten Bildungsschicht durchschnittlich ca. 12 der 21 Frageitems korrekt beantwortet haben. Im Vergleich dazu liegt der für die Befragten ohne Maturaabschluss errechnete Wert deutlich niedriger (Mittelwert = 9,86). Die ANOVA liefert ein höchst signifikantes Testergebnis (F = 11,78; df(a) = 2; df(b) = 447; p < 0,001).

Wie bereits Abbildung 149 vermuten läßt, bestätigt sich anhand der Post-hoc-Analyse mittels Games-Howell-Test, dass das Wissen der Befragungsteilnemer/innen mit dem geringsten Bildungsstand hoch bzw. höchst signifikant vom Kenntnisstand der Akademiker/innen (p = 0,003) und den Maturant/inn/en (p < 0,001) abweicht. Das hier festgestellte vergleichsweise geringere Wissen der Befragten, die über keinen Maturaabschluss verfügen, korreliert mit der Selbsteinschätzung der Kenntnisse in Abschnitt VI.E.2.e). Der geringe Unterschied zwischen Befragten mit Matura und der Teilgruppe der Akademiker/innen ist hingegen nicht signifikant. Eine über Maturaniveau hinausgehende Ausbildung scheint keinen signifikanten Wissenzuwachs bzgl. Genossenschaften zu bringen.

---

[155] Näheres dazu siehe Abschnitt VI.B.3.f).

144　　　　　　　　　　　　　　　　Ergebnisse für das Merkmal „Bildungsniveau"

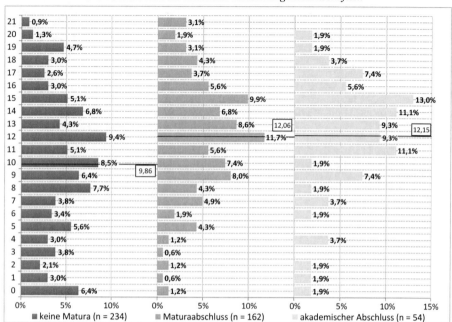

Abb. 149: Übersicht über die korrekten Antworten zu genossenschaftlichen Merkmalen nach Bildungsschichten

4. Einstellung gegenüber Kreditgenossenschaften

Dieses Kapitel vergleicht die Einstellung von Personen unterschiedlicher Bildungsschichten gegenüber Kreditgenossenschaften. Die Einstellungen werden anhand der Bewertung genossenschaftlicher Eigenschaften, der abweichenden Einschätzung des Ideal- und Realbilds von Kreditgenossenschaften, expliziter Fragen zur Einstellung gegenüber Kreditgenossenschaften sowie des Wahrnehmungsunterschieds zu anderen Banktypen untersucht.

a) Bewertung der genossenschaftlichen Merkmale

Nachdem im Abschnitt VI.E.3 das Wissen verschiedener Bildungsschichten über wesentliche genossenschaftliche Merkmale verglichen wurde, widmet sich dieser Abschnitt der Bewertung der 21 Genossenschaftsmerkmale durch die drei Bildungsgruppen. Für den Vergleich der Merkmalsbewertungen wurde je Teilgruppe ein Mittelwert der Merkmalseinstufungen von „finde ich sehr gut" bis „finde ich sehr schlecht" – Kodierung von 1 bis 5 – errechnet, die in nachfolgender Abbildung abgetragen sind. Die berechneten Mittelwerte sind rechts neben den Mittelwertlinien der Größe nach geordnet angeführt, wobei der Grauton der Schrift zu erkennen gibt, auf welches Bildungsniveau sich der jeweilige Wert bezieht. Mithilfe der ANOVA wurde für jedes Genossenschaftsmerkmal getestet, ob aufgrund der mittleren Merkmalsbewertung an der Nullhypothese, die Einschätzung der jeweiligen Genossenschaftseigenheit sei unabhängig vom Merkmal „Bildung", festgehalten werden kann. Die entsprechenden Testwerte sind am rechten Rand der Abbildung angeführt. Aus Gründen einer übersichtlicheren Darstellung sind einerseits anstelle der Merkmalsstatements Kürzel angeführt,[156] die auf das jeweilige Statement hinweisen, und andererseits ist die Skalenspannweite der grafischen Darstellung auf die Kategorien „finde ich sehr gut" bis „neutral" reduziert.

Wie werden die Merkmale von Kreditgenossenschaften im Mittel beurteilt?

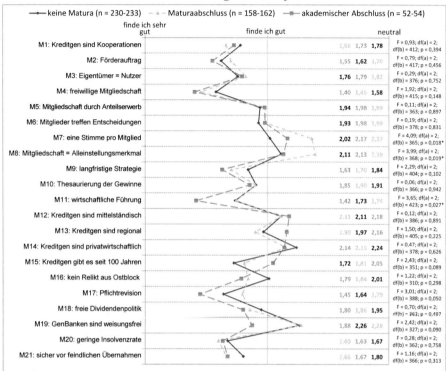

Abb. 150: Merkmalseinschätzungen im Bildungsniveauvergleich

Während Akademiker/innen 10 der 21 Genossenschaftsmerkmale am positivsten bewerten, geben Maturant/inn/en bei 9 Spezifika der genossenschaftlichen Kooperationsform die am wenigsten positiven Evaluationen ab. Die ANOVA ergibt bei den Eigenschaften „Kopfstimmprinzip", „Alleinstellungsmerkmal der genossenschaftlichen Mitgliedschaft" und „wirtschaftliche Führung" signifikante Ergebnisse. Welche Bildungsschichten hinsichtlich dieser drei Genossenschaftsmerkmale signifikant voneinander abweichen, ist anhand der in Tabelle 26 angeführten paarweisen Post-hoc-Gegenüberstellungen ersichtlich.

---

[156] Die Aussagen zu den genossenschaftlichen Merkmalen und die zugehörigen Kürzel sind in der Tabelle 6 auf Seite 44 übersichtlich aufgelistet.

Merkmal	keine Matura vs. Matura	keine Matura vs. Akademiker/innen	Matura vs. Akademiker/innen
M7: eine Stimme pro Mitglied	GH-Test: p = 0,017*	GH-Test: p = 0,651	GH-Test: p = 0,506
M8: Mitgliedschaft = Alleinstellungsmerkmal	Tukey-Test: p = 0,018*	Tukey-Test: p = 0,991	Tukey-Test: p = 0,221
M11: wirtschaftliche Führung	Tukey-Test: p = 0,995	Tukey-Test: p = 0,029*	Tukey-Test: p = 0,032*

Tab. 26: Post-hoc-Vergleiche der Merkmalseinschätzungen – Merkmal „Bildungsniveau"

Über die Post-hoc-Analyse wurde festgestellt, dass Maturant/inn/en das Prinzip, dass Mitglieder grundsätzlich nur über eine Stimme bei Abstimmungen verfügen, und die Tatsache, dass sich Genossenschaften durch ihr Mitgliedschaft von anderen Unternehmensformen abheben, signifikant negativer evaluieren als Personen ohne Maturaabschluss. Dass Genossenschaften wirtschaftlich geführt werden sollten, wird hingegen von den Hochschulabsolvent/inn/en am signifikant positivsten gesehen.

b) Einschätzung des Profils von Kreditgenossenschaften und das Merkmal „Bildungsniveau"

In der Abbildung 151 sind die Abweichungslinien zwischen der Einschätzung des Ideal- und Realbilds genossenschaftlicher Kreditinstitute für das Merkmal „Bildungsniveau" dargestellt. Um die Bewertungsunterschiede besser zu visualisieren, ist die Spannweite der Skala – die Abweichungen könnten zwischen 0 und 4 liegen – auf 1,75 reduziert. Die jeweiligen Mittelwerte sind links neben den Mittelwertlinien aufgelistet. Mithilfe der ANOVA wurden die Abweichungen einem statistischen Vergleich unterzogen. Die Testergebnisse finden sich am rechten Rand der Abbildung.

Abbildung 151 zeigt, dass die Mittelwerte der absoluten Abweichungen[157] der Befragten ohne Matura im Vergleich zu den übrigen Bildungsgruppen bei 11 der 20 Adjektivpaare am niedrigsten sind. Im Allgemeinen liegen die Abweichungseinschätzungen aller drei Bildungsgruppen sehr nahe beieinander. Lediglich beim Gegensatzpaar „zeitgemäß / nicht zeitgemäß" berechnet sich anhand des ANOVA-Testverfahrens ein signifikantes Ergebnis. Die nachträgliche paarweise Gegenüberstellung der abweichenden Einschätzung, wie „zeitgemäß / nicht zeitgemäß" Kreditgenossenschaft sein sollen und wie „zeitgemäß / nicht zeitgemäß" sie tatsächlich sind, führte anhand des Games-Howell-Tests zur Feststellung, dass sich lediglich die Abweichungseinschätzung der Befragten ohne Matura von der negativeren Einschätzung der Personen mit Matura signifikant unterscheidet (p = 0,018).

In Abbildung 152 sind die Häufigkeiten der Imagedeckungsgrade[158] je Bildungsgruppe dargestellt. Die schwarz umrandeten Mittelwerte verdeutlichen, inwieweit sich das Real- und Idealbild nach Ansicht der jeweiligen Bildungsgruppen im Mittel deckt, wobei 100 % eine perfekte Übereinstimmung der Einschätzung des Real- und Idealbilds und 0 % die maximale Abweichung bedeutet. Abbildung 152 zeigt, dass die Befragte mit dem niedrigsten Bildungsabschluss mit einem Deckungsgrad von 72,4 % am ehesten die Meinung vertreten, dass Österreichs Genossenschaftsbanken dem Idealtypus einer Kreditgenossenschaft entsprechen. Allerdings liegen die mittleren Deckungsgrade der Matura- und Hochschulabsolvent/inn/en mit jeweils 71,5 % nur unwesentlich darunter. Daher liefert die ANOVA auch ein klar nicht signifikantes

---

[157] Näheres zu den absoluten Abweichungen siehe Abschnitt VI.A.4.b) – Seite 48f.
[158] Näheres zum Imagedeckungsgrad siehe Abschnitt VI.A.4.b) – Seite 50f.

Ergebnis. Das Ausmaß der Abweichung zwischen dem Real- und Idealbild hängt somit nicht vom Bildungsniveau ab.

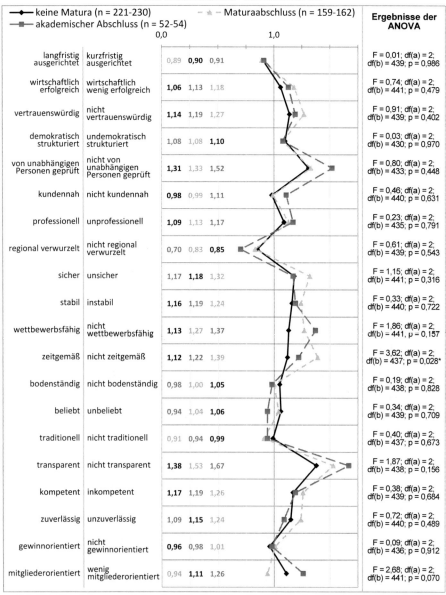

Abb. 151: Abweichungen zwischen dem Ideal- und dem Realbild für das Merkmal „Bildungsniveau"

148　　Ergebnisse für das Merkmal „Bildungsniveau"

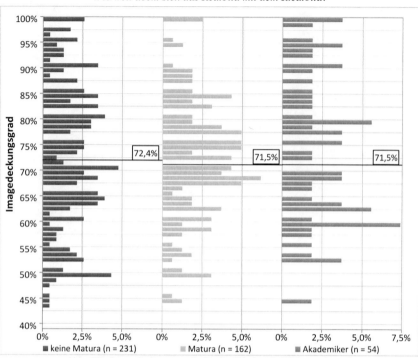

Abb. 152: Imagedeckungsgrade für das Merkmal „Bildungsniveau"

c) Einstellung zu und Interesse an Kreditgenossenschaften

Dieser Abschnitt widmet sich der Analyse, ob eine Abhängigkeit der Einstellung zu bzw. des Interesses an Genossenschaften vom Merkmal „Bildungsniveau" besteht. Die Abbildungen dieses Abschnitts zeigen neben der Antwortverteilung auch die jeweiligen Mittelwerte. Zur Berechnung der Mittelwerte wurden die Kategorien „sehr gut" bis „sehr schlecht" bzw. „trifft voll zu" bis „trifft gar nicht zu" mit Werten von 1 bis 5 kodiert. Während sich die Antwortverteilung auf die Achse über dem Diagramm bezieht, bestimmt sich die Lage der Mittelwerte anhand der Skalenachse unter dem Diagramm.

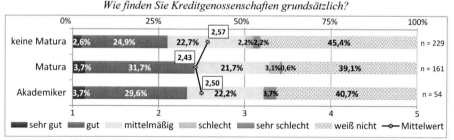

Abb. 153: Einstellung zu Kreditgenossenschaften und das Merkmal „Bildungsniveau"

Für Personen mit Matura ergibt sich zwar mit 2,43 der positivste Mittelwert, der Chi-Quadrat-Test und auch die ANOVA liefern aber kein signifikantes Ergebnis.

Einstellung gegenüber Kreditgenossenschaften

Es sollte mehr über Kreditgenossenschaften bekannt sein.

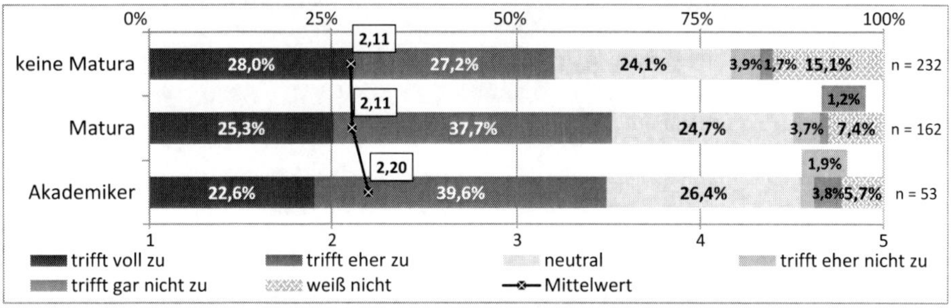

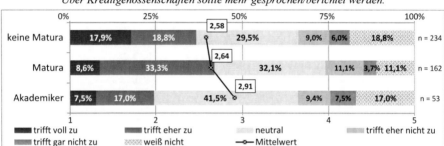

Abb. 154: Wissen über Kreditgenossenschaften und das Merkmal „Bildungsniveau"

Für die Befragten mit und ohne Matura ergibt sich mit jeweils 2,11 die höchste Zustimmung. Sowohl der Chi-Quadrat-Test[159] als auch die ANOVA liefern keine signifikanten Ergebnisse.

Über Kreditgenossenschaften sollte mehr gesprochen/berichtet werden.

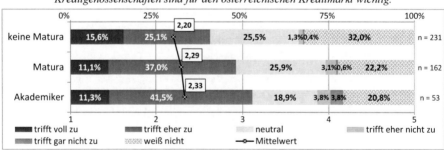

Abb. 155: Berichte über Kreditgenossenschaften und das Merkmal „Bildungsniveau"

Für die Befragten ohne Matura ergibt sich mit 2,58 die höchste Zustimmung. Die geringste Zustimmung erfährt dieses Statement von den Befragten mit dem höchsten Bildungsabschluss (Mittelwert = 2,91). Das Antwortverhalten auf diese Frage hängt vom Merkmal „Bildungsniveau" ab; der Chi-Quadrat-Test ist hoch signifikant ($\chi^2 = 24{,}92$; df = 10; p = 0,006). Den Mittelwertdifferenzen ist jedoch unter Verwendung der ANOVA keine Signifikanz beizumessen.

Kreditgenossenschaften sind für den österreichischen Kreditmarkt wichtig.

Abb. 156: Bedeutung von Kreditgenossenschaften und das Merkmal „Bildungsniveau"

---

[159] Die Testvoraussetzung eines angemessen hohen Stichprobenumfangs ist hinsichtlich dieses Frageitems im Zusammenhang mit dem Merkmal „Bildungsniveau" nicht gegeben, daher ist das Testergebnis mit Vorsicht zu interpretieren.

Für die Befragten ohne Matura ergibt sich mit 2,20 die höchste Zustimmung. Die geringste Zustimmung erfährt dieses Statement von den Befragten mit dem höchsten Bildungsabschluss (Mittelwert = 2,33). Das Antwortverhalten auf diese Frage hängt vom Merkmal „Bildungsniveau" ab; der Chi-Quadrat-Test[160] ist signifikant (χ^2 = 20,63; df = 10; p = 0,024). Den Mittelwertdifferenzen ist jedoch unter Verwendung der ANOVA keine Signifikanz beizumessen.

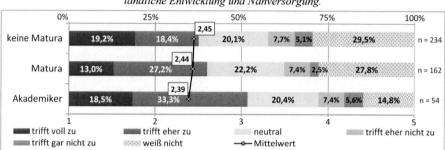

Abb. 157: Bedeutung für den ländlichen Raum und das Merkmal „Bildungsniveau"

Die mittlere Zustimmung auf diese Aussage ist in allen drei Teilgruppen – mit Mittelwerten zwischen 2,39 und 2,45 – in etwa gleich hoch. Sowohl der Chi-Quadrat-Test als auch der Mittelwertvergleich mittels ANOVA liefern kein signifikantes Ergebnis.

d) Einstellung zu Kreditgenossenschaften im Vergleich zu anderen Kreditinstituten

Dieser Abschnitt widmet sich der Analyse, ob ein Zusammenhang zwischen dem Merkmal „Bildungsniveau" und der Einschätzung von Kreditgenossenschaften im Vergleich zur nicht genossenschaftlichen Konkurrenz besteht. Um die Wahrnehmung und Einstellung zu Kreditgenossenschaften im Kontrast zu anderen Bankinstituten zu eruieren, sollten die Befragten einerseits ihre Meinung zu vordefinierten Statements abgeben und andererseits bestimmte Charakteristika im Vergleich zu anderen Banktypen einschätzen.

Im untenstehenden Liniendiagramm sind die Einschätzungen kreditgenossenschaftlicher Charakterzüge im Vergleich zur nicht genossenschaftlichen Konkurrenz graphisch dargestellt. Für eine höhere Übersichtlichkeit wurde die fünfstufige Skala (von 1 „besser" bis 5 „schlechter") reduziert. Die Mittelwerte der vergleichenden Einschätzungen der Eigenschaften sind – aufsteigend geordnet – an der rechten Innenseite des Liniendiagramms angeführt. Am rechten Rand der Abbildung finden sich die Ergebnisse der Mittelwertvergleiche mittels ANOVA.

Wie aus Abbildung 158 ersichtlich ist, fallen die Einschätzungen dieser Eigenschaften von Kreditgenossenschaften relativ zu nicht genossenschaftlich organisierten Banken sehr ähnlich aus. Mittels ANOVA werden auch keine signifikanten Differenzen festgestellt. Das jeweilige Bildungsniveau hat somit keinen Einfluss auf die Wahrnehmung von Kreditgenossenschaften im Vergleich zu anderen Banktypen.

---

[160] Die Testvoraussetzung eines angemessen hohen Stichprobenumfangs ist hinsichtlich dieses Frageitems im Zusammenhang mit dem Merkmal „Bildung" nicht gegeben, daher ist das Testergebnis mit Vorsicht zu interpretieren.

Wie schätzen Sie Kreditgenossenschaften im Vergleich zu anderen Kreditinstituten ein?

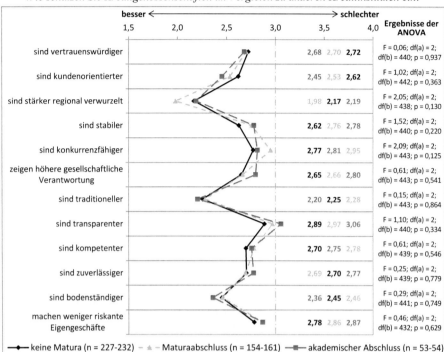

Abb. 158: Kreditgenossenschaften im Vergleich zu anderen Kreditinstituten und das Merkmal „Bildungsniveau"

Mit einer Kreditgenossenschaft schließe ich lieber Geschäfte ab als mit anderen Banken.

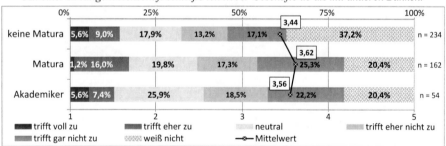

Abb. 159: Geschäftsbeziehungen mit Kreditgenossenschaften und das Merkmal „Bildungsniveau"

Für die Befragten mit Maturaabschluss ergibt sich mit 3,62 die geringste Zustimmung. Die vergleichsweise höchste Zustimmung erfährt dieses Statement von den Befragten mit dem geringsten Bildungsabschluss (Mittelwert = 3,44). Das Antwortverhalten auf diese Frage hängt vom Merkmal „Bildungsniveau" ab; der Chi-Quadrat-Test ist hoch signifikant ($\chi^2 = 26,86$; df = 10; p = 0,003). Den Mittelwertdifferenzen ist jedoch unter Verwendung der ANOVA keine Signifikanz beizumessen.

Im Vergleich zu anderen Banktypen haben Genossenschaftsbanken in der Finanz- und Wirtschaftskrise an Vertrauen gewonnen.

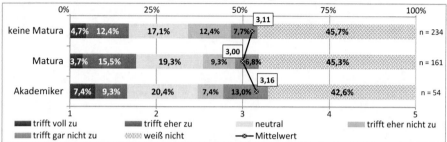

Abb. 160: Genossenschaftsbanken in der Finanzkrise und das Merkmal „Bildungsniveau"

Für die Befragten mit akademischem Abschluss ergibt sich mit 3,16 die geringste Zustimmung. Sowohl der Chi-Quadrat-Test als auch der Mittelwertvergleich mittels ANOVA liefern kein signifikantes Ergebnis.

F. ERGEBNISSE FÜR DAS MERKMAL „STADT-LAND"

Ziel dieses Kapitel ist es, Wissens- und Einstellungsunterschiede in Abhängigkeit von der Gemeindegröße – gemessen an der Einwohnerzahl – zu eruieren. Wie in Abschnitt V erläutert, werden die Befragungsergebnisse der sechs Gemeindegrößenklassen[161] zur besseren Übersichtlichkeit anhand eines Stadt-Land-Vergleichs – bis 5.000 Einwohner/innen („Land") und über 5.000 Einwohner/innen („Stadt") – dargestellt.

Im Allgemeinen ist die Bankstellendichte österreichischer Kreditgenossenschaften sowohl in urbanen als auch in dezentralen Regionen hoch. Das dichte Filialnetz der Genossenschaftsbanken zeigt sich daran, dass in etwa die Hälfte aller inländischen Bankstellen dem Raiffeisen- oder Volksbanksektor zuzurechnen sind.[162] Allerdings ist anzumerken, dass nicht alle Raiffeisen- und Volksbanken in der Rechtsform einer Genossenschaft geführt werden.

Da sich jedoch die Verbreitung von Kreditgenossenschaften sowie deren gesellschaftliche Bedeutung im Stadt-Land-Vergleich unterscheiden können, widmet sich dieser Abschnitt der Frage, ob die Herkunft aus dünn oder dicht besiedelten Gebieten die Einstellung gegenüber Kreditgenossenschaften oder das Wissen über Kreditgenossenschaften beeinflusst.

1. Informationsquellen

Dieser Abschnitt untersucht, ob die Bedeutung der einzelnen Informationsquellen sowie die jeweiligen Einschätzungen der vermittelten Informationen mit genossenschaftlichen Inhalten je nach Gemeindegrößenklasse variieren.

In Abbildung 161 wird dargestellt, von welchen Informationsquellen die befragten Stadtbewohner/innen und die Befragten kleinerer Gemeinden Informationen sowie ihr Wissen über Kreditgenossenschaften beziehen oder bezogen haben. Die Zahlenwerte in den Kästchen stellen die Mittelwerte der Informationsbewertungen je Informationsquelle dar.[163] Für den Mittelwert gilt eine Schwankungsbreite von 1 bis -1. Die Lage der Mittelwerte bestimmt sich nach der horizontalen Achse unter dem Diagramm. Je höher die Mittelwerte, desto stärker nähern sich diese in der Darstellung dem linken Rand des Diagramms. Mittelwerte größer 0 bedeuten einen überwiegenden Anteil an positiven Einschätzungen.

In Tabelle 27 sind die Testergebnisse angeführt. Die mittlere Spalte zeigt die Testergebnisse des Chi-Quadrat-Tests. Dieser testet, ob das Merkmal „Stadt-Land" das Antwortverhalten in Bezug auf die Antwortmöglichkeiten „ja" und „nein" (die drei „ja"-Antwortkategorien wurden für den Test zu einer Kategorie zusammengefasst) beeinflusst. Liefert der Chi-Quadrat-Test ein signifikantes Ergebnis ($p < 0,05$), kann man davon ausgehen, dass das Antwortverhalten vom Merkmal „Stadt-Land" abhängig ist. Darüber hinaus wurde mithilfe des T-Tests überprüft, ob sich die Bewertungen der bezogenen Informationen im Stadt-Land-Vergleich signifikant unterscheiden. Im Falle eines signifikanten Testergebnisses kann die auf Basis der Befragungsdaten festgestellte Informationseinschätzung einer Teilgruppe auf die Grundgesamtheit übertragen werden. Ob die jeweiligen Testergebnisse des χ^2-Tests sowie des T-Tests als signifikant zu bezeichnen sind, wird mittels der Signifikanzsterne signalisiert.[164]

---

[161] bis 2.500 Einwohner/innen, 2.501 bis 5.000 Einwohner/innen, 5.001 bis 20.000 Einwohner/innen, 20.001 bis 100.000 Einwohner/innen, über 100.000 Einwohner/innen und Einwohner/innen der Bundeshauptstadt
[162] Statistik Austria 2015: 458
[163] Für positive Bewertungen wurde der Wert 1, für neutrale der Wert 0 und für negative der Wert -1 vergeben.
[164] Zur genaueren Bedeutung der „Signifikanzsterne" siehe Abschnitt IV – Seite 19.

Wo bzw. in welchem Zusammenhang haben Sie schon etwas über Kreditgenossenschaften gehört? Wenn ja, wie beurteilen Sie die Informationen?

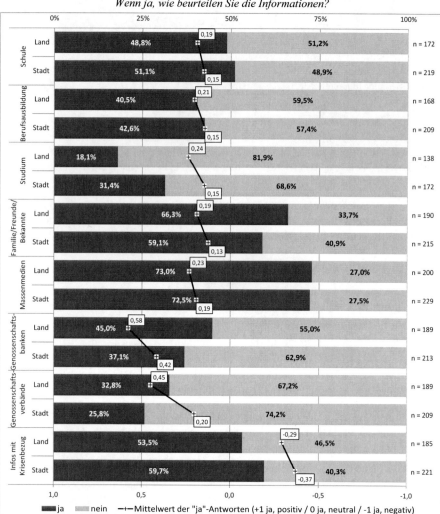

Abb. 161: Informationsquellen zum Thema Kreditgenossenschaften nach dem Merkmal „Stadt-Land"

Während Stadtbewohner/innen häufiger im Rahmen ihrer schulischen, beruflichen und universitären Ausbildung sowie im Zusammenhang mit Krisen Informationen über Kreditgenossenschaften bezogen haben, erreichen die Informationsquellen „Familie/Freunde/Bekannte", „Massenmedien", „Genossenschaftsbanken" und „Genossenschaftsverbände" einen vergleichsweise höheren Anteil bei der Teilgruppe „Land". Allerdings hat – siehe dazu Tabelle 27 – das Merkmal „Stadt-Land" lediglich auf die Antwortverteilung der Informationsquelle „Studium" einen signifikanten Einfluss; dies ist aber durch eine höhere Akademikerquote in urbanen Gebieten begründet. In Abbildung 161 ist ersichtlich, dass die Befragten kleinerer Gemeinden die vermittelten Informationen aller Informationsquellen tendenziell positiver einschätzen. Allerdings sind, wie der Tabelle 27 zu entnehmen ist, die Bewertungsunterschiede der beiden Teilgruppen bei keinem einzigen Frageitem signifikant.

Allgemeine Kenntnisse und Erfahrungen

Informations-quelle	χ^2-Test	T-Test (Einschätzung der Informationen)
Schule	$\chi^2 = 0{,}21$; df = 1; p = 0,651	t = 0,65; df = 194; p = 0,519
Berufsausbildung	$\chi^2 = 0{,}17$; df = 1; p = 0,680	t = 0,84; df = 155; p = 0,402
Studium	$\chi^2 = 7{,}11$; df = 1; p = 0,008**	t = 0,72; df = 77; p = 0,473
Familie/Freunde/Bekannte	$\chi^2 = 2{,}26$; df = 1; p = 0,133	t = 0,79; df = 251; p = 0,429
Massenmedien	$\chi^2 = 0{,}01$; df = 1; p = 0,906	t = 0,55; df = 310; p = 0,580
direkte Informationen von einzelnen Genossenschaftsbanken	$\chi^2 = 2{,}58$; df = 1; p = 0,108	t = 1,73; df = 162; p = 0,086
Informationsveranstaltungen/Vortragsreihen/Internetseiten von genossenschaftlichen Verbänden	$\chi^2 = 2{,}33$; df = 1; p = 0,127	t = 1,97; df = 114; p = 0,051
im Zusammenhang mit der Finanz- und Wirtschaftskrise	$\chi^2 = 1{,}59$; df = 1; p = 0,208	t = 0,86; df = 229; p = 0,391

Tab. 27: Testergebnisse je Informationsquelle und das Merkmal „Stadt-Land"

2. Allgemeine Kenntnisse und Erfahrungen

In diesem Abschnitt wird untersucht, ob bzw. in welchem Ausmaß sich Bewohner/innen von Gemeinden mit hohen oder geringen Einwohnerzahlen hinsichtlich ihrer allgemeinen Kenntnisse über sowie ihrer Erfahrungen mit Kreditgenossenschaften unterscheiden.

a) Kenntnis des Begriffs „Genossenschaft"

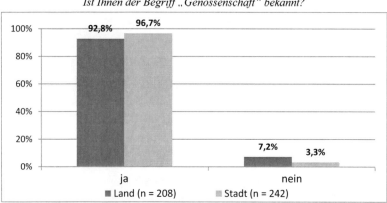

Abb. 162: Begriff „Genossenschaft" und das Merkmal „Stadt-Land"

In der Teilgruppe „Stadt" ist der Begriff „Genossenschaft" mit einem „ja"-Anteil über 95 % etwas bekannter als am Land. Eine Abhängigkeit vom Merkmal „Stadt-Land" ist anhand des Chi-Quadrat-Tests jedoch nicht nachzuweisen.

b) Genossenschaften im Bereich des Bank-/Kreditwesens

Gibt es Genossenschaften im Bereich des Bank-/Kreditwesens?

[Balkendiagramm: ja – Land 84,0%, Stadt 88,2%; nein – Land 16,0%, Stadt 11,8%; Land (n = 206), Stadt (n = 238)]

Abb. 163: Tätigkeit im Bank-/Kreditwesen und das Merkmal „Stadt-Land"

Mit einem Anteil von 88 % liegt die Kenntnis über den Tätigkeitsbereich „Kreditwesen" bei den Stadtbewohner/inne/n um ca. 4 % höher. Anhand des Chi-Quadrat-Tests kann dieser Differenz keine Signifikanz beigemessen werden.

c) Kenntnis des Begriffs „genossenschaftlicher Förderauftrag"

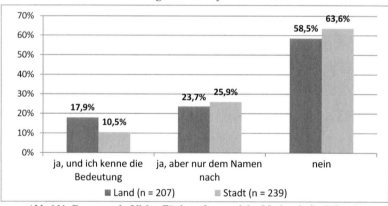

Ist Ihnen der Begriff „genossenschaftlicher Förderauftrag" im Zusammenhang mit Kreditgenossenschaften bekannt?

[Balkendiagramm: ja, und ich kenne die Bedeutung – Land 17,9%, Stadt 10,5%; ja, aber nur dem Namen nach – Land 23,7%, Stadt 25,9%; nein – Land 58,5%, Stadt 63,6%; Land (n = 207), Stadt (n = 239)]

Abb. 164: Genossenschaftlicher Förderauftrag und das Merkmal „Stadt-Land"

Während Befragte der Teilgruppe „Stadt" etwas häufiger angeben, den „genossenschaftlichen Förderauftrag" nur dem Namen nach zu kennen, kennt ein größerer Anteil der Landbewohner/innen auch dessen inhaltliche Bedeutung. Der Chi-Quadrat-Test ist jedoch nicht signifikant.

d) Mitgliederstatus und Genossenschaftsanteile

Neben den Antwortverteilungen auf die Aussagen „Ich besitze derzeit Geschäftsanteile an einer oder mehreren Kreditgenossenschaften" und „Ich bin derzeit Mitglied in einer oder mehreren Kreditgenossenschaften" ist in der nachfolgenden Abbildung für jede Gemeindegrößengruppe das prozentuale Verhältnis zwischen den Befragten, welche die erstgenannte Frage mit „ja" beantworten und dem „ja"-Anteil der zweitgenannten Frage dargestellt. Sowohl die Befragungsergebnisse der beiden Fragen als auch die relativen Verhältniswerte beziehen sich auf die Skalenachse am unteren Ende des Diagramms. Da eine Mitgliedschaft durch den Erwerb von Genossenschaftsanteilen vermittelt wird, sollten sich die „ja"-Anteile der beiden Fragen decken (Verhältniswert = 100 %). Wie jedoch aus der Abbildung 165 hervorgeht, unterschreitet der Anteil an Befragten, die angeben, Genossenschaftsanteile zu besitzen, in beiden Teilgruppen den jeweiligen Anteil an Befragten, die sich als Kreditgenossenschaftsmitglieder deklarieren, erheblich. Wie untenstehende Abbildung veranschaulicht, ist der Deckungsgrad zwischen dem Mitgliederanteil und dem Anteil an Genossenschaftsanteilsbesitzern in der Teilgruppe „Land" deutlich größer.

Stimmen die Anteile an Kreditgenossenschaftsmitgliedern und -anteilsinhabern überein?

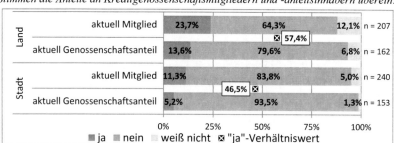

Abb. 165: Kreditgenossenschaftsmitglieder und -anteilsbesitzer
und das Merkmal „Stadt-Land"

e) Selbsteinschätzung der Kenntnisse über Kreditgenossenschaften

Während die linke Abbildungshälfte die Antworten auf die Frage „Haben Sie Kenntnisse über Kreditgenossenschafen?" illustriert, veranschaulicht die rechte Hälfte, wie die jeweilige Teilgruppe ihre Kenntnisse über Kreditgenossenschaften beurteilt.

Haben Sie Kenntnisse über Kreditgenossenschaften?
Wie beurteilen Sie Ihre Kenntnisse?

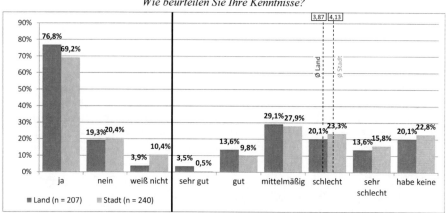

Abb. 166: Kenntnisse über Kreditgenossenschaften und das Merkmal „Stadt-Land"

Wie im linken Teil der Abbildung ersichtlich ist, ist der Anteil der Befragten, der Kenntnisse über genossenschaftlich organisierte Banken hat, in einwohnerschwächeren Gemeinden höher. Der Chi-Quadrat-Test ist signifikant ($\chi^2 = 7{,}42$; da = 2; p = 0,024).

Aus der rechten Hälfte der Abbildung ist abzulesen, dass die Befragten aus einwohnerschwachen Gemeinden ihre Kenntnisse etwas besser einschätzen. So schätzen ca. 17 % der Teilgruppe „Land" ihr Wissen als „sehr gut" oder „gut" ein, was über dem prozentualen Vergleichswert der Stadtbewohner/innen liegt. Dementsprechend ergibt die Berechnung des Mittelwerts – unter Berücksichtigung der Kategorie „habe keine (Kenntnisse)"[165] – für die Landbewohner/innen einen Mittelwert von 3,87, während sich für die Stadtbewohner/innen ein etwas höherer Mittelwert von 4,13 berechnet. Somit geben Befragte der Teilgruppe „Land" nicht nur häufiger an, Kenntnisse über Kreditgenossenschaften zu besitzen, sondern schätzen ihre Kenntnisse als höherwertiger ein – was aber nach dem T-Test nicht signfikant ist.[166]

f) Selbsteinschätzung der bisherigen Erfahrungen mit Kreditgenossenschaften

Analog zur Verbildlichung der Kenntniseinschätzung zeigt die linke Hälfte im untenstehenden Diagramm, ob bereits Erfahrungen mit Kreditgenossenschaften vorliegen, während rechts die selbsteingeschätzte Güte dieser Erfahrungen dargestellt wird.

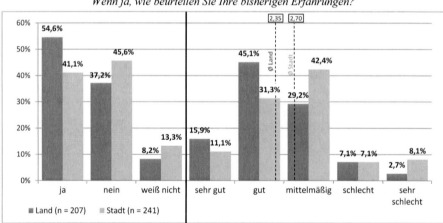

Haben Sie Erfahrung mit Kreditgenossenschaften?
Wenn ja, wie beurteilen Sie Ihre bisherigen Erfahrungen?

Abb. 167: Erfahrungen mit Kreditgenossenschaften und das Merkmal „Stadt-Land"

Im Vergleich zu den Stadtbewohner/inne/n führen Befragte kleinerer Ortschaften deutlich häufiger Erfahrungen mit Kreditgenossenschaften an. Der Chi-Quadrat-Test ist signifikant ($\chi^2 = 8{,}81$; df = 2; p = 0,012). Die Analyse der Selbsteinschätzung der gemachten Erfahrungen zeigt, dass die Landbewohner/innen ihre Erfahrungen positiver bewerten. Während in etwa 40 % der Stadtbewohner/innen ihre Erfahrung als „gut" oder „sehr gut" bezeichnen, schätzen

---

[165] Analog zu Abschnitt VI.A.2.f) wird zur Mittelwertberechnung zusätzlich zu den Kategorien „sehr gut" bis „sehr schlecht", die nach dem Schulnotensystem bewertet werden, die Kategorie „habe keine (Kenntnisse)" mit dem Wert 6 miteinbezogen. Diese Kategorie erfasst somit die geringste Ausprägung des Wissensstandes aller angeführten Kategorien.

[166] Es sei darauf hingewiesen, dass die Annahme identer Abstände zwischen den Kategorienstufen aufgrund der Einbeziehung der Kategorie „habe keine (Kenntnisse)" nicht haltbar ist, weshalb die Aussagekraft des T-Tests eingeschränkt ist. Der Unterschied zwischen den beiden Teilgruppen erweist sich aber auch unter Verwendung des U-Tests als nicht signifikant.

ca. 60 % der in ländlichen Regionen lebenden Befragten ihre Erfahrungen zumindest als gut ein. Die Gegenüberstellung der beiden Teilgruppen belegt, dass die Teilgruppe „Land" ihre Erfahrung signifikant positiver einstufen als die Vergleichsgruppe (T-Test: t = 2,55; df = 210; p = 0,012).

g) Kreditgenossenschaften und die Finanz- und Wirtschaftskrise

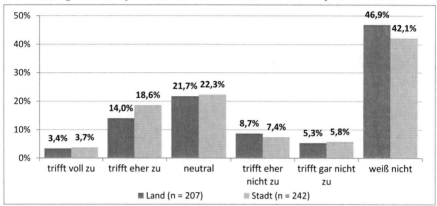

Abb. 168: Kreditgenossenschaften in der Finanz- und Wirtschaftskrise und das Merkmal „Stadt-Land"

Anhand der obigen Abbildung ist ersichtlich, dass die Performance der Kreditgenossenschaften in der Krise von den Befragten der Teilgruppe „Stadt" etwas besser bewertet wird. Der Chi-Quadrat-Test ist jedoch nicht signifikant.

3. Kenntnisse über typische genossenschaftliche Eigenschaften

In diesem Abschnitt werden die erhobenen Befragungsdaten auf gemeindegrößenbedingte Unterschiede im Hinblick auf das Wissen über genossenschaftliche Eigenschaften untersucht. Die Analyse der Befragungsergebnisse der einzelnen Frageitems erfolgt anhand eines Stadt-Land-Vergleichs. Im Anschluss an die in fünf Teilabschnitte unterteilte Analyse der einzelnen Genossenschaftsmerkmale folgt eine Zusammenfassung der Kenntnisse genossenschaftlicher Eigenschaften für das Merkmal „Stadt-Land".

Die in Form von Statements angeführten Genossenschaftsmerkmale wurden bereits im Abschnitt VI.A.3 näher beschrieben. Daher beschränkt sich dieser Abschnitt auf die Präsentation der Ergebnisse, untergliedert in die Kategorien „Zweck", „Mitgliedschaft", „Ausrichtung/Orientierung", „Aktualität/Tradition" und „sonstige Merkmale". Da manche Statements bewusst so formuliert wurden, dass sie inhaltlich nicht der Wahrheit entsprechen, ist abhängig von der Formulierung entweder die Antwortmöglichkeit „stimmt" oder „stimmt nicht" als korrekt zu werten. In den nachfolgenden Abbildungen sind die jeweils korrekten Antwortkategorien durch eine schwarze Balkenumrandung erkenntlich gemacht. Ob ein Zusammenhang zwischen dem Merkmal „Stadt-Land" und den Genossenschaftskenntnissen besteht, wurde für jede Aussage anhand des Chi-Quadrat-Tests geprüft. Die statistischen Ergebnisse werden jeweils zwischen den Balken der Land- und Stadtbewohner/innen dargestellt. Etwaige signifikante Ergebnisse sind mithilfe von Signifikanzsternen – unmittelbar nach dem „p-Wert" – gekennzeichnet.

a) Zweck

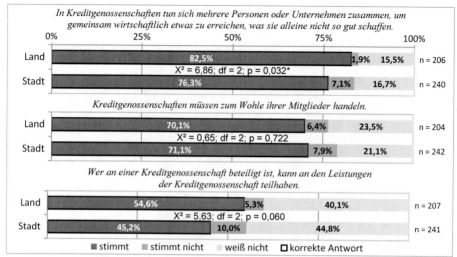

Abb. 169: Eigenschaften der Kategorie „Zweck" im Stadt-Land-Vergleich

Während der Bekanntheitsgrad des Förderzwecks von Kreditgenossenschaften (das 2. Merkmal in obiger Darstellung) in beiden Teilgruppen mit rund 70 % nahezu ident ist, wählen die Befragten aus kleineren Gemeinden bei den beiden anderen Frageitems häufiger die korrekte Antwort „ja". Darüber hinaus weisen die befragten Stadtbewohner/innen bei allen drei Merkmalen häufiger falsche Kenntnisse auf. Dem χ^2-Test zufolge hängt aber lediglich das Antwortverhalten bezüglich der Eigenschaft, dass es sich bei Kreditgenossenschaften um einen Zusammenschluss von Personen und/oder Unternehmen handelt, signifikant vom Merkmal „Stadt-Land" ab.

b) Mitgliedschaft

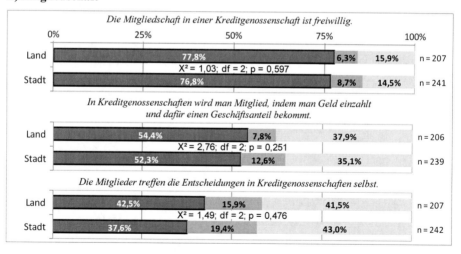

Kenntnisse über typische genossenschaftliche Eigenschaften

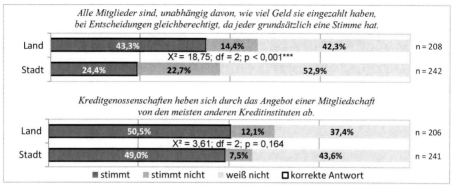

Abb. 170: Eigenschaften der Kategorie „Mitgliedschaft" im Stadt-Land-Vergleich

An den Ergebnissen des χ^2-Tests der Abbildung 170 ist ersichtlich, dass sich die Antwortverteilungen der Stadt- und Landbewohner/innen lediglich beim Genossenschaftsmerkmal des grundsätzlichen „Kopfstimmrechts" signifikant unterscheiden. Bei den übrigen vier Merkmalen hängt das Antwortverhalten nicht vom Merkmal „Stadt-Land" ab.

c) Ausrichtung/Orientierung

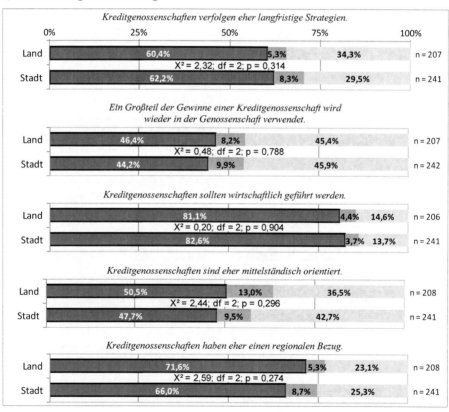

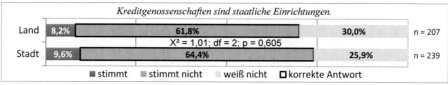

Abb. 171: Eigenschaften der Kategorie „Ausrichtung/Orientierung" im Stadt-Land-Vergleich

Die Ergebnisse des χ^2-Tests sind durchwegs nicht signifikant und lassen somit darauf schließen, dass sich das Wissen der Stadt- und Landbewohner/innen bezüglich der Ausrichtung und Orientierung von Kreditgenossenschaften nicht unterscheidet.

d) Aktualität und Tradition

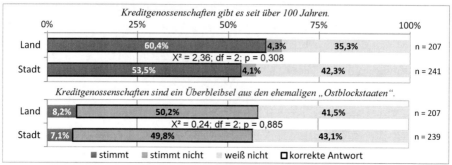

Abb. 172: Eigenschaften der Kategorie „Aktualität/Tradition" im Stadt-Land-Vergleich

Gemäß den χ^2-Testergebnissen bestehen bezüglich der Eigenschaften „Kreditgenossenschaften gibt es seit über 100 Jahren" und „Kreditgenossenschaften sind ein Überbleibsel aus den ehemaligen ‚Ostblockstaaten'" keine signifikanten Abhängigkeiten des Antwortverhaltens vom Merkmal „Stadt-Land".

e) Sonstige Merkmale

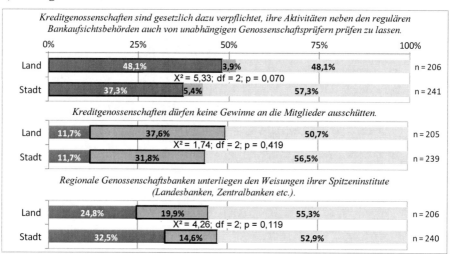

Kenntnisse über typische genossenschaftliche Eigenschaften

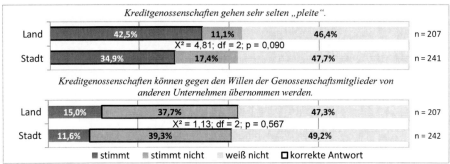

Abb. 173: Eigenschaften der Kategorie „sonstige Merkmale" im Stadt-Land-Vergleich

Aus obiger Abbildung ist ersichtlich, dass die befragten Landbewohner/innen bei allen Genossenschaftsmerkmalen – mit Ausnahme des letzten Merkmals – häufiger die korrekte Antwort geben. Gemäß den χ^2-Tests bestehen jedoch keine signifikanten Unterschiede zwischen den Stadt- und Landbewohner/innen.

f) Zusammenfassung des Wissensvergleiches – Merkmal „Stadt-Land"

Mit Blick auf die in den Abschnitten VI.F.3.a) bis VI.F.3.e) präsentierten Einzelergebnisse zeigt sich, dass bei 16 der 21 Genossenschaftsmerkmale der Anteil der Befragten, die Kenntnis von den jeweiligen Eigenschaften von Kreditgenossenschaften haben, in der Teilgruppe „Land" höher ist als in der Teilgruppe „Stadt". Allerdings waren die Unterschiede in den Antwortverteilungen nur in insgesamt zwei Fällen signifikant.

In Abbildung 174 werden die Wissensunterschiede der zwei möglichen Ausprägungen des Merkmals „Stadt-Land" anhand der Häufigkeiten korrekter Antworten des Fragenblocks 20 illustriert. Für jede Gemeindegrößenklasse sind die Häufigkeiten der absoluten Anzahl an korrekten Antworten sowie der jeweilige Mittelwert dargestellt. Die maximale Anzahl an richtig zu wertenden Antworten beträgt 21. Hinsichtlich des mittels T-Test durchgeführten Vergleichs sei angemerkt, dass zur Durchführung der statistischen Vergleiche für jede befragte Person der Anteil korrekter Antworten an jeweils vom Befragten beantworteten Items dieses Fragebogenabschnitts berechnet wurde.[167]

Anhand der Mittelwerte der untenstehenden Abbildung ist ersichtlich, dass die Befragten aus einwohnerschwachen Gemeinden über ein etwas umfangreicheres Wissen verfügen. Im Mittel liegen Landbewohner/innen mit 54,6 % und Stadtbewohner/innen mit 50,5 % ihrer abgegebenen Antworten richtig. Der Unterschied ist allerdings statistisch nicht signifikant.

---

[167] Näheres dazu siehe Abschnitt VI.B.3.f).

164　　Ergebnisse für das Merkmal „Stadt-Land"

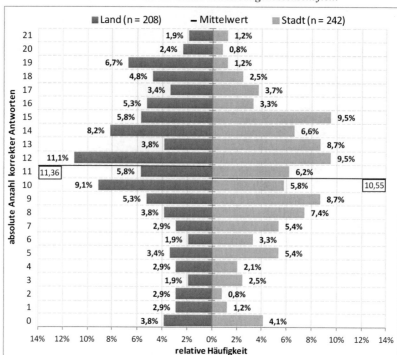

Abb. 174: Übersicht über die korrekten Antworten zu genossenschaftlichen Merkmalen nach Gemeindegrößenklassen

4. Einstellung gegenüber Kreditgenossenschaften

Dieses Kapitel vergleicht die Einstellungen der beiden Gemeindegrößenklassen gegenüber Kreditgenossenschaften. Die Einstellungen der Teilgruppen werden anhand der Bewertung wesentlicher genossenschaftlicher Eigenschaften, der abweichenden Einschätzung des Ideal- und Realbilds von Kreditgenossenschaften, konkreter Fragen zur Einstellung gegenüber Kreditgenossenschaften sowie eines subjektiven Vergleichs mit anderen Banktypen untersucht.

a) Bewertung der genossenschaftlichen Merkmale

Nachdem in Abschnitt VI.F.3 das Wissen der Befragten aus verschiedenen Gemeindegrößenklassen über wesentliche genossenschaftliche Merkmale verglichen wurde, widmet sich dieser Abschnitt der Bewertung der 21 Merkmale von Kreditgenossenschaften durch die Teilgruppen „Stadt-Land". Zur Gegenüberstellung der Einschätzungen der genossenschaftlichen Merkmale wurde für jede Teilgruppe, „Stadt" und „Land", ein Mittelwert basierend auf den Einschätzungen von „finde ich sehr gut" bis „finde ich sehr schlecht" (Kodierung von 1 bis 5) berechnet. Unter Verwendung des T-Tests werden die Merkmalseinschätzungen der beiden Teilgruppen einem Vergleich unterzogen. Ob signifikante Testergebnisse vorliegen, wird durch die Signifikanzsterne nach den Signifikanzwerten (p) signalisiert.

In Abbildung 175 sind die Unterschiede in der Merkmalsbewertung im Stadt-Land-Vergleich anhand der Mittelwerte grafisch dargestellt. Am rechten Rand des Diagramms sind die Ergebnisse des T-Tests angeführt. Aus Gründen einer übersichtlicheren Darstellung sind einerseits anstelle der Merkmalsstatements Kürzel angeführt,[168] die auf das jeweilige Statement hinweisen, und andererseits ist die Skalenspannweite auf die Kategorien „finde ich sehr gut" bis „neutral" reduziert.

Wie werden die Merkmale von Kreditgenossenschaften im Mittel beurteilt?

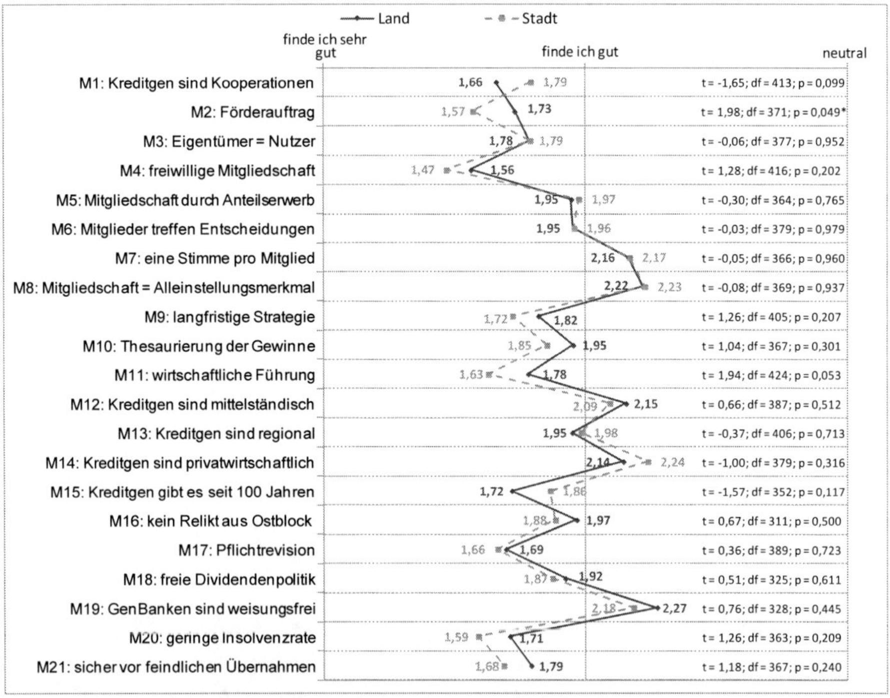

Merkmal	Land	Stadt	Test
M1: Kreditgen sind Kooperationen	1,66	1,79	t = -1,65; df = 413; p = 0,099
M2: Förderauftrag	1,57	1,73	t = 1,98; df = 371; p = 0,049*
M3: Eigentümer = Nutzer	1,78	1,79	t = -0,06; df = 377; p = 0,952
M4: freiwillige Mitgliedschaft	1,47	1,56	t = 1,28; df = 416; p = 0,202
M5: Mitgliedschaft durch Anteilserwerb	1,95	1,97	t = -0,30; df = 364; p = 0,765
M6: Mitglieder treffen Entscheidungen	1,95	1,96	t = -0,03; df = 379; p = 0,979
M7: eine Stimme pro Mitglied	2,16	2,17	t = -0,05; df = 366; p = 0,960
M8: Mitgliedschaft = Alleinstellungsmerkmal	2,22	2,23	t = -0,08; df = 369; p = 0,937
M9: langfristige Strategie	1,72	1,82	t = 1,26; df = 405; p = 0,207
M10: Thesaurierung der Gewinne	1,85	1,95	t = 1,04; df = 367; p = 0,301
M11: wirtschaftliche Führung	1,63	1,78	t = 1,94; df = 424; p = 0,053
M12: Kreditgen sind mittelständisch	2,09	2,15	t = 0,66; df = 387; p = 0,512
M13: Kreditgen sind regional	1,95	1,98	t = -0,37; df = 406; p = 0,713
M14: Kreditgen sind privatwirtschaftlich	2,14	2,24	t = -1,00; df = 379; p = 0,316
M15: Kreditgen gibt es seit 100 Jahren	1,72	1,88	t = -1,57; df = 352; p = 0,117
M16: kein Relikt aus Ostblock	1,88	1,97	t = 0,67; df = 311; p = 0,500
M17: Pflichtrevision	1,66	1,69	t = 0,36; df = 389; p = 0,723
M18: freie Dividendenpolitik	1,87	1,92	t = 0,51; df = 325; p = 0,611
M19: GenBanken sind weisungsfrei	2,18	2,27	t = 0,76; df = 328; p = 0,445
M20: geringe Insolvenzrate	1,59	1,71	t = 1,26; df = 363; p = 0,209
M21: sicher vor feindlichen Übernahmen	1,68	1,79	t = 1,18; df = 367; p = 0,240

Abb. 175: Merkmalseinschätzung im Stadt-Land-Vergleich

Obenstehende Abbildung veranschaulicht, dass die Befragten der Teilgruppe „Stadt" 12 der 21 angeführten Spezifika der genossenschaftlich organisierten Banken positiver als die Vergleichsgruppe bewerten. Die Einschätzungen divergieren aber meist nur geringfügig. So erweist sich auf Basis des T-Tests lediglich der Mittelwertunterschied hinsichtlich des Merkmals „Kreditgenossenschaften müssen zum Wohle ihrer Mitglieder handeln" als signifikant. Mit einem Mittelwert von 1,57 wird diese Eigenschaft von den Befragten aus Gemeinden mit über 5.000 Einwohner/inne/n positiver eingeschätzt.

b) Einschätzung des Profils von Kreditgenossenschaften im Stadt-Land-Vergleich

In Abbildung 176 sind das Ideal- und das Realbild kreditgenossenschaftlicher Unternehmungen im Stadt-Land-Vergleich dargestellt. Um die Bewertungsunterschiede besser zu visualisieren, ist die Spannweite der Skala – die Abweichungen könnten zwischen 0 und 4 liegen – auf eine maximale Abweichung von 2 reduziert. Mithilfe des T-Tests wurden die Abweichungen statistisch verglichen. Die Testergebnisse finden sich am rechten Rand der Abbildung.

---

[168] Die Aussagen zu den genossenschaftlichen Merkmalen und die zugehörigen Kürzel sind in der Tabelle 6 auf Seite 44 aufgelistet.

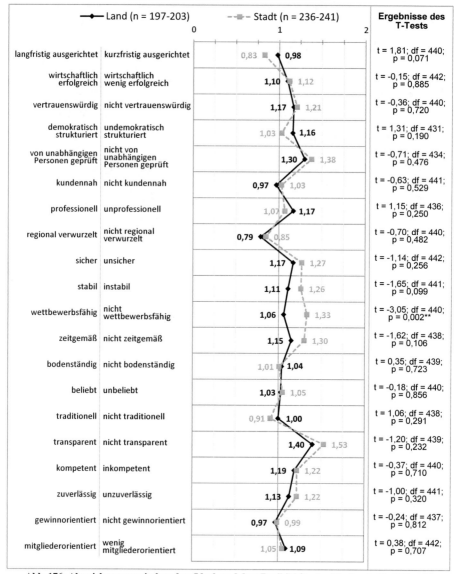

Abb. 176: Abweichungen zwischen dem Ideal- und dem Realbild für das Merkmal „Stadt-Land"

Abbildung 176 zeigt, dass die Mittelwerte der absoluten Abweichungen[169] der befragten Landbewohner/innen im Vergleich zur Teilgruppe „Stadt" bei 14 der 20 Adjektivpaare niedriger sind. Mithilfe des T-Tests kann jedoch nur hinsichtlich der eingeschätzten Abweichung zwischen der idealen und tatsächlichen Ausprägung der Wettbewerbsfähigkeit eine signifikante Differenz der beiden Teilgruppen festgestellt werden. Hier ist die Teilgruppe „Land" eher der Ansicht, dass das Realbild dem Idealtypus einer Kreditgenossenschaft entspricht.

---

[169] Näheres zu den absoluten Abweichungen siehe Abschnitt VI.A.4.b) – Seite 48f.

Einstellung gegenüber Kreditgenossenschaften

Abbildung 177 stellt die Häufigkeiten der Imagedeckungsgrade[170] je Gemeindegrößenklasse dar. Anhand der schwarz umrandeten Mittelwerte ist ablesbar, wieweit sich das Real- und Idealbild im Mittel deckt, wobei 100 % eine perfekte Übereinstimmung der Einschätzung des Real- und Idealbilds und 0 % die maximale Abweichung bedeuten.

Wie weit deckt sich das Realbild mit dem Idealbild?

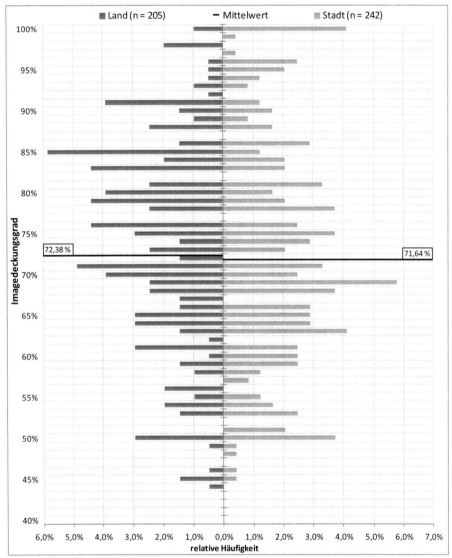

Abb. 177: Imagedeckungsgrade für das Merkmal „Stadt-Land"

Mit einem Imagedeckungsgrad von 71,64 % schätzt die Teilgruppe „Stadt" – im Vergleich zu 72,38 % der Teilgruppe „Land" – die Abweichung zwischen dem Real- und Idealbild etwas größer ein. Der Unterschied zwischen den beiden Teilgruppen ist jedoch nicht signifikant.

---

[170] Näheres zum Imagedeckungsgrad siehe Abschnitt VI.A.4.b) – Seite 50f.

c) Einstellung zu und Interesse an Kreditgenossenschaften

Dieser Abschnitt widmet sich der Analyse, ob die Einstellungen zu bzw. das Interesse an Kreditgenossenschaften vom Merkmal „Stadt-Land" abhängen. Die Abbildungen dieses Abschnitts zeigen neben den Antwortverteilungen auch die jeweiligen Mittelwerte. Zur Berechnung der Mittelwerte wurden die Kategorien „sehr gut" bis „sehr schlecht" bzw. „trifft voll zu" bis „trifft gar nicht zu" mit Werten von 1 bis 5 kodiert. Während sich die Antwortverteilungen auf die Achse über dem Diagramm beziehen, bestimmt sich die Lage der Mittelwerte nach der Skalenachse unter dem Diagramm.

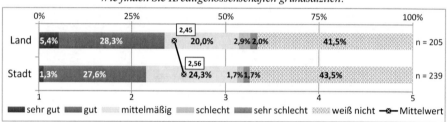

Abb. 178: Einstellung zu Kreditgenossenschaften und das Merkmal „Stadt-Land"

Für die Teilgruppe „Land" ergibt sich mit 2,45 ein positiverer Mittelwert als für die Teilgruppe „Stadt" (Mittelwert = 2,56). Das Antwortverhalten hängt aber nicht vom Merkmal „Stadt-Land" ab; der exakte Test nach Fisher ist nicht signifikant. Ebenso ergibt der Vergleich mittels T-Test kein signifikantens Resultat.

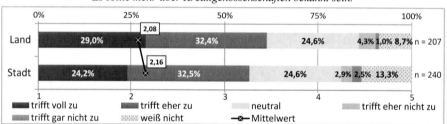

Abb. 179: Wissen über Kreditgenossenschaften und das Merkmal „Stadt-Land"

Mit einem Mittelwert von 2,08 stimmen dieser Aussage die Befragten der Teilgruppe „Land" im Vergleich zu den Stadtbewohner/inne/n stärker zu. Es führen aber weder der Chi-Quadrat-Test noch der T-Test zu einem signifikanten Ergebnis.

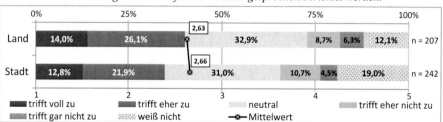

Abb. 180: Berichte über Kreditgenossenschaften und das Merkmal „Stadt-Land"

Mit Mittelwerten von 2,63 bzw. 2,66 erfährt diese Aussage von den Befragten der Teilgruppen „Land" und „Stadt" eine in etwa gleich hohe Zustimmung. Es führen weder der Chi-Quadrat-Test noch der T-Test zu einem signifikanten Ergebnis.

Kreditgenossenschaften sind für den österreichischen Kreditmarkt wichtig.

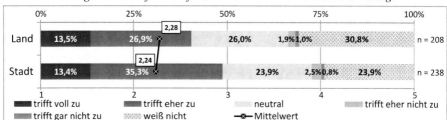

Abb. 181: **Bedeutung von Kreditgenossenschaften und das Merkmal „Stadt-Land"**

Mit Mittelwerten von 2,24 bzw. 2,28 erfährt diese Aussage von den Befragten der Teilgruppen „Stadt" und „Land" eine in etwa gleich hohe Zustimmung. Es führen weder der Chi-Quadrat-Test noch der T-Test zu einem signifikanten Ergebnis.

Kreditgenossenschaften haben eine große Bedeutung für die ländliche Entwicklung und Nahversorgung.

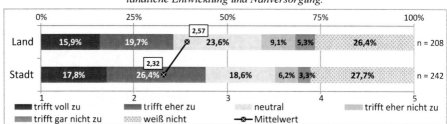

Abb. 182: **Bedeutung für den ländlichen Raum und das Merkmal „Stadt-Land"**

In Städten lebende Personen vertreten eher die Auffassung, dass Kreditgenossenschaften positiv zur ländlichen Entwicklung und Nahversorgung beitragen (Mittelwert = 2,32). Mit einem Mittelwert von 2,57 überwiegt aber auch unter den Einwohner/inne/n kleinerer Gemeinden die Zustimmung zu dieser Aussage. Der T-Test belegt, dass das Ausmaß der Zustimmung bei dieser Aussage signifikant vom Merkmal „Stadt-Land" abhängt ($t = 2,00$; $df = 326$; $p = 0,046$). Der Chi-Quadrat-Test ist jedoch nicht signifikant.

d) Einstellung zu Kreditgenossenschaften im Vergleich zu anderen Kreditinstituten

Dieser Abschnitt widmet sich der Analyse, ob ein Zusammenhang zwischen dem Merkmal „Stadt-Land" und der Einschätzung von Kreditgenossenschaften im Vergleich zu nicht genossenschaftlich organisierten Kreditinstituten besteht. Um die Wahrnehmung und Einstellung zu Kreditgenossenschaften im Kontrast zu anderen Finanzinstituten zu eruieren, sollten die Befragten einerseits ihre Meinung zu vordefinierten Statements abgeben und andererseits bestimmte Charakteristika im Vergleich zu anderen Banktypen einschätzen.

Im untenstehenden Liniendiagramm sind die Einschätzungen kreditgenossenschaftlicher Charakteristika im Vergleich zur nicht genossenschaftlichen Konkurrenz graphisch dargestellt. Für eine höhere Übersichtlichkeit wurde die fünfstufige Skala (von 1 „besser" bis 5 „schlechter") reduziert. Rechts finden sich die Ergebnisse der Mittelwertvergleiche mittels T-Test.

Wie schätzen Sie Kreditgenossenschaften im Vergleich zu anderen Kreditinstituten ein?

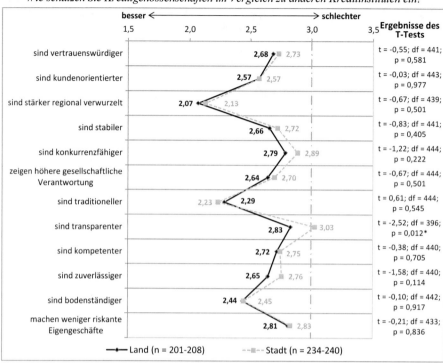

Abb. 183: Kreditgenossenschaften im Vergleich zu anderen Kreditinstituten und das Merkmal „Stadt-Land"

Auf Basis der Befragungsdaten kann festgehalten werden, dass sich die mittleren Einschätzungen der Befragten sowohl aus ländlichen als auch urbanen Regionen kaum in Bezug auf die Wahrnehmung von Kreditgenossenschaften im Vergleich zu anderen Bankinstituten unterscheiden. Unter Verwendung des T-Tests berechnet sich lediglich hinsichtlich der Einschätzung, ob Kreditgenossenschaften transparenter oder intransparenter als nicht genossenschaftlich organisierte Banken sind, ein signifikanter Unterschied zwischen den beiden Gemeindegrößengruppen. Während Landbewohner/innen Genossenschaftsbanken als vergleichsweise transparenter bezeichnen, nehmen Stadtbewohner/innen Kreditgenossenschaften und ihre nicht genossenschaftliche Konkurrenz in dieser Hinsicht als gleichwertig wahr. Ansonsten liegen die Mittelwerte der beiden Teilgruppen bei allen abgefragten Eigenschaften unter dem neutralen Wert 3.

Mit einer Kreditgenossenschaft schließe ich lieber Geschäfte ab als mit anderen Banken.

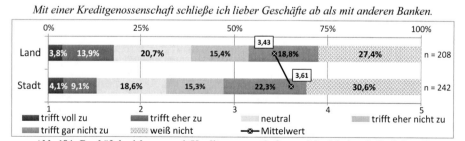

Abb. 184: Geschäftsbeziehungen mit Kreditgenossenschaften und das Merkmal „Stadt-Land"

Mit einem Mittelwert von 3,61 erfährt dieses Statement von den Befragten der Teilgruppe „Stadt" eine vergleichsweise größere Ablehnung. Es führen aber weder der Chi-Quadrat-Test noch der T-Test zu einem signifikanten Ergebnis.

Im Vergleich zu anderen Banktypen haben Genossenschaftsbanken in der Finanz- und Wirtschaftskrise an Vertrauen gewonnen.

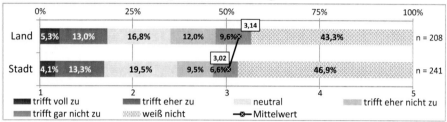

Abb. 185: Genossenschaftsbanken in der Finanzkrise und das Merkmal „Stadt-Land"

Mit einem Mittelwert von 3,14 erfährt dieses Statement von den Befragten der Teilgruppe „Land" eine vergleichsweise größere Ablehnung. Es führen aber weder der Chi-Quadrat-Test noch der T-Test zu einem signifikanten Ergebnis.

VII. RESÜMEE

Im Zuge der Finanz- und Wirtschaftskrise nahm die Berichterstattung in Österreich – wie auch in ganz Europa[171] – über Banken nicht nur deutlich zu, sondern ihr Ton wurde auch zunehmend kritischer. Und so ist eine Beeinträchtigung des Images der gesamten Bankenbranche aufgrund der negativen Konnotation von Schlagworten wie Bankenstresstest, Bankenrettung, Stabilitätsabgabe von Kreditinsituten sowie aufgrund der Probleme der notverstaatlichten Hypo Alpe Adria Bank, die die Aufmerksamkeit einer breiten Öffentlichkeit erregt haben, zu vermuten. Doch trotz dieser ungünstigen Rahmenbedingungen verfügen Kreditgenossenschaften dieser Studie zufolge über ein durchaus positives Image bei der österreichischen Bevölkerung. So weisen 40 % der Befragten Kreditgenossenschaften eine große Bedeutung für die ländliche Entwicklung und Nahversorgung zu und nur 3 % sprechen Kreditgenossenschaften ihre Relevanz für den österreichischen Bankensektor ab. Über 50 % der befragten Österreicher/innen, die Erfahrung mit Kreditgenossenschaften haben, stufen ihre Erfahrungen überwiegend als positiv ein und über 30 % halten Kreditgenossenschaften grundsätzlich für „sehr gut" oder „gut", während nur nur rd. 4 % eine eher distanzierte Haltung gegenüber Kreditgenossenschaften haben. Ebenfalls positiv fiel die Einschätzung der Deckung zwischen dem Ideal- und dem Realbild von Kreditgenossenschaften aus. Im Mittel sind die Österreicherinnen und Österreicher der Ansicht, dass die Realität der Kreditgenossenschaften zu 70 % ihrem Idealbild entspricht. Nicht weiter verwunderlich ist, dass diese Deckung bei den Mitgliedern besonders hoch ist und Kreditgenossenschaften von den Mitgliedern sehr positiv wahrgenommen werden; über zwei Drittel der befragten Mitglieder evaluieren ihre Erfahrungen mit Kreditgenossenschaften als „sehr gut" oder „gut".

Dennoch legt ein Vergleich dieser positiven Befunde mit den Ergebnissen der Vorstudie aus dem Jahr 2012, welche Genossenschaften allgemein beleuchtet hat, die Vermutung nahe, dass das schwierige Bankenumfeld das Image von Genossenschaften im Bankenbereich doch merklich beeinträchtigt. In dieser allgemeingenossenschaftlichen Studie führten nämlich sogar 60 % der Befragten an, über positive Erfahrungen mit Genossenschaften zu verfügen, und über die Hälfte gab an, Genossenschaften grundsätzlich für „gut" oder „sehr gut" zu halten.[172]

Die Studie zeigt, dass Kreditgenossenschaften ein positives Image anhaftet und genossenschaftliche Kreditinstitute darüber hinaus auch im direkten Vergleich zur nicht genossenschaftlichen Konkurrenz punkten können. Die Gegenüberstellung ergibt, dass Kreditgenossenschaften deutlich positiver wahrgenommen werden. Besonders deutlich sind die Resultate bezüglich der regionalen und traditionellen Verankerung, der Bodenständigkeit und der Kundenorientierung. Einzig beim Attribut Transparenz liegt kein statistisch signifikanter Unterschied zwischen Kreditgenossenschaften und anderen Banken vor.

Das positive Bild von Kreditgenossenschaften bzw. Genossenschaften allgemein zeigt sich auch an der durchwegs positiven Einschätzung der Genossenschaftscharakteristika. Am positivsten wurden die Merkmale „freiwillige Mitgliedschaft", „Förderauftrag", „hohe Insolvenzresistenz", „unabhängige Genossenschaftsprüfung" sowie „wirtschaftliche Führung" von Kreditgenossenschaften bewertet. Daher kann die Empfehlung abgegeben werden, dass Kreditgenossenschaften in ihrer Kommunikationspolitik selbstbewusst als „Genossenschaft" auf-

---

[171] Picard/Selva/Bironzo 2014
[172] Rößl/Hatak/Radakovics 2014: 36, 67

treten sollten.

Diese Empfehlung wird noch durch den Befund unterstützt, dass die Österreicher/innen mehr über Kreditgenossenschaften wissen wollen. In diesem Zusammenhang sollten vor allem die Genossenschaften und ihre Verbände aktiver werden, da Informationen von diesen Quellen am positivsten evaluiert werden. Da Genossenschaften auch im Rahmen der tertiären Bildung selten thematisiert werden, sollten Genossenschaften als Rechts- aber auch als spezifische Organisationsform stärkere Berücksichtigung finden.

Obwohl die genossenschaftlichen Prinzipien – wenn bekannt – als sehr positiv gesehen werden, ist auch festzuhalten, dass umgekehrt jeweils große Anteile der Befragten diese Wesensmerkmale gar nicht kennen. Naturgemäß sind diese Anteile unter den Nichtmitgliedern besonders hoch. So besteht beispielsweise bezüglich der Frage, wie man Genossenschaftsmitglied wird, große Unwissenheit. Aber auch unter den Mitgliedern wurden fundamentale Wissensdefizite festgestellt. So wissen etwa nur knapp mehr als die Hälfte der befragten Mitglieder, dass Mitglieder bei Entscheidungen stimmberechtigt sind. Aufgrund dieser Wissenslücken und der festgestellten Diskrepanz zwischen selbstdeklarierten Mitgliedern und deren Angaben zum Besitz von Genossenschaftanteilen ist zu vermuten, dass in manchen Kreditgenossenschaften die Mitgliedschaft nicht hinreichend „gelebt" wird bzw. die Mitglieder sich nicht aktiv in der Kreditgenossenschaft engagieren.

Eine Analyse der Ergebnisse nach dem Kriterium „Alter" wirft ein kritisches Licht auf die zukünftige Entwicklung von Kreditgenossenschaften: Mit steigendem Alter wissen die Österreicherinnen und Österreicher tendenziell mehr über Kreditgenossenschaften – was wenig überraschend ist, steigt doch mit dem Lebensalter die Wahrscheinlichkeit, mit Kreditgenossenschaften in Berührung gekommen zu sein. Die jüngeren Befragten stehen Kreditgenossenschaften aber auch weniger positiv gegenüber. Zwar werden die genossenschaftlichen Merkmale von allen Altersgruppen positiv wahrgenommen, allerdings bewerten Personen, die das 60. Lebensjahr vollendet haben, die Charakteristika am positivsten. In dieselbe Kerbe schlägt der Befund, dass für die ältesten Befragten reale Kreditgenossenschaften ihrem Idealbild sehr nahe kommen, während die Jüngeren deutlichere Diskrepanzen perzipieren. Diese Befunde verlangen nach einer Überprüfung der Mitglieder- und Kommunikationspolitik von Kreditgenossenschaften. Um der jüngeren Bevölkerung die Vorzüge von Genossenschaften im Allgemeinen und Kreditgenossenschaften im Speziellen näherzubringen, bietet sich daher an, die im Wirtschaftskundeunterricht in manchen Schultypen eingesetzten Übungsfirmen nach deutschem Vorbild auch in der Rechtsform der Genossenschaft (Schülergenossenschaften) zu gestalten. Damit würde nicht nur die Genossenschaft als Rechtsform bekannter werden, sondern zugleich der eigentliche Zweck pädagogischer Bemühungen erfüllt werden, nämlich „jungen Menschen Selbstvertrauen, Handlungs-, Gestaltungs- und Sozialkompetenzen mitzugeben sowie jenes Wissen, das sie für ihr Leben lernbereit, kreativ und sozial verantwortlich werden lässt"[173], da die Schülerinnen und Schüler so das Agieren in der demokratischen Verfasstheit von Genossenschaften erproben können.

Aufgrund der in allen Befragungsgruppen – selbst unter den Mitgliedern – festgestellten Wissensdefizite kann die Empfehlung abgegeben werden, dass Kreditgenossenschaften in ihrer Kommunikationspolitik selbstbewusst das Thema „Genossenschaft" einbeziehen sollten. Es sollten entsprechende Anstrengungen unternommen werden, um etwa den Förderauftrag, das Identitätsprinzip, das Demokratieprinzip, das Wesen und die Form der Begründung der Mitgliedschaft zu erläutern. Neue Kommunikationsmedien wie Twitter und Facebook könnten

---

[173] Göler v. Ravensburg o.J., online

hier eine Möglichkeit darstellen, um den Wissenstransfer sowohl zu Mitgliedern als auch zu Nichtmitgliedern zu steigern.

Bei der Beurteilung der Güte und Reichweite der Studienergebnisse müssen folgende Limitationen berücksichtigt werden:

- Die Studie verfolgte das Ziel einer Bestandsaufnahme des Wissens, der Erfahrungen und der Einstellungen der österreichischen Bevölkerung bezüglich Kreditgenossenschaften. Dementsprechend ist sie explorativ angelegt und generiert deskriptive Befunde. Sie liefert damit die Basis zur Entwicklung von Thesen, die in weiterer Folge im Rahmen von fokussierten quantitativen Erhebungen überprüft werden können. Auch können im Zuge von qualitativen Studien hypothetische Erklärungen für die Befunde generiert werden.

- Die Studie musste aus Kostengründen auf ein „Convenience Sampling" zurückgreifen. Zwar wurde über dieses Verfahren eine geschichtete Stichprobe generiert, die nach mehreren Kriterien (Alter, Geschlecht, Gemeindegröße, Bundesland, Bildung) der Struktur der österreichischen Bevölkerung entsprechen sollte. Für das Kriterium „Bildung" konnte die Verteilung der Bildungsniveaus allerdings nicht präzise nachgebildet werden. Die Gruppe der Personen ohne Matura ist unterrepräsentiert. Bezüglich jener Ergebnisse, die vom Bildungsgrad signifikant beeinflusst werden, sind Verzerrungen wahrscheinlich und müssen bei der Interpretation einkalkuliert werden.

Angesichts der im Wesentlichen repräsentativen Schichtung der Stichprobe konnte trotz dieser Limitationen ein aufgrund der hohen Signifikanzen aussagekräftiges Gesamtbild bezüglich des Wissens und der Einstellungen der Österreicher und Österreicherinnen gegenüber Kreditgenossenschaften erhoben werden: Zwar finden sich Defizite bezüglich des Wissens über Kreditgenossenschaften, ihre Charakteristika werden aber grundsätzlich als sehr positiv wahrgenommen, womit resümiert werden kann, dass Kreditgenossenschaften insgesamt positiv perzipiert werden.

QUELLENVERZEICHNISSE

A. LITERATURVERZEICHNIS

Backhaus, K. / Erichson, B. / Plinke, W. / Weiber, R. (2011): Multivariate Analysemethoden: Eine anwendungsorientierte Einführung, 13. Aufl., Heidelberg/Berlin: Springer.

Berekoven, L. / Eckert, W. / Ellenrieder, P. (2009): Marktforschung: Methodische Grundlagen und praktische Anwendung, 12. Aufl., Wiesbaden: Gabler.

Berndt, R. (1996): Marketing 1: Käuferverhalten, Marktforschung und Marketing-Prognosen, 3. Aufl., Berlin/Heidelberg: Springer.

Beuthien, M. / Hanrath, S. / Weber, H.-O. (2008): Mitglieder-Fördermanagement in Genossenschaftsbanken: Analysen, Erläuterungen und Gestaltungsempfehlungen aus ökonomischer, rechtlicher und steuerlicher Sicht, in: Marburger Schriften zum Genossenschaftswesen, Band 106, Göttingen: Vandenhoeck & Ruprecht.

Borns, R. / Hofinger, H. (2000): Der Genossenschaftsverbund: Die Alternative zum Konzern, in: Schulze-Delitzsch-Schriftenreihe, Band 22, Wien: Österreichischer Genossenschaftsverband (Schulze-Delitzsch).

Bortz, J. / Schuster, C. (2010): Statistik für Human- und Sozialwissenschaftler, 7. Aufl., Berlin: Springer.

Brazda, J. (2001): Vorwort, in: Brazda, J. (Hrsg.): 150 Jahre Volksbanken in Österreich, in: Schulze-Delitzsch-Schriftenreihe, Band 23, Wien: Österreichischer Genossenschaftsverband (Schulze-Delitzsch), 2-4.

Dellinger, M. (2003): Kreditgenossenschaftliche Kundenbindung aus rechtlicher Sicht, in: Raiffeisenblatt, 5/2003, online, http://www.raiffeisenblatt.at/eBusiness/01_template 1/121810312 645017022-121809748930559302_126154437634825905-232196307828071883-NA-30-NA.html (abgerufen am 03.02.2015).

Draheim, G. (1967): Zur Ökonomisierung der Genossenschaft: Gesammelte Beträge zur Genossenschaftstheorie und Genossenschaftspolitik, Göttingen: Vandenhoeck & Ruprecht.

Dürr, W. / Mayer, H. (2008): Wahrscheinlichkeitsrechnung und Schließende Statistik, 6. Aufl., München: Carl Hanser Verlag.

Field, A. (2009): Discovering Statistics Using SPSS, 3rd ed., London: SAGE Publications.

Gerdes, R. (2005): Die Problematik von Stichprobenziehungen und Selbstselektion in der „traditionellen" und in der internetbasierten Umfrageforschung, Studienarbeit, München: GRIN.

Götze, W. / Deutschmann, Ch. / Link, H. (2002): Statistik: Lehr- und Übungsbuch mit Beispielen aus der Tourismus- und Verkehrswirtschaft, Wien: Oldenbourg.

Hammerschmidt, M. (2000): Mitgliedschaft als ein Alleinstellungsmerkmal für Kreditgenossenschaften: Empirische Ergebnisse und Handlungsvorschläge, in: Arbeitspapiere des Instituts für Genossenschaftswesen der westfälischen Wilhelms-Universität Münster, online, https://www-wiwi.uni-muenster.de/06/forschen/veroeffentlichungen/material/AP17.pdf (abgerufen am 06.02.2015).

Hatzinger, R. / Nagel, H. (2009): PASW Statistics: Statistische Methoden und Fallbeispiele, München: Pearson Studium.

Hofinger, H. (1998): Der vertikal integrierte Volksbanken-Verbund, in: Kemmetmüller, W. / Schmidt, M. (Hrsg.): Genossenschaftliche Kooperationspraxis, Wien/Frankfurt: Wirtschaftsverlag Carl Ueberreuter, 185-314.

Hofinger, H. / Pokorny, P. (2012): Wie hat sich der Volksbanken Verbund verändert?, in: ÖGV-Jahresbericht 2012, Wien: Österreichischer Genossenschaftsverband (Schulze-Delitzsch), 22-27.

Kähler, W. (2008): Statistische Datenanalyse: Verfahren verstehen und mit SPSS gekonnt einsetzen, 5. Aufl., Wiesbaden: Friedr. Vieweg & Sohn Verlag.

Koolwijk, J. (1974): Das Quotenverfahren: Paradigma sozialwissenschaftlicher Auswahlpraxis, in: Koolwijk, J. / Wieken-Mayser, M. (Hrsg.): Statistische Forschungsstrategien, in: Techniken der empirischen Sozialforschung, Band 6, München: Oldenbourg, 81-99.

Mayer, H. (2009): Interview und schriftliche Befragung: Entwicklung, Durchführung und Auswertung, 5. Aufl., München: Oldenbourg.

McGivern, Y. (2009): The Practice of Market Research: An Introduction, 3rd ed., Edinburgh: Pearson.

Nufer, G. (2002): Wirkung von Event-Marketing: Theoretische Fundierung und empirische Analyse, Wiesbaden: DUV.

Picard, R. G. / Selva, M. / Bironzo, D. (2014): Media Coverage of Banking and Financial News, Oxford: Reuters Institute of Journalism in association with Prime Research, online: https://reutersinstitute.politics.ox.ac.uk/sites/default/files/Media%20Coverage%20of%20Banking%20and%20Financial%20News.pdf (abgerufen am 16.06.2015).

Raab-Steiner, E. / Benesch, M. (2012): Der Fragebogen, 3. Aufl., Wien: Facultas.

Rasch, B. / Friese, M. / Hofmann, W. / Naumann, E. (2010): Quantitative Methoden: 1. Einführung in die Statistik für Psychologen und Sozialwissenschaftler, 3. Aufl., Heidelberg: Springer.

Rieder, B. / Huemer, D. (2009): Gesellschaftsrecht, Wien: Facultas.

Ringle, G. (2009): Vertrauen der Mitglieder in ihre Genossenschaft: Das Beispiel der Wohnungsgenossenschaften, in: Wismarer Diskussionspapiere, hrsg. von Kramer, J.W., Wismar: Eigenverlag.

Roberts, M. J. / Russo, R. (1999): A Student's Guide to Analysis of Variance, London/New York: Routledge.

Rößl, D. / Hatak, I. / Radakovics, St. (2014): Das Image von Genossenschaften in Österreich: Eine unbekannte, aber sympathische Organisationsform, Wien: Facultas.

Rost, J. (2004): Lehrbuch Testtheorie: Testkonstruktion, 2. Aufl., Bern: Hans Huber.

Schnell, R. / Hill, P. / Esser, E. (2011): Methoden der empirischen Sozialforschung, 9. Aufl., München: Oldenbourg.

Schumann, S. (2012): Repräsentative Umfrage: praxisorientierte Einführung in empirische Methoden und statistische Analyseverfahren, 6. Aufl., München: Oldenbourg.

Theurl, Th. / Wendler, C. (2011): Was weiß Deutschland über Genossenschaften?, in: Theurl, Th. (Hrsg.): Münstersche Schriften zur Kooperation, Band 96, Aachen: Shaker Verlag.

Trommsdorff, V. / Teichert, Th. (2011): Konsumentenverhalten, 8. Aufl., Stuttgart: W. Kohlhammer.

Werner, W. (1998): Die Raiffeisenidee und ihr Anfang in Österreich, in: Bruckmüller, E. / Werner, W. (Hrsg.): Raiffeisen in Österreich: Siegeszug einer Idee, St. Pölten: NP-Buchverl., 44-53.

Zerche, J. / Schmale, I. / Blome-Drees, J. (1998): Einführung in die Genossenschaftslehre, München: Oldenbourg.

B. VERZEICHNIS DER SEKUNDÄRLITERATUR

Denz, H. (1989): Einführung in die empirische Sozialforschung, Wien: Springer, zit. nach: Mayer, H. (2009): Interview und schriftliche Befragung: Entwicklung, Durchführung und Auswertung, 5. Aufl., München: Oldenbourg.

Moser, C. / Kalton, G. (1971): Survey Methods in Social Investigation, 2nd ed., London: Dartmouth, zit. nach: Schnell, R. / Hill, P. / Esser, E. (2011): Methoden der empirischen Sozialforschung, 9. Aufl., München: Oldenbourg.

Trommsdorff, V. (1975): Die Messung von Produktimages für das Marketing: Grundlagen und Operationalisierung, Köln: Carl Heymanns, zit. nach: Theurl, Th. / Wendler, C. (2011): Was weiß Deutschland über Genossenschaften?, Aachen: Shaker.

C. SONSTIGE QUELLEN

DGRV (2010): online, http://www.dgrv.de/de/news/news-2010.03.25-1.html (abgefragt am 01.03.2013).

Eurostat (2012): NUTS nomenclature, online, http://epp.eurostat.ec.europa.eu/portal/page/portal/nuts_nomenclature/introduction (abgefragt am 26.11.2012).

Genossenschaftsgesetz (1873), in: BGBl 1873/70 i.d.F. der GenG-Novelle 2008 in: BGBl 2008/70.

Genossenschaftsrevisionsgesetz (1997), in: BGBl 1997/127 i.d.F. der GenRevG-Novelle 2009 in: BGBl 2009/71.

Göler v. Ravensburg, N. (o.J.) zit. nach: Fachhochschule Frankfurt am Main (o.J.): Das Transferprojekt geno@school stellt sich vor, http://www.genoatschool.de/genoschool/ (abgefragt 10-12-2013).

OGH (2007): Entscheidung vom 25.05.2007, Geschäftszahl: 6Ob92/07h.

ÖGV (2014): Die Struktur des Volksbank-Verbundes, online, http://www.diegenossenschaft.info/volksbank/verbundunternehmen (abgefragt am 02.01.2015).

ORF (2012a): Alternativwege gesucht, online, http://news.orf.at/stories/2100253/2100254/ (abgefragt am 02.02.2015).

ORF (2012b): Hilfe für Bauern und Handwerker, online, http://news.orf.at/stories/2100253/2102508/ (abgefragt am 03.02.2015).

OTS (2014): Restrukturierung der ÖVAG aus eigener Kraft, online, http://www.ots.at/presseaussendung/OTS_20141002_OTS0221/restrukturierung-der-oevag-aus-eigener-kraft (abgefragt am 05.02.2015).

Raiffeisenverband (2013): Geld und Finanzdienstleistungen, online http://www.raiffeisenverband.at/raiffeisen-in-oesterreich/geld-finanzdienstleistungen/ (abgefragt am 02.01.2015).

Statistik Austria (2014a): online, http://www.statistik.at/web_de/statistiken/bevoelkerung/volkszaehlungen_registerzaehlungen/index.html (abgefragt am 13.02.2014).

Statistik Austria (2014b): NUTS units, online, http://www.statistik.at/web_en/classifications/regional_breakdown/nuts_units/ (abgefragt am 02.01.2015).

Statistik Austria (2015): Statistisches Jahrbuch Österreichs, online: http://www.statistik.at/web_de/services/stat_jahrbuch/index.html (abgerufen am 10.04.2015).

VOeR (o.J.): Was ist Genossenschaftsrevision? online, http://www.vor.or.at/was_ist_3.htm (abgefragt am 05.02.2015).

Volksbank-Gruppe (2013): online; http://www.volksbank-quadrat.at/volksbank_gruppe (abgefragt am 16.03.2013).

ANHANG

A. VERGLEICH DER GEZOGENEN STICHPROBE MIT DER QUOTENVORGABE

1. Gliederung nach den Quotenmerkmalen Bundesland und Gemeindegröße

Gemeindegröße	Burgenland			Kärnten			Niederösterreich			Oberösterreich			Salzburg		
	Soll	Ist	Differenz	Soll	Ist	Differenz	Soll	Ist	Differenz	Soll	Ist	Differenz	Soll	Ist	Differenz
bis 2.500	10	14	4	7	9	2	29	32	3	22	22	0	4	2	-2
2.501-5.000	4	0	-4	6	4	-2	20	21	1	19	21	2	8	12	4
5.001-20.000	1	2	1	8	8	0	26	23	-3	16	19	3	9	9	0
20.001-100.000	0	0	0	4	5	1	8	6	-2	8	3	-5	0	0	0
Landeshauptstadt	1	0	-1	5	4	-1	3	4	1	10	10	0	8	6	-2
Bundeshauptstadt	0	0	0	0	0	0	0	0	0	0	0	0	0	0	0
Gesamt	16	16	0	30	30	0	86	86	0	75	75	0	29	29	0

Gemeindegröße	Steiermark			Tirol			Vorarlberg			Wien			Österreich gesamt		
	Soll	Ist	Differenz	Soll	Ist	Differenz	Soll	Ist	Differenz	Soll	Ist	Differenz	Soll	Ist	Differenz
bis 2.500	28	34	6	12	8	-4	4	5	1	0	0	0	116	126	10
2.501-5.000	10	11	1	9	12	3	3	1	-2	0	0	0	79	82	3
5.001-20.000	11	11	0	10	11	1	6	7	1	0	0	0	87	90	3
20.001-100.000	3	2	-1	0	0	0	5	4	-1	0	0	0	28	20	-8
Landeshauptstadt	14	8	-6	6	6	0	1	2	1	0	0	0	48	40	-8
Bundeshauptstadt	0	0	0	0	0	0	0	0	0	92	92	0	92	92	0
Gesamt	66	66	0	37	37	0	19	19	0	92	92	0	450	450	0

Gegenüberstellung der gezogenen Stichprobe mit der Quotenvorgabe gegliedert nach den Merkmalen Bundesland und Gemeindegröße

2. Gliederung nach den Wiener Gemeindebezirken

Wiener Gemeindebezirke	Wien		
	Soll	Ist	Differenz
1. bis 9. Bezirk	22	18	-4
10., 11. und 12. Bezirk	19	14	-5
13., 14. und 23. Bezirk	12	17	5
15., 16. und 17. Bezirk	12	9	-3
18. und 19. Bezirk	6	6	0
20., 21. und 22. Bezirk	21	28	7
Gesamt	92	92	0

Gegenüberstellung der gezogenen Stichprobe mit der Quotenvorgabe gegliedert nach den Wiener Gemeindebezirken

3. Gliederung nach den Quotenmerkmalen Bundesland, Geschlecht und Alter

Geschlecht	Alter	Burgenland Soll	Ist	Differenz	Kärnten Soll	Ist	Differenz	Niederösterreich Soll	Ist	Differenz	Oberösterreich Soll	Ist	Differenz	Salzburg Soll	Ist	Differenz
weiblich	14-19	1	0	-1	1	1	0	3	5	2	3	4	1	1	0	-1
weiblich	20-39	2	0	-2	4	4	0	12	10	-2	11	9	-2	5	6	1
weiblich	40-59	3	2	-1	6	5	-1	15	15	0	13	11	-2	5	4	-1
weiblich	60+	2	2	0	5	4	-1	14	12	-2	11	13	2	4	0	-4
weiblich	Gesamt	8	4	-4	16	14	-2	44	42	-2	38	37	-1	15	10	-5
männlich	14-19	1	2	1	1	2	1	4	4	0	3	3	0	1	2	1
männlich	20-39	2	3	1	4	4	0	12	11	-1	11	10	-1	5	10	5
männlich	40-59	3	5	2	5	7	2	15	17	2	14	13	-1	5	6	1
männlich	60+	2	2	0	4	3	-1	11	12	1	9	12	3	3	1	-2
männlich	Gesamt	8	12	4	14	16	2	42	44	2	37	38	1	14	19	5
Summe		16	16	0	30	30	0	86	86	0	75	75	0	29	29	0

Geschlecht	Alter	Steiermark Soll	Ist	Differenz	Tirol Soll	Ist	Differenz	Vorarlberg Soll	Ist	Differenz	Wien Soll	Ist	Differenz	Österreich gesamt Soll	Ist	Differenz
weiblich	14-19	2	5	3	2	1	-1	1	2	1	3	2	-1	17	20	3
weiblich	20-39	10	11	1	6	4	-2	3	1	-2	16	17	1	69	62	-7
weiblich	40-59	11	16	5	6	9	3	3	2	-1	15	12	-3	77	76	-1
weiblich	60+	11	8	-3	5	3	-2	3	2	-1	14	15	1	69	59	-10
weiblich	Gesamt	34	40	6	19	17	-2	10	7	-3	48	46	-2	232	217	-15
männlich	14-19	3	2	-1	2	2	0	1	0	-1	3	2	-1	19	19	0
männlich	20-39	10	4	-6	6	3	-3	3	4	1	16	19	3	69	68	-1
männlich	40-59	11	9	-2	6	11	5	3	6	3	15	15	0	77	89	12
männlich	60+	8	11	3	4	4	0	2	2	0	10	10	0	53	57	4
männlich	Gesamt	32	26	-6	18	20	2	9	12	3	44	46	2	218	233	15
Summe		66	66	0	37	37	0	19	19	0	92	92	0	450	450	0

Gegenüberstellung der gezogenen Stichprobe mit der Quotenvorgabe gegliedert nach den Merkmalen Bundesland, Geschlecht und Alter

4. Gliederung nach den Quotenmerkmalen Bundesland und Bildungsniveau

Geschlecht	Alter	Burgenland Soll	Ist	Differenz	Kärnten Soll	Ist	Differenz	Niederösterreich Soll	Ist	Differenz	Oberösterreich Soll	Ist	Differenz	Salzburg Soll	Ist	Differenz
weiblich	14-19	1	0	-1	1	1	0	3	5	2	3	4	1	1	0	-1
weiblich	20-39	2	0	-2	4	4	0	12	10	-2	11	9	-2	5	6	1
weiblich	40-59	3	2	-1	6	5	-1	15	15	0	13	11	-2	5	4	-1
weiblich	60+	2	2	0	5	4	-1	14	12	-2	11	13	2	4	0	-4
weiblich	Gesamt	8	4	-4	16	14	-2	44	42	-2	38	37	-1	15	10	-5
männlich	14-19	1	2	1	1	2	1	4	4	0	3	3	0	1	2	1
männlich	20-39	2	3	1	4	4	0	12	11	-1	11	10	-1	5	10	5
männlich	40-59	3	5	2	5	7	2	15	17	2	14	13	-1	5	6	1
männlich	60+	2	2	0	4	3	-1	11	12	1	9	12	3	3	1	-2
männlich	Gesamt	8	12	4	14	16	2	42	44	2	37	38	1	14	19	5
Summe		16	16	0	30	30	0	86	86	0	75	75	0	29	29	0

Geschlecht	Alter	Steiermark Soll	Ist	Differenz	Tirol Soll	Ist	Differenz	Vorarlberg Soll	Ist	Differenz	Wien Soll	Ist	Differenz	Österreich gesamt Soll	Ist	Differenz
weiblich	14-19	2	5	3	2	1	-1	1	2	1	3	2	-1	17	20	3
weiblich	20-39	10	11	1	6	4	-2	3	1	-2	16	17	1	69	62	-7
weiblich	40-59	11	16	5	6	9	3	3	2	-1	15	12	-3	77	76	-1
weiblich	60+	11	8	-3	5	3	-2	3	2	-1	14	15	1	69	59	-10
weiblich	Gesamt	34	40	6	19	17	-2	10	7	-3	48	46	-2	232	217	-15
männlich	14-19	3	2	-1	2	2	0	1	0	-1	3	2	-1	19	19	0
männlich	20-39	10	4	-6	6	3	-3	3	4	1	16	19	3	69	68	-1
männlich	40-59	11	9	-2	6	11	5	3	6	3	15	15	0	77	89	12
männlich	60+	8	11	3	4	4	0	2	2	0	10	10	0	53	57	4
männlich	Gesamt	32	26	-6	18	20	2	9	12	3	44	46	2	218	233	15
Summe		66	66	0	37	37	0	19	19	0	92	92	0	450	450	0

Gegenüberstellung der gezogenen Stichprobe mit der Quotenvorgabe gegliedert nach den Merkmalen Bundesland und Bildungsniveau

B. FRAGEBOGEN

Datum des Interviews:... fortlfd. Nummer:..

Interviewer:..

Ort des Interviews..

Bundesland (bzw. für Wien Bezirk):..

Gemeindegröße		Alter		Geschlecht		Höchster Bildungsabschluss	
☐	bis 2500	☐	14-19	☐	weiblich	☐	Pflichtschule
☐	2501-5000	☐	20-29	☐	männlich	☐	Lehre
☐	5001-20.000	☐	30-39			☐	Berufsbildende mittlere Schule
☐	20.001-100.000	☐	40-49			☐	Allgemeinbildende höhere Schule
☐	Landeshauptstadt	☐	50-59			☐	Berufsbildende höhere Schule
		☐	60-69			☐	Kolleg
		☐	70+			☐	Hochschulverwandte Lehranstalt
						☐	Hochschule

1. Ist Ihnen der Begriff "Genossenschaft" bekannt?	☐ ja	☐ nein
2. Gibt es Genossenschaften im Bereich des Bank-/Kreditwesens?	☐ ja	☐ nein

Wenn ja, können Sie dieses bzw. diese Kreditinstitute beim Namen nennen?

a. _____ b. _____

c. _____ d. _____

Wenn nein: „Eine (Kredit-)Genossenschaft ist eine Kooperation, in der mehrere Unternehmen oder Privatpersonen ein gemeinsames Unternehmen gründen. Sie tun dies, um gemeinsam bessere wirtschaftliche Ergebnisse zu erzielen. Zu Zeiten der Entstehung erster Kreditgenossenschaften schlossen sich vor allem Landwirte und Gewerbetreibende zusammen, um gemeinsam Zugang zu (leistbaren) Krediten zu bekommen. Am österreichischen Finanzmarkt spielen die Genossenschaftsbanken von Raiffeisen und Volksbank eine bedeutende Rolle. Zu beachten gilt jedoch, dass nicht alle Raiffeisen- und Volksbanken in der Rechtsform einer Genossenschaft geführt werden."

Alle nachfolgenden Fragen beziehen sich auf Kreditgenossenschaften im Allgemeinen und nicht auf einzelne Kreditinstitute.

3. Wo bzw. in welchem Zusammenhang haben Sie schon etwas über Kreditgenossenschaften gehört?	ja, und zwar im positiven Sinn	ja, neutral	ja, aber in negativer Darstellung	nein
Schule	☐	☐	☐	☐
Berufsausbildung	☐	☐	☐	☐
Studium	☐	☐	☐	☐
Familie/Freunde/Bekannte	☐	☐	☐	☐
Werbung/Berichte in Massenmedien (Fernsehen, Internet, Plakate, Printmedien, Radio etc.)	☐	☐	☐	☐
direkte Informationen von einzelnen Genossenschaftsbanken	☐	☐	☐	☐
Informationsveranstaltungen/Vortragsreihen/ Internetseiten von genossenschaftlichen Verbänden	☐	☐	☐	☐
im Zusammenhang mit der Finanz- und Wirtschaftskrise	☐	☐	☐	☐

4. Ist Ihnen der Begriff „genossenschaftlicher Förderauftrag" im Zusammenhang mit Kreditgenossenschaften bekannt?						
☐	ja, aber nur dem Namen nach	☐	ja, und ich kenne die Bedeutung	☐	nein	

#		ja	nein	weiß nicht
5.	Bringen Sie die Kürzel „Gen", „eGen" und „Gen.mbH" mit Kreditgenossenschaften in Verbindung?	☐	☐	☐
6.	Ich bin derzeit <u>Mitglied</u> in einer/mehreren Kreditgenossenschaft/en.	☐	☐	☐
7a.	Ich war in der Vergangenheit <u>Mitglied</u> in einer Kreditgenossenschaft, habe die Mitgliedschaft aber aufgelöst.	☐	☐	☐
7b.	Wenn ja, welcher Grund/welche Gründe haben Sie zum Austritt veranlasst? a) _____ b) _____			
8.	Ich bin derzeit <u>Kunde</u> einer/mehrerer Kreditgenossenschaft/en.	☐	☐	☐
9a.	Ich war in der Vergangenheit <u>Kunde</u> einer Kreditgenossenschaft, jetzt aber nicht mehr.	☐	☐	☐
9b.	Wenn ja, können Sie Gründe für die Beendigung der Kundenbeziehung nennen? a) _____ b) _____			
10.	Ich besitze derzeit Geschäftsanteile an einer/mehreren Kreditgenossenschaft/en.	☐	☐	☐

11. Würden Sie <u>wieder</u> Mitglied in einer Kreditgenossenschaft werden?	☐ ja	☐ nein	☐ weiß nicht

12. Welche der folgenden Aussagen trifft auf Sie zu?	
☐	Eine Mitgliedschaft in einer Kreditgenossenschaft kommt für mich aktuell und in der Zukunft nicht in Frage.
☐	Ich kann mir grundsätzlich vorstellen, aktuell oder in der Zukunft Mitglied in einer Kreditgenossenschaft zu werden, habe aber noch nicht konkret darüber nachgedacht.
☐	Ich habe schon konkret darüber nachgedacht Mitglied in einer Kreditgenossenschaft zu werden, habe es aber bisher nicht umgesetzt.
☐	Ich habe konkrete Pläne Mitglied einer Kreditgenossenschaft zu werden und werde diese bald umsetzen.
☐	Weiß nicht.

		sehr gut	gut	mittelmäßig	schlecht	sehr schlecht	habe keine	weiß nicht
13.	Meine bisherigen Erfahrungen mit Kreditgenossenschaften sind…	☐	☐	☐	☐	☐	☐	☐
14.	Meine Kenntnisse über Kreditgenossenschaften sind…	☐	☐	☐	☐	☐	☐	☐
15.	Wie finden Sie Kreditgenossenschaften grundsätzlich…	☐	☐	☐	☐	☐	☐	☐

16. Inwieweit stimmen Sie den folgenden Aussagen zu?	trifft voll zu				trifft gar nicht zu	weiß nicht
Kreditgenossenschaften sind für den österreichischen Kreditmarkt wichtig.	☐	☐	☐	☐	☐	☐
Es sollte mehr über Kreditgenossenschaften bekannt sein.	☐	☐	☐	☐	☐	☐
Kreditgenossenschaften bedeuten mir viel.	☐	☐	☐	☐	☐	☐
Mein Interesse an Kreditgenossenschaften ist hoch.	☐	☐	☐	☐	☐	☐
Über Kreditgenossenschaften sollte mehr gesprochen/berichtet werden.	☐	☐	☐	☐	☐	☐

Es sollte mehr Kreditgenossenschaften in Österreich geben.	☐	☐	☐	☐	☐	☐
Kreditgenossenschaften haben sich in der Finanz- und Wirtschaftskrise bewährt.	☐	☐	☐	☐	☐	☐
Im Vergleich zu anderen Banktypen haben Genossenschaftsbanken in der Finanz- und Wirtschaftskrise an Vertrauen gewonnen.	☐	☐	☐	☐	☐	☐
Mit einer Kreditgenossenschaft schließe ich lieber Geschäfte ab als mit anderen Banken.	☐	☐	☐	☐	☐	☐
Im Vergleich zu anderen Banken haben Kreditgenossenschaften für mich eine hohe Bedeutung.	☐	☐	☐	☐	☐	☐
Kreditgenossenschaften haben eine große Bedeutung für die ländliche Entwicklung und Nahversorgung.	☐	☐	☐	☐	☐	☐

17. Wie schätzen Sie Kreditgenossenschaften im Vergleich zu anderen Finanzinstituten ein?

	besser ← → schlechter						besser ← → schlechter				
vertrauenswürdig	☐	☐	☐	☐	☐	traditionell	☐	☐	☐	☐	☐
kundenorientiert	☐	☐	☐	☐	☐	transparent	☐	☐	☐	☐	☐
regional verwurzelt	☐	☐	☐	☐	☐	kompetent	☐	☐	☐	☐	☐
stabil	☐	☐	☐	☐	☐	zuverlässig	☐	☐	☐	☐	☐
konkurrenzfähig	☐	☐	☐	☐	☐	bodenständig	☐	☐	☐	☐	☐
übernehmen gesellschaftliche Verantwortung	☐	☐	☐	☐	☐	verzichten auf riskante Eigengeschäfte	☐	☐	☐	☐	☐

18. Wie sollte eine ideale Kreditgenossenschaft aussehen? Wie SOLL sie sein?

	eher so ← → eher so					
langfristig ausgerichtet	☐	☐	☐	☐	☐	kurzfristig ausgerichtet
wirtschaftlich erfolgreich	☐	☐	☐	☐	☐	wirtschaftlich weniger erfolgreich
vertrauenswürdig	☐	☐	☐	☐	☐	nicht vertrauenswürdig
demokratisch strukturiert	☐	☐	☐	☐	☐	undemokratisch strukturiert
wird von unabhängigen Personen umfassend überprüft	☐	☐	☐	☐	☐	wird nicht von unabhängigen Personen umfassend überprüft
kundennah	☐	☐	☐	☐	☐	nicht kundennah
professionell	☐	☐	☐	☐	☐	unprofessionell
regional verwurzelt	☐	☐	☐	☐	☐	nicht regional verwurzelt
sicher	☐	☐	☐	☐	☐	unsicher
stabil	☐	☐	☐	☐	☐	instabil
wettbewerbsfähig	☐	☐	☐	☐	☐	nicht wettbewerbsfähig
zeitgemäß	☐	☐	☐	☐	☐	nicht zeitgemäß
bodenständig	☐	☐	☐	☐	☐	nicht bodenständig
beliebt	☐	☐	☐	☐	☐	unbeliebt
traditionell	☐	☐	☐	☐	☐	nicht traditionell
transparent	☐	☐	☐	☐	☐	nicht transparent
kompetent	☐	☐	☐	☐	☐	inkompetent
zuverlässig	☐	☐	☐	☐	☐	unzuverlässig
auch gewinnorientiert	☐	☐	☐	☐	☐	gar nicht gewinnorientiert
besonders auf die Mitglieder ausgerichtet	☐	☐	☐	☐	☐	nicht besonders auf die Mitglieder ausgerichtet

19. Wie sieht Ihrer Meinung nach eine reale Kreditgenossenschaft aus? Wie IST sie?

	eher so				eher so	
langfristig ausgerichtet	☐	☐	☐	☐	☐	kurzfristig ausgerichtet
wirtschaftlich erfolgreich	☐	☐	☐	☐	☐	wirtschaftlich weniger erfolgreich
vertrauenswürdig	☐	☐	☐	☐	☐	nicht vertrauenswürdig
demokratisch strukturiert	☐	☐	☐	☐	☐	undemokratisch strukturiert
wird von unabhängigen Personen umfassend überprüft	☐	☐	☐	☐	☐	wird nicht von unabhängigen Personen umfassend überprüft
kundennah	☐	☐	☐	☐	☐	nicht kundennah
professionell	☐	☐	☐	☐	☐	unprofessionell
regional verwurzelt	☐	☐	☐	☐	☐	nicht regional verwurzelt
sicher	☐	☐	☐	☐	☐	unsicher
stabil	☐	☐	☐	☐	☐	instabil
wettbewerbsfähig	☐	☐	☐	☐	☐	nicht wettbewerbsfähig
zeitgemäß	☐	☐	☐	☐	☐	nicht zeitgemäß
bodenständig	☐	☐	☐	☐	☐	nicht bodenständig
beliebt	☐	☐	☐	☐	☐	unbeliebt
traditionell	☐	☐	☐	☐	☐	nicht traditionell
transparent	☐	☐	☐	☐	☐	nicht transparent
kompetent	☐	☐	☐	☐	☐	inkompetent
zuverlässig	☐	☐	☐	☐	☐	unzuverlässig
auch gewinnorientiert	☐	☐	☐	☐	☐	gar nicht gewinnorientiert
besonders auf die Mitglieder ausgerichtet	☐	☐	☐	☐	☐	nicht besonders auf die Mitglieder ausgerichtet

20. Sind die folgenden Aussagen für die meisten Kreditgenossenschaften in Österreich zutreffend?

	stimmt	stimmt nicht	weiß nicht
Kreditgenossenschaften verfolgen eher langfristige Strategien.	☐	☐	☐
Kreditgenossenschaften sind staatliche Einrichtungen.	☐	☐	☐
In Kreditgenossenschaften tun sich mehrere Personen oder Unternehmen zusammen, um gemeinsam wirtschaftlich etwas zu erreichen, was sie alleine nicht so gut schaffen.	☐	☐	☐
Kreditgenossenschaften können gegen den Willen der Genossenschaftsmitglieder von anderen Unternehmen übernommen werden.	☐	☐	☐
Kreditgenossenschaften sollten wirtschaftlich geführt werden.	☐	☐	☐
Die Mitgliedschaft in einer Kreditgenossenschaft ist freiwillig.	☐	☐	☐
Kreditgenossenschaften gehen sehr selten „pleite".	☐	☐	☐
Kreditgenossenschaften müssen zum Wohle ihrer Mitglieder handeln.	☐	☐	☐
Alle Mitglieder sind, unabhängig davon, wie viel Geld sie eingezahlt haben, bei Entscheidungen gleichberechtigt, da jeder grundsätzlich eine Stimme hat.	☐	☐	☐
Wer an einer Kreditgenossenschaft beteiligt ist, kann an den Leistungen der Kreditgenossenschaft teilhaben. (Eigentümer = Nutzer)	☐	☐	☐
Kreditgenossenschaften sind gesetzlich dazu verpflichtet, ihre Aktivitäten neben den regulären Bankaufsichtsbehörden auch von unabhängigen Genossenschaftsprüfern prüfen zu lassen.	☐	☐	☐
Kreditgenossenschaften sind eher mittelständisch orientiert.	☐	☐	☐
In Kreditgenossenschaften wird man Mitglied, indem man Geld einzahlt und dafür einen Geschäftsanteil bekommt.	☐	☐	☐
Kreditgenossenschaften haben eher einen regionalen Bezug.	☐	☐	☐
Kreditgenossenschaften heben sich durch das Angebot einer Mitgliedschaft von den meisten anderen Kreditinstituten ab.	☐	☐	☐

Kreditgenossenschaften sind ein Überbleibsel aus den ehemaligen „Ostblockstaaten".	☐	☐	☐
Ein Großteil der Gewinne einer Kreditgenossenschaft wird wieder in der Genossenschaft verwendet.	☐	☐	☐
Die Mitglieder treffen die Entscheidungen in Kreditgenossenschaften selbst.	☐	☐	☐
Kreditgenossenschaften gibt es seit über 100 Jahren.	☐	☐	☐
Kreditgenossenschaften dürfen keine Gewinne an die Mitglieder ausschütten.	☐	☐	☐
Regionale Genossenschaftsbanken unterliegen den Weisungen ihrer Spitzeninstitute (Landesbanken, Zentralbanken etc.).	☐	☐	☐

21. Die folgenden Aussagen treffen auf die meisten Kreditgenossenschaften in Österreich zu. Wie beurteilen Sie persönlich diese Aspekte von Kreditgenossenschaften?

	finde ich sehr gut ←				→ finde ich sehr schlecht	weiß nicht
Kreditgenossenschaften verfolgen eher langfristige Strategien.	☐	☐	☐	☐	☐	☐
Kreditgenossenschaften sind privatwirtschaftliche Unternehmen.	☐	☐	☐	☐	☐	☐
In Kreditgenossenschaften tun sich mehrere Personen oder Unternehmen zusammen, um gemeinsam wirtschaftlich etwas zu erreichen, was sie alleine nicht so gut schaffen.	☐	☐	☐	☐	☐	☐
Ohne Zustimmung der Mitglieder kann eine Kreditgenossenschaft nicht von anderen Unternehmen übernommen werden.	☐	☐	☐	☐	☐	☐
Kreditgenossenschaften sollten wirtschaftlich geführt werden.	☐	☐	☐	☐	☐	☐
Die Mitgliedschaft in einer Kreditgenossenschaft ist freiwillig.	☐	☐	☐	☐	☐	☐
Kreditgenossenschaften gehen sehr selten „pleite".	☐	☐	☐	☐	☐	☐
Kreditgenossenschaften müssen zum Wohle ihrer Mitglieder handeln.	☐	☐	☐	☐	☐	☐
Alle Mitglieder sind, unabhängig davon, wie viel Geld sie eingezahlt haben, bei Entscheidungen gleichberechtigt, da jeder grundsätzlich eine Stimme hat.	☐	☐	☐	☐	☐	☐
Wer an einer Kreditgenossenschaft beteiligt ist, kann an den Leistungen der Kreditgenossenschaft teilhaben. (Eigentümer = Nutzer)	☐	☐	☐	☐	☐	☐
Kreditgenossenschaften sind gesetzlich dazu verpflichtet, ihre Aktivitäten neben den regulären Bankaufsichtsbehörden auch von unabhängigen Genossenschaftsprüfern prüfen zu lassen.	☐	☐	☐	☐	☐	☐
Kreditgenossenschaften sind eher mittelständisch orientiert.	☐	☐	☐	☐	☐	☐
In Kreditgenossenschaften wird man Mitglied, indem man Geld einzahlt und dafür einen Geschäftsanteil bekommt.	☐	☐	☐	☐	☐	☐
Kreditgenossenschaften haben eher einen regionalen Bezug.	☐	☐	☐	☐	☐	☐
Kreditgenossenschaften heben sich durch das Angebot einer Mitgliedschaft von den meisten anderen Kreditinstituten ab.	☐	☐	☐	☐	☐	☐
Heutige Kreditgenossenschaften entsprechen nicht den Genossenschaften der ehemaligen „Ostblockstaaten".	☐	☐	☐	☐	☐	☐
Ein Großteil der Gewinne einer Kreditgenossenschaft wird wieder in der Genossenschaft verwendet.	☐	☐	☐	☐	☐	☐
Die Mitglieder treffen die Entscheidungen in Kreditgenossenschaften selbst.	☐	☐	☐	☐	☐	☐
Kreditgenossenschaften gibt es seit über 100 Jahren.	☐	☐	☐	☐	☐	☐
Viele Kreditgenossenschaften schütten einen Teil des Gewinns an die Mitglieder aus.	☐	☐	☐	☐	☐	☐
Regionale Genossenschaftsbanken unterliegen nicht den Weisungen ihrer Spitzeninstitute (Landesbanken, Zentralbanken etc.).	☐	☐	☐	☐	☐	☐